高等职业教育财会类专业"岗课赛证"新形态一体化教材

管理会计实务

主　编 ◎ 李晓林　李章红　徐　沉
副主编 ◎ 张丽萍　周道娟　李莎莎

东南大学出版社
·南京·

图书在版编目(CIP)数据

管理会计实务 / 李晓林，李章红，徐沉主编.
南京：东南大学出版社，2025.4. -- ISBN 978-7-5766-1925-6

Ⅰ.F234.3

中国国家版本馆CIP数据核字第202564Y4H6号

策划编辑：邹 垒　责任编辑：褚 婧　责任校对：子雪莲　封面设计：张丽萍　责任印制：周荣虎

管理会计实务
Guanli Kuaiji Shiwu

主　　编	李晓林　李章红　徐　沉
出版发行	东南大学出版社
出 版 人	白云飞
社　　址	南京市四牌楼2号　邮编：210096　电话：025-83793330
网　　址	http://www.seupress.com
经　　销	全国各地新华书店
排　　版	南京布克文化发展有限公司
印　　刷	南京迅驰彩色印刷有限公司
开　　本	787 mm×1092 mm　1/16
印　　张	15.25
字　　数	400千
版 印 次	2025年4月第1版第1次印刷
书　　号	ISBN 978-7-5766-1925-6
定　　价	55.00元

本社图书如有印装质量问题，请直接与营销部联系（电话：025-83791830）

Preface 前 言

为深入贯彻落实党的二十大和二十届二中、三中全会精神，助推管理会计在新时代服务经济社会高质量发展，推进中国式现代化建设，在广泛调查研究基础上，2024年12月，财政部出台了《财政部关于进一步加强管理会计应用的指导意见》（以下简称《指导意见》）。

随着《指导意见》的出台，在我国数字经济快速发展的大环境下，企业对财务信息和非财务信息的整合性、及时性和准确性提出了更高的要求，管理会计逐步走到了业务前端，发挥其在战略制定、事前预测、事中管控中的重要作用。

新一轮科技革命和产业变革深入发展，以大数据和人工智能等为主流的现代信息技术向纵深发展，为管理会计的数字化和智能化建设提供了新的契机和前景，并为其发展壮大创造了良好的基础环境。

《指导意见》指出要加强管理会计人才队伍建设，推进高端人才培养、强化课程体系和师资队伍建设、开展相关学习培训等。高等职业院校必须积极响应国家号召，在专业教学中，将理论研究与实践紧密结合，致力于培养大批高素质、高技能管理会计人才。本书根据《管理会计基本指引》和《管理会计应用指引》，以管理会计工作过程为导向，按照岗位划分学习领域，遵循学生认知规律对内容进行了必要整合，主要具有以下特色：

（1）本书是岗课赛证融通教材，将管理会计核心岗位要求与世界职业院校技能大赛会计实务赛项、管理会计相关执业证书的要求相融通，为学生参加比赛以及职业生涯可持续发展提供支撑。

（2）本书内容新颖，顺应财务数字化发展趋势，结合项目导向和任务驱动，将管理会计工作任务和大数据应用技术所需的基本知识和技能融为一体，实现了管理会计数字化赋能升级。

（3）本书的编写团队既包括指导比赛经验丰富的领队教师和指导教师，也包括行业企业管理会计方面的资深专家。编写团队通过校企深度合作的方式，提前谋划、系统规划，根据最新的高职组会计实务赛项的内容及时优化本书的内容和形式。

（4）本书强化课程思政，充分挖掘思政元素融入教材，促进学生综合素养的全面发展，达到立德树人的目的。

本书除了可以作为高等职业院校财经类专业"管理会计实务"课程教材,还可以作为世界职业院校技能大赛高职组会计实务赛项的参考用书。

由于笔者水平有限,本书难免存在不妥之处,敬请广大读者批评指正。

编者

Contents

目 录

项目一　管理会计认知 ·· 001
　任务一　管理会计的内涵认知 ·· 002
　任务二　构建管理会计思维 ·· 006
　任务三　构建管理会计职业道德 ···································· 009

项目二　战略管理 ··· 015
　任务一　战略管理认知 ··· 016
　任务二　战略地图概述 ··· 023

项目三　预算管理 ··· 033
　任务一　预算管理认知 ··· 034
　任务二　预算编制方法 ··· 039
　任务三　全面预算管理 ··· 048

项目四　成本管理 ··· 070
　任务一　成本管理认知 ··· 071
　任务二　成本性态分析 ··· 074
　任务三　变动成本法 ··· 078
　任务四　标准成本法 ··· 084
　任务五　作业成本法 ··· 095

项目五　营运管理 ··· 112
　任务一　营运管理认知 ··· 113
　任务二　本量利分析 ··· 116
　任务三　敏感性分析 ··· 123
　任务四　边际分析 ·· 127

项目六 投融资管理 ········ 134
  任务一 投融资管理认知 ········ 135
  任务二 贴现现金流法 ········ 139
  任务三 长期投资决策方法的具体运用 ········ 148
  任务四 资金需求量预测 ········ 155
  任务五 融资决策分析 ········ 158

项目七 绩效管理 ········ 176
  任务一 绩效管理认知 ········ 177
  任务二 关键绩效指标法 ········ 182
  任务三 经济增加值 ········ 186
  任务四 平衡记分卡 ········ 189

项目八 管理会计报告和管理会计信息系统 ········ 217
  任务一 管理会计报告编制 ········ 218
  任务二 管理会计信息系统认知与应用 ········ 227

附录 资金时间价值系数表 ········ 237

参考文献 ········ 238

项目一 管理会计认知

知识目标
◆明确管理会计的定义、基本内容和地位
◆熟悉管理会计方法
◆掌握管理会计职业道德规范的主要内容

能力目标
◆能构建管理会计思维
◆能区分管理会计与财务会计
◆能明确管理会计在价值链中的角色

素养目标
◆树立管理会计的职业道德观,为将来从事管理会计工作奠定素质基础
◆理解管理会计的发展对经济发展的重要性,培养职业自豪感和使命感

案例导入:管理会计与财务会计,你会怎么选?

刘星和李媛今年大学毕业,他们同时参加了宏达公司会计岗位的应聘,并进入了面试环节。考官问了他们俩同一个问题:"公司此次招聘的岗位有财务会计岗和管理会计岗,请谈谈你对财务会计和管理会计的认识以及求职意向。"

刘星是这样回答的:财务会计与管理会计均属于会计工作,都是对企业日常业务进行事后的记账、算账和报账。但是管理会计主要是为企业的管理部门服务,属于管理工作。因此,自己愿意从事管理会计岗位。

李媛是这样回答的:财务会计与管理会计虽然均属于会计工作,但是它们的工作重心是不一样的。财务会计侧重于反映过去,向企业外部发布会计信息;管理会计侧重于面向

未来,主要是对财务会计提供的信息进行加工、整理、延伸,为企业内部管理部门提供相关信息。因此,财务会计岗位是基础性工作岗位,自己愿意从基础工作干起。

分析与启示:亲爱的同学,你认为刘星和李媛谁说得更有道理?为什么?

任务一　管理会计的内涵认知

管理会计产生于西方国家,是管理科学化和现代化的产物。管理会计作为现代企业会计信息系统的一个子系统,是在企业追求利润最大化的过程中,会计实践发展的必然结果,也是社会生产力发展到一定阶段的产物。

一、管理会计的定义

(一) 美国管理会计协会(IMA,2008)的定义

管理会计是一门专业学科,在制定和执行组织战略中发挥综合作用。管理会计师是管理团队的成员,分布于组织中的各个层级,如高层管理者、支持层面的会计和财务专家。管理会计师应该具备会计和财务报告、预算编制、决策支持、风险和业绩管理、内部控制和成本管理等方面的知识和经验。

(二) 英国特许管理会计师公会(CIMA,2005)的定义

管理会计师运用会计与财务管理的相关原则,用以创造、保护、增加公共部门和私营部门及非营利企业利益相关者的价值。管理会计是管理的重要组成部分。它需要识别、生成、展示、解释和使用相关信息:①提供战略决策信息和制定商业战略;②计划长期、中期、短期的运营;③决定股东和管理层的激励策略;④为经营决策提供信息;⑤控制运营,并确保资源的有效利用;⑥计量财务和非财务绩效并报告给管理层和其他利益相关者;⑦保全有形和无形资产;⑧实施公司治理、风险管理和内部控制程序。

(三) 国际会计师联合会(IFAC,1988)的定义

管理会计是指在一个组织内部,对管理层用于规划、评价和控制的信息(财务的和运营的)进行确认、计量、收集、分析、编报、解释和传输的过程,以确保其资源的合理利用并对它们承担相应的经管责任。

二、认识管理会计

正确地认识和理解管理会计应关注如下四点:

(1)从属性看,管理会计属于管理学中会计学科的边缘学科,是以价值的最大增值为最终目的的会计信息系统。管理会计是会计与管理的结合,是利用会计特有的概念、方法和思维进行的管理活动,其基本特征是计量和估值。

（2）从对象看，管理会计是以使用价值管理为基础进行的价值管理活动，因而应关注物流和资金流，并基于信息流进行最大化价值管理，体现业务与财务、技术相融合的管理要求。

（3）从方法看，管理会计要运用一系列专门的方法，通过确认、计量和估值等一系列工作，为预算编制、过程控制、报告和考核提供信息，并参与企业经营管理。

（4）从范围看，管理会计主要为企业或行政事业单位管理当局的管理目标服务，同时也为股东、债权人、规章制度制定机构及国家行政机构（如税务当局）等非管理机构服务。

三、管理会计的基本内容

管理会计的基本内容包括预测分析、决策分析、全面预算、成本控制、责任会计。其中，预测分析、决策分析和全面预算合称为规划决策会计；成本控制和责任会计合称为控制评价会计。规划决策会计和控制评价会计两者既相对独立、又相辅相成，共同构成了管理会计的基本内容。

（一）规划决策会计

规划，即进行比较全面的长远的发展计划，对未来整体性、长期性、基本性问题进行思考和考量并设计整套行动方案。用通俗的话说，就是确定目标以后，实施总体目标的行动计划。决策是指通过分析和比较，在若干种可供选择的方案中选定最优方案的过程。对企业高层管理者而言，供选方案是关于企业要实现的各种目标；对企业中低层管理者而言，供选方案是指为实现既定子目标所进行的有关资源分配的备选计划。

规划与决策会计是为企业管理中的预测前景、参与决策和规划未来服务的。其具体内容如下：

（1）利用财务会计提供的资料和其他有关信息，在调查研究和判断情况的基础上，对企业在计划期间的各项重要经济指标（包括保本点、利润、成本、资金等）进行科学的分析，并对经营、投资等重要经济问题进行决策分析；

（2）把通过预测与决策所确定的目标和任务，用数量和表格形式加以协调和汇总，变成企业在一定期间的全面预算；

（3）按照经济责任制的要求，将全面预算的综合指标层层分解，形成各个责任单位的责任预算，用来规划和把握未来的经济活动。

总之，规划与决策会计可以保证企业的各项有限资源能得到最合理、最优化的配置和使用，以便获得最佳的经济效益和社会效益。

（二）控制评价会计

控制是指控制主体按照给定的条件和目标，对控制客体施加影响的过程和行为，使之能够按照预定的目标或预算进行。所谓"评价"就是评定价值高低。"业绩"是指建立的功劳和完成的事业或重大成就。业绩评价指根据经济责任制的要求，通过对各个责任单位履行经济责任的实际数与预算数进行对比，来分析差异形成的原因，并确定经济责任的归属单位，以便对各个责任单位的实绩和成果进行恰当的评价和考核。

控制与业绩评价会计是为管理中分析过去和对现在与未来的经济活动进行控制与评价服务的,具体内容如下:

(1) 通过制定控制制度和开展价值工程等活动,按照预算规定的指标,对即将发生和易发生的经济活动进行调节和控制;

(2) 利用标准成本制度,结合变动成本法,对日常发生的各项经济活动进行追踪、收集和计算;

(3) 根据经济责任制的要求,由各责任单位编制一定期间内的业绩报告;

(4) 通过对报告中的实际数和预算数的差异进行分析和研究,用来评价和考核各个责任单位的业绩和成果,并根据行为科学的激励理论分别确定他们应承担的经济责任和应享有的奖励,同时把发现的重要问题立即反馈给有关部门,迅速采取有效措施,及时加以解决。

总之,控制与业绩评价会计可以保证企业的各项经济活动按照预定的目标进行,合理分配利润,并充分调动全体员工的积极性和创造性,为实现企业的总目标而奋斗。

四、管理会计的地位

当今世界充满不确定性,内外部环境变化对企业的高质量发展提出新的要求,从外部看,世界百年变局加速演进,外部环境不确定、不稳定和难预料成为常态。从内部看,随着管理要素越来越复杂,传统的人财物、供产销等要素的内涵及其价值作用加速变化,数据资产价值逐步显现,而瞬息万变的市场促使企业风险管理边界越来越模糊,既要关注企业自身,又要关注供应链、产业链、生态圈。企业在日益激烈的竞争环境下谋求生存和发展,需要获得客户的信任与支持。因此,企业必须足够了解产品特征和市场动态,不断完善产品的制造、设计和销售等环节。为保证这一目标的实现,企业的管理会计人员应该为管理者提供有效的决策信息,帮助企业扩大市场份额,取得竞争优势。管理会计在企业中的地位主要表现为以下两个方面。

(一) 管理会计提供有效的决策信息,保障企业获得核心竞争力

日趋激烈的全球性竞争以及数智时代的到来,对中国企业的科学决策和国际化经营管理提出了全新的要求,加快企业升级转型、提高企业科学决策水平已迫在眉睫。利用先进、科学的管理会计知识和方法,对相关信息进行过滤、整合、分析、研究,可以为企业提高科学决策水平提供有效的支撑。管理会计涵盖了企业的管理决策、设计规划与绩效管理系统,管理会计人员可利用其在财务报告与控制方面的专业技能帮助管理者制定及实施组织战略,为企业各级决策者提供强有力的决策支持,从而保障企业获得核心竞争力。

(二) 管理会计活动贯穿于整个企业,创造巨大的价值

管理会计活动遍布于企业的生产、研发、设计、基本建设、营销等部门,能够为各个价值创造部门提供财务信息和特定的非财务信息、可量化信息和非量化信息、实际信息和预测信息、内部信息和外部信息、有形信息和无形信息等。管理会计人员借助多种方法将这些从不同的渠道取得的信息进行加工处理,使之为企业的预测、决策、规划、控制等环节服

务,力求为企业创造尽可能多的价值。

五、管理会计的方法

现代管理会计的主要方法

现代管理会计的方法属于分析性的方法,它是根据所研究问题的具体特点,运用一定的数学方法对被研究对象进行比较精确的定量描述,找出存在于有关变量之间的相互依存、相互制约的关系,建立相应的经济数量模型。借助经济数量模型可以确定有关变量在一定条件下的最优数量关系,了解其运动变化的趋势,预测在一定条件下可能出现的情况与问题,为企业在生产经营中做出最优决策提供客观和科学的依据。

在基础性管理会计中,思维过程运用的具体化专门方法,是属于分析性的方法,它们从动态上掌握企业生产经营的主要方面和主要过程。

"差量分析"作为一种基本的分析方法贯彻管理会计的始终,具体表现形式如下:

1. 成本性态分析法

该方法是将成本表述为业务量的函数,分析它们之间的依存关系——成本变动是否以业务量变动为诱因,然后按照成本对业务量的依存性,把全部成本区分为固定成本与变动成本两大类。该方法结合成本与业务量之间的增减变动进行差量分析,是现代管理会计中基础的分析方法。

2. 本量利分析法

该方法是将成本、业务量、利润这几个方面的变动所形成的差量综合起来进行分析。其核心部分是确定"盈亏临界点",并围绕该点,从动态上掌握有关因素的变动对企业经营业绩的影响,使企业在经营决策中根据主客观条件的变化,有预见地采取措施,实现避亏趋盈的经济目标。

3. 边际分析法

边际分析是指在一个既定的函数关系下,分析自变量无穷小的变化而导致因变量变化的程度。在企业生产经营过程中,最小的自变量值只能是 1。分析当业务量变动一个单位时,成本将怎样变动,这就是边际分析的具体运用。这种分析能使企业管理部门具体掌握生产经营中有关变量联系和变化的基本规律性,从而有预见地采取有效措施,最经济、最有效地运用企业的要素资源,实现各有关因素的最优组合。

4. 成本效益分析法

该方法是指在经营决策中对各种可供选择方案的净效益(总效益与总成本之差)进行对比分析,以判断各有关方案的经济性。这是企业进行短期经营决策分析的基本方法。

5. 折现的现金流量法

该方法是将长期投资方案的现金流出(投资额)及其建成投产后各年能实现的现金流入,按复利法统一换算为同一时点的数值(现值、终值或年值)来表现,然后进行分析对比,以判别有关方案的经济性,使各方案投资效益的分析和评价建立在客观且可比的基础上,这是企业用来进行长期投资决策方案经济评价的基本方法。

拓展阅读 京东在大数据时代的管理会计

在大数据时代背景下,作为电商行业的佼佼者,京东从创业之初就开始建立自己的店面体系和零售系统。京东通过自主研发,将财务系统与前端业务系统紧密联系在一起,实时提取业务系统数据进行财务核算,做到业财深度融合。

例如:电商核心的效率指标是存货周转期,截止到 2023 年年底,京东最小库存单位(SKU)超过了 1 000 万个,存货周转期是 30 天左右,而传统零售商在仅管理 5 万个 SKU 的情况下,存货周转期需要 60~70 天。如果 SKU 超过 1 000 万个,管理难度简直是呈几何倍数增加。由此可见京东的管理能力。

基于用户体验、成本、效率三个维度,京东建立了一套完整的经营分析系统,系统分析价值链关键环节的过程和产出。在做销售品类筛选时,分析每个 SKU 的损益,有针对地进行费用分析。同时根据成本分摊原则,分析哪个 SKU 不赚钱,并提供详细的实时信息。通过运用管理会计的工具方法,京东的经营分析部门会发现问题、分析问题并解决问题。

任务二　构建管理会计思维

管理会计产生于西方发达国家,是管理科学化和现代化的产物,是会计实践发展的必然结果,更是企业追求利润最大化的结果。管理会计是直接为企业的经营管理服务的,企业管理循环的各个步骤都要求管理会计与之相配合。管理会计的基本理论与方法渗透现代企业管理的各个领域,贯彻企业经营预测、经营决策、经营规划与经营控制的全过程。构建管理会计思维,有助于更好地服务于企业的内部管理,提高企业的经济效益。构建管理会计思维,首先需要厘清管理会计与财务会计的联系与区别。

一、管理会计与财务会计的联系与区别

(一) 管理会计与财务会计的联系

1. 同属于现代会计

管理会计与财务会计源于同一母体,共同构成了现代企业会计系统的有机整体。两者相互依存、相互制约、相互补充。

2. 最终目标相同

管理会计与财务会计所处的工作环境相同,总体目标是一致的,共同为实现企业目标和企业管理目标服务,只因分工不同,在时间和空间上各有侧重。

3. 相互分享部分信息

两者所用的许多资料具有互补性质。管理会计所需的许多资料来源于财务会计系统,其主要工作内容是对财务会计信息进行深加工和再利用,因而受到财务会计工作质量的约束。同时部分管理会计信息有时也被列入对外公开发表的范围。

4. 财务会计的改革有助于管理会计的发展

目前我国开展的会计改革的意义绝不仅限于在财务会计领域实现与国际惯例接轨,还在于这一改革能够将广大财会人员从过去那种单纯反映过去、算"死账"的会计模式下解放出来,开阔他们的眼界,使之能腾出更多的时间和精力去考虑如何适应社会主义市场经济条件下企业经营管理的新环境,解决面临的新问题,从而建立面向未来决策的、算"活账"的会计模式,开创管理会计工作的新局面。

(二)管理会计与财务会计的区别

学习管理会计的重点在于如何决策和满足管理者及员工的信息需要。表 1-1 列示了财务会计与管理会计的主要区别。

表 1-1　财务会计与管理会计的区别

项目	财务会计	管理会计
服务对象	企业外部团队,如股东、债权人、税务部门	企业内部的各级管理者
目标	向企业外部组织和个人报告企业过去的业绩;与所有者和债权人保持联系	为员工和管理者提供制定决策的信息;反馈决策实施过程中的信息并进行控制
关注的时点	滞后的、历史的	当前的、面向未来的
强制性要求	必须遵循法定的公认会计准则和由政府权威当局制定的规则	非法定的,为满足企业战略和经营管理需要而建立的信息系统
信息类型	仅以货币形式表现的财务信息	财务信息;有关生产、技术、供应商、消费者和竞争者的数据;实物形式表现的非财务信息
信息属性	主要强调可靠性	主要强调相关性
核算范围	合计的、关于整个企业的信息	详细的、关于局部决策和行动的信息
价值作用	反映价值	增加价值

二、业财融合是实现管理会计的第一步

业财融合是管理会计中非常重要的一个理念。所谓业财融合理念,就是将财务管理融合至业务部门,通过对生产经营各个环节的价值分析与管理控制来实现企业价值的最大化。将业务活动和财务管理有机融合,有助于促进业务和财务共同发展。这一新理念突破了传统财务思维局限,意义深远。管理会计需要针对企业管理部门编制计划、做出决策、控制经济活动的要求,记录和分析经济业务,捕捉和呈报管理信息,并直接参与决策控制过程。

业财融合的核心是事前规划、事中控制、事后评估,形成一个管理闭环。业财融合的关键在于把握业务流程的关键控制点,这就要求财务与业务部门一体化,反映企业的价值链管理。企业价值链不仅包括产品，还包括上游的厂商和下游的客户。价值链管理要求企业将以职能为重心的运作模式向以流程为重心的运作模式转变。这就要求财务人员必须走出财务部门，主动融入业务经营中，与各个业务部门加强交流，了解企业发展中的风险与机遇，与相关部门合作，共同制定战略定位，提高企业运作效率，为企业创造价值。

业财融合下，财务部门的职能也应转型，从传统的核算职能转型为管理职能。财务人员的眼界不能局限于眼前的凭证、报表、单据，需要面向业务前端，向采购、客户、厂商等延伸。财务人员不能将眼界局限于会计准则的要求，还应放眼于行业政策、行业趋势、商业模式、竞争者信息等，从业务的角度来解释财务报表，树立宏观战略意识。

在财务工作中，传统的财务人员主要承担财务数据核算工作，通过数据反映企业的运营活动，业财融合则对财务人员提出了以下新要求。

（一）财务能够反映运营活动

财务数据应该是生动具体的，需要随着经营活动及时、实时反映业务情况。企业购进设备、发生销售行为时，财务人员都要及时更新数据，反映当前的运营活动。

（二）财务能够促进业务运营

财务人员要利用大数据技术对财务数据进行分析，根据数据对企业的业务运营提出专业性意见，帮助业务部门更好地实施方案。财务人员可以建立数据模型，通过模型分析企业盈利模式，及时发现业务运营中的问题，提出预警。

（三）财务能够参与决策

除了业务对决策的支持，财务对决策的支持也越来越重要。优秀的财务人员能够站在财务的角度对企业宏观战略决策提出意见，参与企业战略和业务的讨论。

将业财融合理念融入管理会计是一项综合的系统工程，把财务系统和各项业务流程充分融合，具有长期性和复杂性。对企业财务管理工作而言，应重视业财融合理念的培育，加强业务环节成本的管控，建立业财一体化管理系统，加快企业财务人员的转型，积极探索将业财融合理念融入管理会计的策略，只有提高财务人员对业务的敏锐度，才能使企业业务与财务有机渗透，不断提高企业业财融合水平，进而促进业财融合深入发展。

拓展阅读 国家政策引导是管理会计发展的外部动力——解读最新管理会计应用指导意见

中央领导的指示和监管部门的政策，对企业财务数字化转型形成直接而有力的指导。自2021年至今，国务院国资委、财政部先后颁布十余条指引政策，对建设世界一流财务、管理会计的专业与技术发展提出指导意见。

2024年7月，财政部发布了《财政部关于进一步加强管理会计应用的指导意见（征求意见稿）》（财办会〔2024〕26号）（以下简称《指导意见》），与2014年发布《财政部关于全面推进管理会计体系建设的指导意见》（财会〔2014〕27号）（以下简称2014年《指导意见》)时隔十年,财政部再次针对管理会计体系建设出台了政策。

相比2014年《指导意见》由理论、指引、人才、信息化和咨询服务组成的"4+1"管理会计体系,本次《指导意见》征求意见稿的任务与举措更具体、更前沿,分别从指引体系、数字化与智能化、综合效用、咨询与技术服务、理论研究与人才建设5个方面提出了21条具体措施。

本次《指导意见》的一大特征是"以深化管理会计应用为主线",实现管理会计从上一个十年的"指引体系"向"加强应用"的进一步延伸,发挥管理会计在数字化、智能化、绿色转型中的作用。

在新时代背景下,加强管理会计应用,充分发挥管理会计在规划、决策、控制和评价方面的重要作用,不断提升企业核心竞争力和行政事业单位内部管理效率,对于推动我国经济社会高质量发展具有重要意义。

任务三　构建管理会计职业道德

一、管理会计职业道德的概念和特征

管理会计职业道德是指在管理会计职业活动中应当遵循的、体现管理会计职业特征的、调整管理会计职业关系的职业行为准则和规范。

管理会计作为社会经济活动中的一种特殊职业,涉及会计、战略、市场、管理、金融和信息系统等多方面的知识,管理会计人员提交的各种分析报告和数据会直接影响企业的各种决策,因而管理会计人员的职业道德尤为重要,并且有其自身特点。

(一) 具有职业性和实践性特征

管理会计职业道德具有明显的职业性和实践性。管理会计的目标是通过运用管理会计工具方法,参与单位规划、决策、控制、评价活动并为之提供有用信息,推动单位实现战略规划。管理会计职业道德是在管理会计的职业过程中和工作实践中体现出来的。

(二) 具有公众利益的符合性特征

管理会计职业道德具有明显的公众利益的符合性,它能够帮助所服务的机构达成目标,也使得所服务的机构的管理活动符合国家利益和社会公众利益。

二、管理会计职业道德的作用

(一) 对管理会计人员个体的作用

1. 对管理会计人员的指导作用

管理会计职业道德是财务会计法律体系的组成部分,可以评价和促进管理会计人员对职业道德的遵守，所以对管理会计人员个体的行为具有指导作用。

2. 对管理会计人员职业道德遵守的促进和评价作用

对管理会计职业道德规范的制定、推广、教育、监督、检查、评价等活动，能够对管理会计人员的言行进行客观评价，进而促进管理会计职业道德被从业者遵从。

（二）对单位的作用

1. 单位实现管理会计目标的重要保障

管理会计体系的贯彻实施是单位实现战略的重要保障之一。认真学习和遵从管理会计职业道德，将促进管理会计体系的落实，进而促进实现管理会计的目标。

2. 单位总体道德价值观的重要组成部分

职业道德具有提升行业形象、提高全社会职业道德水准的作用。职业道德能促进单位执业活动的开展，增强单位职业活动的效果；提升管理会计人员的职业形象，乃至其所服务机构及行业的形象，是单位总体道德价值观的重要组成部分。

（三）对职业规范体系的作用

管理会计职业道德是相关财会法律法规的重要补充。管理会计职业道德不属于法律法规，但职业道德体系与法律法规体系共同作用，能够在不同层面形成对职业规范体系的完整要求。

三、管理会计职业道德规范的主要内容

美国管理会计师协会于1982年发布了《管理会计师职业道德行为准则》，是目前世界上较为完整的关于管理会计师职业道德的规定，主要从职业认知和价值观、能力准备与自我提高、达成业绩的努力程度这三个维度进行了相关的规定。

（一）职业认知和价值观

1. 热爱管理会计职业

正确认识管理会计职业和管理会计的特点，热爱管理会计职业，通过做好管理会计工作创造价值。

2. 诚信从业

不弄虚作假，不为利益或其他目的而造假，实事求是，不为谋取私利或其他目的人为选择信息或有选择性地工作。

3. 客观公正

从主观上，客观公正地推进工作；从客观上，顶住各种阻力，遵守国家法律法规，包括财税方面的法律法规等，推动单位向法律法规所鼓励和引导的方向发展。工作中，内外部利益方或利益团体很可能以各种不同的方式对管理会计人员施加压力，或通过给予利益，获得偏向自己的支持。此时，管理会计人员需要顶住压力，客观公正地开展自己的工作。

4. 保密

保守工作中的秘密，不利用工作中所获得的相关信息为自己或者相关人员谋利，具体

包括：

(1) 除法律规定外，未经批准，不得披露工作过程中所获取的机密信息；

(2) 告知下属应重视工作中所获取信息的机密性，并且监督下属的行为确保保守机密；

(3) 禁止利用或变相利用在工作中所获取的机密信息为个人或通过第三方谋取不道德或非法利益。

5. 廉洁自律

不行贿、不利用职务之便谋取私利或受贿，不支持他人行贿受贿或谋取私利，并推动通过单位的监控体系进行防范，推行积极正面的价值观。

(二) 能力准备与自我提高

1. 充足的专业技能准备

专业技能准备包括：①熟悉法律法规及有关规则；②具备管理能力，能利用财务工具和财务思维参与企业管理；③具备战略决策支持、投融资支持和管理能力。

管理会计人员需要不断加强自身知识和技能，保持适当水平的职业领导能力和专业能力，根据相关的法律法规和技术规范履行自己的职责，提供准确、清晰、简明和及时的决策支持与建议。

2. 充足的职业技能准备

管理会计人员应具备领导力、计划总结能力、沟通能力、监督检查执行能力等。

3. 熟悉业务、行业、宏观政策

管理会计人员应拥有对业务的深度认知、对行业的深度认知、对宏观政策的深度认知。

4. 开拓创新意识和行动

管理会计人员应具备不断学习提高技能的意识和愿望，掌握科学的学习提升方法，拥有能够将提升付诸行动的执行力。

(三) 达成业绩的努力程度

1. 克服困难、努力工作、恪尽职守，为企业利益尽最大努力

管理会计人员应克服职业与专业上的困难，克服管理冲突带来的困难，克服显性或隐性利益冲突带来的工作困难，协调各方利益冲突，为企业利益尽最大努力。

2. 用专业方法和工具为企业工作，提供深入有效的管理支持

管理会计人员应最大限度地利用管理会计的工具和方法，结合管理会计的工作特点，在不同岗位上做好相应工作，使管理支持深入有效。

3. 敢于承担责任，坚持正确的观点

管理会计人员应参与管理和决策，敢于承担责任，要有观点，并且敢于坚持正确的观点，支持正确的观点。

4. 综合企业各种情况，推进管理会计工作，不能过于超前或拖后

管理会计人员应通过分析企业内部和外部环境，并结合管理会计原则，规划和推进管

理会计工作。首先,在推进管理会计工作的过程中,需要使用科学的方法、现代化的工具,需要有所投入。其次,使用的管理会计的工具和方法要与单位的性质、规模、发展阶段、管理模式、智力水平等匹配。最后,推进管理会计工作,必须以单位的战略为导向,将管理会计融入单位的相关领域、相关层次、相关环节以及业务流程中。

四、管理会计职业道德教育与执行落实

(一) 管理会计职业道德教育概述

管理会计职业道德教育是指根据管理会计工作的特点,有目的、有组织、有计划地对管理会计人员施加系统的职业道德影响,促使管理会计人员形成职业道德品质,履行职业道德义务的活动。

1. 管理会计职业道德教育的手段

管理会计职业道德教育手段包括外在教育和提高自我修养两种。

外在教育是指通过外部的教育力量和方式,有组织、有程序、系统规范地向管理会计人员进行职业道德教育。通过系统专业的讲解,结合考试等形式,让管理会计职业道德内容深深植入从业者的心中,以便他们在工作中不断回顾、印证并身体力行。

提高自我修养是不可或缺的手段。在管理会计职业活动中,从业者会遭遇各种诱惑、成功、困难、挑战、失败,很多时候都会面临方向性的选择问题。这时候需要有来自内心深处的、基于道德层面的指引。此时,他们会反复思考,将学习的职业道德内容与职业理想相互印证,并在一次次的选择中加深职业道德的自我修养。

外在教育是外因,自我修养是内因,两者都是管理会计人员真正把职业道德纳入灵魂深处并自觉使用的关键。

2. 管理会计职业道德教育的内容

管理会计职业道德教育的内容包括职业道德知识与规范教育、职业道德案例警示教育等。

在职业道德知识与规范教育方面,中国总会计师协会管理会计师分会作为管理会计从业人员的主管机构,总结了适合管理会计人员的职业道德知识与规范,并形成了教材,用于推动从业人员广泛学习,还通过组织考试等方式,让管理会计人员接触、了解、把握本领域的职业道德内容。这种知识与规范教育,贯穿管理会计职业行为的始终。

在职业道德案例警示教育方面,通过选择正面和反面的典型案例或个体,对案例或个体进行讨论和剖析总结,以达到教育作用。对优秀的个人和案例,大力宣传推广,以起到正面的引导作用;对反面的案例,通过分析总结,以起到警示作用。

(二) 管理会计职业道德建设的组织与实施

管理会计职业道德的建设工作需要财政部门、管理会计行业、单位内部和社会各界共同来组织实施,只有这样才能达到最佳效果。

1. 财政部门的组织推动

各级财政部应当负起组织和推动本地区管理会计职业道德建设的责任,推动职业道

德宣讲和教育，同时把管理会计职业道德建设与相关法治建设和管理者考核激励紧密结合起来。

2. 管理会计行业的自律

中国总会计师协会管理会计师分会应充分发挥协会专业组织的作用，进一步完善管理会计人员自律机制，有效发挥自律机制在管理会计职业道德建设中的促进作用。

3. 单位内部监督

单位自身应当形成内部约束机制，防范舞弊和经营风险，支持并督促管理会计人员遵循管理会计职业道德，依法开展管理会计工作。

管理会计职业道德在广义上属于道德范畴，即使不是从事管理会计工作的人员，也能感知并判断管理会计人员工作中所表现出的道德倾向，进而可以对管理会计人员进行监督。管理会计人员在单位要接受同行和其他人员的监督。通过单位内部监督，可以进一步约束管理会计人员遵守职业道德，形成内部约束机制。

4. 社会各界的监督与配合

加强管理会计职业道德建设，既是提高广大管理会计人员素质的一项基础工作，又是一项复杂的社会系统工程，这不仅是某一个单位、某一个部门的任务，也是各地区、各部门、各单位的共同责任。应广泛开展管理会计职业道德的宣传教育，加强舆论监督，在全社会管理会计人员中倡导诚信为荣、失信为耻的职业道德意识，引导管理会计人员加强职业修养。

（三）管理会计职业道德的检查与奖惩机制

在管理会计职业范畴须建立一套基于职业道德的人才选拔、使用、检查和奖惩机制。通常，管理会计职业道德检查与奖惩机制可以通过以下三个层次进行：

1. 政府各级财政部门的指导

政府各级财政部门，可以依法对管理会计职业道德规范的制定、行业自律组织的工作进行指导，也可以指导相关部门将管理会计专业能力评定考核与职业道德检查和奖惩相结合。

2. 管理会计行业自律组织的检查与奖惩

管理会计行业自律组织，可以制定职业管理、教育和检查的规则，在履行其服务、监督、管理、协调的职责的同时，发挥自身优势，通过职业检查、职业控制与奖惩，督促管理会计人员树立良好的职业道德。

3. 企事业单位内部的检查与奖惩

各企事业单位，可以自行将管理会计职业道德要求纳入对管理会计人员的业绩检查和考评之中，通过把管理会计职业道德建设与企事业单位内部绩效管理体系及职位晋升体系相联系，切实把管理会计人员的职业道德建设落到实处，进而助推单位战略的实现。

由以上层次构成的管理会计职业道德检查与奖惩机制，主要包括检查主体、检查对象、检查范围、检查频率、检查标准等。

具体而言，管理会计行业自律组织可以使用表扬、批评、企事业单位提建议等措施，企事业单位可以使用表扬、批评、警告、岗位调整、薪酬调整等措施，通过建立检查与奖惩机制,将管理会计职业道德的检查与促进工作真正落到实处。

拓展阅读 管理会计师们面临的职业道德问题

某公司一位部门经理最近购买了一款软件,在内部报告时,该经理希望管理会计师将之作为一项资产而不是一项费用。原因之一是他认为该软件将在一定期限(十年内)持续为公司带来利润,这样一来将之资本化是最合理不过的;原因之二是该经理及其所在部门的薪酬与其绩效紧密挂钩,因此他虽然无法提供充足的证据证明其观点,但他希望管理会计师采纳他的建议。令这位管理会计师难以抉择的是,最近与这款软件有关的项目的利润并不理想,但他同时又希望避免与上司发生冲突。

假设你是这位管理会计师,你会如何处理?

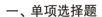

岗课赛证融通训练

一、单项选择题

1. 现代会计的两大分支为财务会计和( )。
   A. 成本会计　　B. 财务管理　　C. 管理会计　　D. 预算会计
2. 下列会计子系统中,能够履行管理会计"考核评价经营业绩"职能的是( )。
   A. 预测决策会计　　　　　　B. 规划控制会计
   C. 对外报告会计　　　　　　D. 财务会计
3. 管理会计职业道德,不具有( )特征。
   A. 职业性　　　　　　　　　B. 实践性
   C. 公共利益的符合性　　　　D. 强制性
4. 下列不属于管理会计活动的是( )。
   A. 项目决策　　B. 企业规划　　C. 成本控制　　D. 会计核算
5. 下列关于管理会计与财务会计的区别,表述错误的是( )。
   A. 管理会计的特点是相对于财务会计而言的
   B. 管理会计要求提供精确的信息而财务会计不需要
   C. 管理会计与财务会计的程序和方法不同
   D. 管理会计侧重"创造价值",而财务会计侧重"记录价值"

二、综合实训题

某公司的一位管理会计师最近受邀与一位供应商去农家乐共度周末,但令他犹豫不决的是,这家供应商最近在投标他们公司的合同,虽然在邀请函上对方只字不提此事,但他担心若到场会被询问有关投标方面的内部消息。

假设你是这位管理会计师,你会如何处理?

战略管理

知识目标
- ◆ 理解企业战略和战略管理的内涵
- ◆ 熟悉战略管理的原则和应用环境
- ◆ 掌握战略管理的应用程序

能力目标
- ◆ 能够充分认识到战略管理的重要性
- ◆ 能够理顺战略管理的逻辑思维
- ◆ 能够读懂战略地图,把握企业战略意图

素养目标
- ◆ 培养战略管理的意识,树立全局观
- ◆ 通过理解战略地图各要素间的因果关系,提升学生辩证思维能力

案例导入:欧亚乳业公司的战略问题

　　欧亚乳业公司自2003年成立以来,始终致力于为消费者奉献更具特色、更加生态、更高品质的绿色优质乳品,公司发展迅速。目前,建成了规模位居西南地区前列的有机牧场和绿色加工厂,形成了贯穿整个产业链的绿色化、标准化管理体系。通过深耕重点核心市场并辐射带动周边市场的区域经销模式,建立起立体、稳定、通畅的销售网络和服务体系,初步实现全国布局。

　　随着公司规模的快速扩张,原有的发展战略难以适应新形势的发展,主要表现在以下五个方面:①公司原有战略定位为省级区域的知名乳业公司,随着公司市场扩张,原有的战略目标与快速发展的实际情况严重脱节;②业绩不理想,公司董事会与管理层之间的信任出现危机,董事会对管理层的能力产生了质疑;③企业信息化体系已经建立,但战略管理模块并没有启用,不利于各信息数据之间的传递和共享,信息化效用未得到充分发挥;④绩效考核体系没有与战略目标有机匹配,考核激励制度缺乏一定的科学合理性;⑤各部门之间、员工之间的沟通交流环节多、不顺畅,很多中层管理人员和基层员工对于战略的理解和实施存在偏差。

任务一　战略管理认知

一、与战略相关的一些概念

（一）使命

使命通常用简洁清晰和激动人心的文字说明企业存在的理由。使命决定了企业的愿景和战略。使命也应该描述企业期望向客户传送何种价值以及如何传送。当然,使命应该让管理层和员工都清楚他们共同追求的总体目标。

（二）价值观

企业的价值观体现了组织的态度、行为和特质。企业的价值观是企业持久的和最根本的信仰,是企业及其每一个成员共同的价值追求、价值评价标准和所崇尚的精神。无论对于企业整体还是员工个体,价值观都是一把标尺,时刻衡量着他们的存在意义和行为方式。

（三）愿景

愿景是一个简明的陈述,表达了企业的中长期(3～10年)目标。愿景应该是外部的和具有市场导向的,通常用"憧憬"的言语传达企业想要展现给世界的形象。

二、战略管理的定义

"战略"一词最早起源于军事,意为作战的谋略,后逐渐被引申至政治和经济领域,指企业做出的全局性和长远性的谋划。一般而言,战略具有全局性、长远性、纲领性、应变性、竞争性、风险性等特征。

战略管理是指对企业全局和长远的发展方向、目标、任务和政策,以及资源配置做出决策和管理的过程。企业战略管理是在分析企业内外部环境的基础上,选择和制定达到企业目标的有效战略,并付诸实施、控制和评价的一个动态管理过程。

在形成战略之前,管理层首先要对公司的目标(使命)、内部行动的指南(价值观)以及对未来结果的憧憬(愿景)达成一致。一般情况下,企业使命和价值观在相当长的时间内都是稳定不变的。愿景虽然不像使命和价值观这样稳定,但至少在未来三到五年的战略规划中是稳定的。

三、企业战略的层次

企业战略一般分为三个层次，包括选择可竞争的经营领域的总体战略、某经营领域具体竞争策略的业务单位战略（也称竞争战略）和涉及各职能部门的职能战略。

（一）总体战略

企业总体战略又称公司层战略，通常是由企业最高层根据企业发展阶段、发展方向、企业愿景和使命，制定的企业长远和总体的经营发展规划。

制定企业总体战略，首先需要进行企业外部经营环境分析，包括宏观经济环境分析、特定产业环境分析、技术环境分析、政策环境分析和社会文化环境分析等，了解企业外部环境所面临的机遇和威胁。

其次是进行企业内部资源和能力分析，包括但不限于人力资源分析、管理水平分析、经营者的领导才能分析、财务资源分析、物资资源分析，以及团队管理能力分析、研发能力分析、营销能力分析等。内部资源和能力分析，有助于找出企业目前所具备的优势和劣势。在确定企业整体发展态势后，企业管理层需要根据企业目前的态势进行分析，从而完成战略选择。

（二）业务单位战略

业务单位战略又称业务层战略，或者竞争战略。现代大型企业一般都同时从事多种经营业务，或者生产多种不同的产品，有若干个相对独立的产品或市场部门，这些部门被称为事业部或战略经营单位。由于各个业务部门的产品或服务不同，所面对的外部环境（特别是市场环境）也各不相同，企业能够对各项业务提供的资源支持也不同。因此，各部门在参与经营过程中所采取的战略也不尽相同，各经营单位有必要制定指导本部门产品或服务经营活动的战略，即业务单位战略。

业务单位战略是企业战略业务单元在公司战略的指导下，经营管理某一特定的战略业务单元的战略计划，具体指导和管理经营单位的重大决策和行动方案，是企业的一种局部战略，也是公司战略的子战略，它处于战略结构体系中的第二层次。业务单位战略着眼于企业中某一具体业务单元的市场和竞争状况，相对于总体战略有一定的独立性，同时又是企业战略体系的组成部分。业务单位战略主要回答在确定的经营业务领域内，企业如何展开经营活动；在一个具体的、可识别的市场上，企业如何构建持续优势等问题。其侧重点在于贯彻使命、分析业务发展的机会和威胁、分析业务发展的内在条件、提出业务发展的总体目标和要求等。对于只经营一种业务的小企业或者不从事多元化经营的大型组织，业务单位战略与公司战略是一回事。决策问题涉及在既定的产品与市场领域，在什么样的基础上开展业务，以取得顾客认可的经营优势。

（三）职能战略

职能战略又称职能层战略，是为贯彻、实施和支持公司战略与业务单位战略而在企业特定的职能管理领域制定的战略。职能战略主要回答某职能的相关部门如何卓有成效地开展工作的问题，重点是提高企业资源的利用效率，使企业资源的利用效率最大化。其内容比业务战略更为详细、具体，其作用是使总体战略与业务战略的内容得到具体落实，并使各项职能之间协调一致，通常包括营销战略、人事战略、财务战略、生产战略、研发战略等方面。

其制定原则是支撑总体战略、服务竞争战略。企业的总体战略和竞争战略需要职能部门完成何种工作，职能部门就依此制定职能战略。职能战略主要涉及企业内各职能部门（如营销、财务、生产、研发、人力资源、信息技术等），其目标是更好地配置企业内部资源，为各级战略服务，提高组织效率。

总之，三个层次的战略都是企业战略管理的重要组成部分，但侧重点和影响的范围有所不同。

公司层战略倾向于总体价值取向，以抽象概念为基础，主要由企业高层管理者制定；业务层战略是就本业务部门的某一具体业务进行的战略规划，主要由业务部门领导层负责；业务层战略涉及具体执行和操作问题。

公司层战略、业务层战略与职能层战略一起构成了企业战略体系。在企业内部，企业战略管理各个层次之间是相互联系、相互配合的。企业每一层次的战略都为下一层次战略提供方向，并构成下一层次的战略环境；每层战略又为上一层战略目标的实现提供保障和支持。所以，企业要实现其总体战略目标，必须将三个层次的战略有效地结合起来。

四、战略管理的原则

企业进行战略管理时，一般应遵循以下原则。

（一）目标可行原则

战略目标的设定，一方面应具有前瞻性，且通过一定的努力可以实现；另一方面应具有适当的挑战性，并能够使长期目标与短期目标有效衔接。

（二）资源匹配原则

企业应根据各业务部门与战略目标的匹配程度，相应地进行资源配置。

（三）责任落实原则

企业应将战略目标落实到具体的责任中心和责任人，构成不同层级彼此相连的战略目标责任圈。

（四）协同管理原则

企业应以实现战略目标为核心，考虑不同责任中心业务目标之间的有效协同，加强各部门之间的协同管理，有效提高资源使用的效率和效果。

五、战略管理的工具方法

战略管理领域应用的管理会计工具方法,一般包括战略地图和价值链管理等。战略管理的工具方法可单独使用,也可以综合应用,以加强战略管理的协同性。

(一)战略地图

战略地图是指为描述企业各维度战略目标之间因果关系而绘制的战略因果关系图。战略地图由罗伯特·卡普兰(Robert S. Kaplan)和戴维·诺顿(David P. Norton)提出。战略地图的核心内容为企业通过运用人力资本、信息资本和组织资本等无形资产(学习与成长),创新和建立战略优势和效率(内部流程),进而使公司把特定价值带给市场(客户),从而实现股东价值(财务)。

(二)价值链管理

"价值链"这一概念由迈克尔·波特(Michael E. Porter)于1985年提出,每一个企业都是在设计、生产、销售、发送和辅助其产品的过程中进行种种活动的集合体。所有这些活动可以用一个价值链来呈现。企业的价值创造是通过一系列活动构成的,这些互不相同但又相互关联的生产经营活动,构成了一个创造价值的动态过程,即价值链。

六、战略管理的应用环境

企业进行战略管理时,需要具备一定的应用环境,具体如下:

(一)企业应关注宏观环境和自身情况

企业进行战略管理,应关注宏观环境(包括政治、经济、社会、文化、法律及技术等因素)、产业环境、竞争环境等对其影响长远的外部环境因素,尤其是可能发生重大变化的外部环境因素,确认企业所面临的机遇和挑战;同时应关注自身的历史及现行战略、资源、能力、核心竞争力等内部环境因素,确认企业具有的优势和劣势。

(二)企业应设置专门机构或部门

企业进行战略管理,一般应设置专门机构或部门,牵头负责战略管理工作,并与其他业务部门和职能部门协同制定战略目标,做好战略实施的部门协调,保障战略目标得以实现。

(三)企业应建立健全战略管理相关制度

企业进行战略管理,应建立健全战略管理相关制度及配套的绩效激励制度等,形成科学有效的战略管理体系。

七、战略管理的应用程序

企业应用战略管理,一般按照战略分析、战略制定、战略实施、战略评价和控制、战略调整等程序进行,如图 2-1 所示。

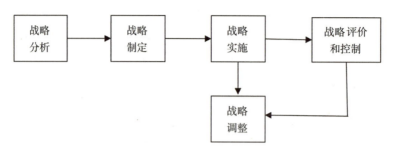

图 2-1　战略管理的应用程序

(一) 战略分析

战略分析包括外部环境分析、内部环境分析和态势分析。

1. 外部环境分析

外部环境分析可以从企业所面对的宏观环境、产业环境和市场需求状况几个方面展开。从公司战略角度分析企业的外部环境,要把握环境的现状及变化趋势,利用对企业发展有利的机会,避开环境可能带来的威胁,这是企业谋求生存发展的首要问题。

(1) 宏观环境分析

一般说来,宏观环境分析可以概括为以下四类,即政治因素(Political Factors)、经济因素(Economical Factors)、社会因素(Social Factors)、技术因素(Technological Factors)。这四个因素英文的第一个字母组合起来是 PEST,所以宏观环境分析也被称为 PEST 分析。

(2) 产业环境分析

波特定义"一个产业是由一群生产相似替代品的公司组成的"。产业要经过四个阶段:导入期、成长期、成熟期和衰退期。当产业走过它的生命周期时,竞争性质会改变。波特还认为,在每一个产业中都存在五种基本竞争力量,即现有竞争者的竞争能力、潜在竞争者进入的能力、替代品的替代能力、供应商的讨价还价能力和购买者的讨价还价能力。将五种竞争力量作为竞争主要来源形成的分析方法,就是波特五力分析法。

(3) 竞争环境分析

竞争环境分析的重点集中在与企业直接竞争的每一个企业。竞争环境分析包括两个方面:一是从个别企业视角去观察分析竞争对手的实力;二是从产业竞争结构视角去观察分析企业所面对的竞争格局。

2. 内部环境分析

内部环境分析可以从企业的资源、能力、核心竞争力等方面展开。通过内部环境分析,企业可以了解自身所处的相对地位,具有哪些资源以及战略能力。

(1) 企业资源分析

企业资源是指企业所拥有或控制的有效因素的总和。企业资源分析的目的是识别企业的资源状况、企业资源方面所表现出来的优势和劣势及其对未来战略目标制定和实施的影响。

(2) 企业能力分析

企业能力是指配置资源，发挥其生产和竞争作用的能力，主要由研发能力、生产管理能力、营销能力、财务能力和组织管理能力等组成。企业能力来源于企业有形资源、无形资源和组织资源的整合，是各种资源有机组合的结果。

(3) 业务组合分析

对于多元化经营的公司来说，还需要将企业的资源和能力作为一个整体来考虑。因此，公司战略能力分析的另一个重要部分就是对公司业务组合进行分析，保证业务组合的优化是公司战略管理的主要责任。波士顿矩阵分析法就是公司业务组合分析的主要方法。

波士顿矩阵分析法是指在坐标图上，以纵轴表示企业销售增长率，横轴表示市场占有率，将坐标图划分为四个象限，依次为"明星类产品""问题类产品""金牛类产品""瘦狗类产品"，如图2-2所示。明星类产品是指销售增长率和市场占有率"双高"的产品群；问题类产品是指销售增长率高、市场占有率低的产品群；瘦狗类产品是指销售增长率和市场占有率"双低"的产品群；金牛类产品是指销售增长率低、市场占有率高的产品群。波士顿矩阵分析法的目的是通过产品所处不同象限的划分，使企业采取不同对策，保证其不断地淘汰无发展前景的产品，保持"问题""明星""金牛"产品的合理组合，实现产品及资源分配结构的良性循环。

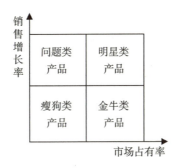

图 2-2 波士顿矩阵分析示意图

3. 态势分析

态势分析法是一种综合考虑企业内部条件和外部环境的各种因素，进行系统评价，从而选择最佳经营战略的方法。态势分析法也叫 SWOT 分析法，这里 S 是指企业内部的优势(Strength)，W 是指企业内部的劣势(Weakness)，O 是指企业外部环境的机会(Opportunity)，T 是指企业外部环境的威胁(Threat)。SWOT 分析是将与研究对象密切相关的各种主要内部优势、劣势和外部的机会和威胁等，通过调查列举出来，并依照矩阵形式排列，然后用系统分析的思想，把各种因素相互匹配起来加以分析，从而得出相应结论。该结论通常带有一定的决策性，对制定相应的发展战略、计划和对策起到支撑作用。按照态势分析法，战略目标应是一个企业"能够做的"(即企业的强项和弱项)和"可能做的"(即环境的机会和威胁)的有机组合。表2-1是小米公司的态势分析。

表 2-1　小米公司的态势分析

因　素	分　析
S(优势)	◎高品质和性价比是核心竞争力 ◎创新与技术研发实力较强 ◎互联网运营模式,产品迭代快速 ◎生态系统逐步构建,品牌整体竞争力较强 ◎全球化布局稳步发展
W(劣势)	◎专利竞争力不足,缺乏技术上的核心竞争力 ◎自主生产能力不足,影响货源供给的稳定性
O(机会)	◎国际市场的拓展空间较大 ◎智能家居领域有望进一步扩大市场份额,并可挖掘增值服务潜力 ◎可逐步实现数字化转型与新零售,顺应消费者购物习惯
T(威胁)	◎新兴品牌进入市场,可能构成威胁 ◎技术变革下新的技术和创新可能会对小米的产品竞争力造成挑战 ◎地缘政治因素可能影响国际市场 ◎国内市场竞争激烈,面临来自华为、OPPO等强大竞争对手的压力

(二) 战略制定

战略制定是指企业根据确定的愿景、使命和环境分析情况,选择和设定战略目标的过程。企业可根据对整体目标的保障、对员工积极性的发挥以及企业各部门战略方案的协调等实际需要,选择自上而下、自下而上或上下结合的方法,制定战略目标。企业设定战略目标后,各部门需要结合企业战略目标设定本部门战略目标,并将其具体化为一套关键财务及非财务指标的预测值。为各关键指标设定的目标(预测)值,应与本企业的可利用资源相匹配,并有利于执行人积极有效地实现既定目标。

(三) 战略实施

战略实施是指将企业的战略目标变成现实的管理过程,即"化战略为行动"。企业应加强战略管控,结合使用战略地图、价值链管理等多种管理会计工具方法,将战略实施的关键业务流程化,并落实到企业现有的业务流程中,确保企业高效率和高效益地实现战略目标。

(四) 战略评价和控制

战略评价和控制是指企业在战略实施过程中,通过检测战略实施进展情况,评价战略执行效果,审视战略的科学性和有效性,不断调整战略举措,以达到预期目标。企业主要应从以下四个方面进行战略评价:战略是否适应企业的内外部环境;战略是否达到有效的资源配置;战略涉及的风险程度是否可以接受;战略实施的时间和进度是否恰当。

(五) 战略调整

战略调整是指根据企业情况的发展变化和战略评价结果,与时俱进地对所制定的战略及时进行调整,以保证战略能有效指导企业经营管理活动。战略调整一般包括调整企业的愿景、长期发展方向、战略目标以及战略举措等。

战略调整是一种特殊的决策,是对企业过去战略决策的追踪,受到企业核心能力、企业家的行为和企业文化等因素的影响。企业经营过程是某种核心能力的形成和利用过程,企业核心能力的拥有及其利用不仅决定着企业活动的效率,而且决定着企业战略调整方向与线路的选择。决策的本质特征决定了战略调整也是在一系列的备选方案中进行选择,这种选择在一定意义上是经营者行为选择的直接映照。企业文化则对上述选择过程以及选择确定后的实施过程中人的行为产生着重要的影响。

拓展阅读 云南白药拥抱新质生产力,数智化激发创新活力

生物医药产业是云南发挥生物多样性资源优势倾力打造的千亿级产业。云南白药集团作为云南生物医药领域的重点企业,近年来以创新驱动发展,将数字技术深度融入实体经济,不仅传承了百年药企的经典,更在守护生命与健康的使命上迈出了坚实步伐,为产业转型升级和企业竞争力提升注入了强劲动力。

云南白药集团通过打通生产链路全数字化,推动品牌药材工程迈入新阶段。其自主开发的数字中药材产业平台,结合大数据和人工智能,打通药材从育种到种植、初加工、精加工、制药、分销体系及医院的全产业链,实现了中药材非标产品的标准化管理;通过物联网和智能制造的应用,推动药材产地种植、生产加工的标准化、规模化、智能化生产,促进当地经济发展和农户增收。

拥抱新质生产力,数智化激发创新活力。未来,云南白药将持续推进数智医药创新和数字化转型,以数字化手段提升业务管理智能化,驱动新场景、新产品、新业务的发展。

任务二 战略地图概述

一、战略地图的概念

战略地图是指为描述企业各维度战略目标之间因果关系而绘制的可视化的战略因果关系图。战略地图通常以财务、客户、内部业务流程、学习与成长四个维度为主要内容,通过分析各维度的相互关系,绘制战略因果关系图。企业可根据自身情况对各维度的名称和内容等进行修改和调整。

作为一种战略描述工具,战略地图能够引导企业做正确的事,提高管理者与员工之间的沟通效率,确保战略能够在企业得到更好的贯彻执行,促进企业长期持续发展。战略地图不是机械地将战略按不同层面划分成彼此孤立的指标,而是生动地描述了各层面、各指标之间的相互作用机制,将原本零星的和看似无关的指标联系在一起。

二、战略地图的作用

任何一家企业的资源都是有限的,没有谁可以面面俱到,只能将有限的资源和精力聚焦到相对重要的环节。但是,要清晰地描绘出从战略目标到企业经营管理重心之间的逻辑关系是一件很困难的事情;战略地图的出现解决了这个棘手的问题。

战略地图将战略转化为企业的经营管理导向,并将其分解为一系列的、与各部门相关的主题,这相当于在企业与战略目标之间绘制了一条基本的路线图,让企业的各项经营管理活动直面指标,而不至于"跑偏"或疲于奔命。

从战略地图的概念和设计要求可以看出,企业只有通过利用人力资本、信息资本和组织资本等无形资产(学习与成长),才能创新与建立战略优势和效率(内部流程),进而让市场(客户)获得企业特定价值,最终实现企业价值(财务目标)。战略地图的要素关系如图2-3所示。

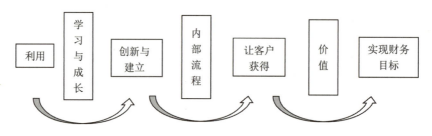

图 2-3 战略地图的要素关系

三、战略地图设计的基本流程

企业设计战略地图,一般按照设定战略目标、确定业务改善路径、定位客户价值、确定内部业务流程优化主题、确定学习与成长主题、实施资源配置、绘制战略地图等程序推进。

1. 设定战略目标

设定战略目标也就是战略制定。企业进行战略目标制定,应遵循《管理会计应用指引第100号——战略管理》的有关要求,由企业战略管理部门根据企业宗旨中阐明和确认的经营目的和企业使命,结合环境分析的结果,采取自上而下、自下而上或上下结合的方法,制定企业层面的战略目标。各部门需要根据这一目标设定本部门战略任务,将其具化为一套包括利润、资源、生产、市场、员工报酬与激励等在内的财务关键指标和包括遵守法规和社会责任等在内的非财务关键性指标,并为各关键指标设定目标(预测)值。这类目标值不仅应与本企业的可利用资源相匹配,而且有利于执行人积极有效地实现既定目标。

2. 确定业务改善路径

战略目标制定后,企业应根据既定战略目标,对现有客户(服务对象)和可能的新客户以及新产品(新服务)进行深入分析,寻求业务改善和增长的最佳路径,提取业务和财务融合发展的战略主题。在财务维度,战略主题一般可划分为两个层次;第一层次包括生产率提升和营业收入增长等;第二层次包括创造成本优势、提高资产利用率、增加客户机会和提高客户价值等。

3. 定位客户价值

企业应对现有客户进行分析,从产品(服务)质量、技术领先、售后服务和稳定标准等方面确定和调整客户价值定位。在客户价值定位维度,企业一般可设置客户体验、双赢营销关系、品牌形象提升等战略主题。

4. 确定内部业务流程优化主题

企业应根据业务提升路径和服务定位,梳理业务流程及其关键增值(提升服务形象)活动,分析行业关键成功要素和内部营运矩阵,从内部业务的管理流程、创新流程、客户管理流程、遵循法规流程等角度确定战略主题,并将业务战略主题进行分类归纳,制定战略方案。

5. 确定学习与成长主题

企业应根据业务提升路径和服务定位,分析创新和人力资本等无形资源在价值创造中的作用,识别学习与成长维度的关键要素,并相应地确立激励制度创新、信息系统创新和智力资本利用创新等战略主题,为财务、客户、内部业务流程维度的战略主题和关键业绩指标(Key Performance Indicator,KPI)提供有力支撑。

6. 进行资源配置

在财务(包括业务)、客户价值、内部业务流程以及学习与成长四个维度的战略主题确定后,企业应分析其有形资源和无形资源的战略匹配度,对各主题进行战略资源配置。同时应关注企业人力资源、信息资源、组织资源等在资源配置中的定位和在价值创造中的作用。

7. 绘制战略地图

企业可应用平衡计分卡的四维度划分绘制战略地图,以图形方式展示企业的战略目标及实现战略目标的关键路径。具体绘制步骤如下:

(1)确立战略地图的总体主题。总体主题是对企业整体战略目标的描述,应清晰地表达企业愿景和战略目标,并与财务维度的战略主题和KPI对接。

(2)根据企业的需要,确定四维度的名称。把确定的四维度战略主题相应地划入各自战略地图内,每一个主题可以通过若干KPI进行描述。

(3)将各个战略主题和KPI用路径线连接,形成战略主题和KPI相连的战略地图。在绘制过程中,企业应将战略总目标(财务维度)、客户价值定位(客户维度)、内部业务流程主题(内部流程维度)和学习与成长维度与战略KPI连接,形成战略地图。

企业所属的各责任中心的战略主题、KPI相应的战略举措、资源配置等信息一般无法全部绘制到一张图上,通常采用绘制对应关系表或另外绘制下一层级责任中心的战略地图等方式来展现战略因果关系。

四、战略地图的实施

战略地图实施是指企业利用管理会计工具方法,确保实现既定战略目标的过程。战略地图实施一般按照战略KPI设计、战略KPI分解、战略执行、执行报告、持续改善、评价激励等程序进行。

(一)战略 KPI 设计

企业应用战略地图应设计一套可以使各部门主管明确自身责任与战略目标相联系的考核指标,即进行战略 KPI 设计。

(二)战略 KPI 分解

企业应对战略 KPI 进行分解,落实责任并签订责任书。具体可按以下程序进行:

1. 将战略 KPI 分解为责任部门的 KPI

企业应从最高层开始,将战略 KPI 分解到各责任部门,再分解到责任团队。每个责任部门、责任团队或责任人都有对应的 KPI,且每个 KPI 都能找到对应的具体战略举措。企业可编制责任书,描述 KPI 中的权、责、利和战略举措的对应关系,以便实施战略管控和形成相应的报告。每个责任部门的负责人可根据上述责任书,将 KPI 在本部门进行进一步分解和责任落实,层层建立战略实施责任制度。

2. 签订责任书

企业应在分解明确各责任部门 KPI 的基础上,签订责任书,以督促各执行部门落实责任。责任书一般由企业领导班子(或董事会)与执行层的各部门签订。责任书应明确规定一定时期内(一般为一个年度)要实现的 KPI 任务、相应的战略举措及相应的奖惩机制。

(三)战略执行

企业应以责任书中所签任务为基础,结合责任部门的人员和团队的具体情况,对任务和 KPI 进一步分解,并制定相应的执行责任书,进行自我管控和自我评价。同时,以各部门责任书和职责分工为基础,确定不同执行过程的负责人及协调人,并按照制定的战略目标实现日期,确定不同的执行指引表,采取有效战略举措,保障 KPI 实现。

(四)执行报告

企业应编制战略执行报告,反映各责任部门的战略执行情况,分析偏差原因,提出具体的管控措施。

(1)每一层级责任部门应向上一层级责任部门提交战略执行报告,以反映战略执行情况,制定下一步战略实施举措。

(2)战略执行报告一般可分为以下三个层级:

①战略层(如董事会)报告,包括战略总体目标的完成情况和原因分析;

②经营层报告,包括责任人的战略执行方案中相关指标的执行情况和原因分析;

③业务层报告,包括战略执行方案下具体任务的完成情况和原因分析。

(3)企业应根据战略执行报告,分析责任人战略执行情况与既定目标是否存在偏差,并对偏差进行原因分析,形成纠偏建议,作为责任人绩效评价的重要依据。

（五）持续改善

企业应在对战略执行情况分析的基础上，进行持续改善，不断提升战略管控水平。

（1）与既定目标相对照，发现问题并进行改善。企业应根据战略执行报告，将战略执行情况与管控目标进行比对，分析偏差，及时发现问题，提出解决问题的具体措施和改善方案，并采取必要措施。企业在进行偏差分析时，一般应关注以下问题：

①所产生的偏差是否为临时性波动；

②战略 KPI 分解与执行是否有误；

③外部环境是否发生重大变化，从而导致原定战略目标脱离实际情况。

企业应在分析这些问题的基础上，找出发生偏差的根源所在，及时进行纠正。

（2）达成既定目标时，考虑如何提升。达成战略地图上所列的战略目标时，企业一般可考虑适当增加执行难度，提升目标水平，按持续改善的策略与方法进入新的循环。

（六）评价激励

企业应按照《管理会计应用指引第 100 号——战略管理》中战略评价的有关要求，对战略实施情况进行评价，并按照《管理会计应用指引第 600 号——绩效管理》的有关要求进行激励，引导责任人自觉地、持续地积极工作，有效利用资源，提高企业绩效，实现战略目标。

五、战略地图的应用

D 公司成立于 1992 年，并于 2009 年在深圳证券交易所上市，是我国生态环保行业的领军企业之一。D 公司主营业务为生态湿地、园林建设和水利市政等，致力于为客户提供集设计、施工、养护、苗木等为一体的全产业链服务。经过多年发展，D 公司依托景观绿化、河道治理、生态修复等多维度优势，为客户提供综合解决方案，在行业内具有较强的竞争力和较好的品牌知名度。但从 2013 年开始，行业竞争加剧、利润率下行、应收账款回款等问题一直困扰着 D 公司，其经营发展遇到瓶颈。为尽快改变现状，D 公司管理层探寻新的业务模式和利润增长点，以及如何从根本上解决现金流问题。2014 年，D 公司在满足合规要求的前提下，推出 EPC＋F（设计－采购－施工总承包＋融资）业务模式，即在项目实施前用金融工具为项目匹配金融机构贷款，从而保障应收账款回款，提升项目利润。D 公司开始组建金融团队，建立融资渠道，与金融机构开展资源共享和业务合作。

（一）制定战略目标

在制定战略目标前，利用 SWOT 模型对企业优势、劣势、机会和威胁进行分析，力求使有限的资源达到最优配置。

1. 优势

D 公司的优势表现在以下 5 个方面：①具有很强的研发设计能力，拥有生态修复与水环境治理专利 400 多项，拥有"水利、水环境、水景观三位一体"治理水环境独创技术；②具有产品质量和设计能力领先的品牌优势；③在行业内有优秀的业绩表现并以"景观园林"的优势独树一帜；④具有很强的市场营销能力；⑤研发设计、生产运营、营销拓展之间具有很强的协调性。

2. 劣势

与大型中央企业相比，D公司资金实力较弱，融资成本较高。

3. 机会

外部投资需求量巨大，政府和社会资本合作模式(Public-Private-Partnership,简称PPP)项目订单充足。

4. 威胁

D公司面临激烈的市场竞争和创新技术迭代加速的风险。

经过研究，D公司确定了成长型战略中的差异化策略，即进行市场细分，选择目标客户，提供不同于竞争对手的差异化产品。D公司还确定了"继续保持行业第一股"的企业总体目标，同时实现"3年千亿"的目标，即3年实现中标项目合同额3 000亿元、市值1 000亿元的目标。为保障战略实施和落地，D公司引进了营销、管理、设计、金融、运营、人力资源管理等方面的高层次人才。

（二）绘制战略地图

D公司围绕总体目标，设定财务目标，确定实现收入增长的路径，同时运用财务指标分析体系，确定财务战略主题，以财务战略主题为基础，依次制定财务、客户、内部流程、学习与成长4个维度的战略主题及关键指标，绘制公司战略地图。D公司战略地图见图2-4。

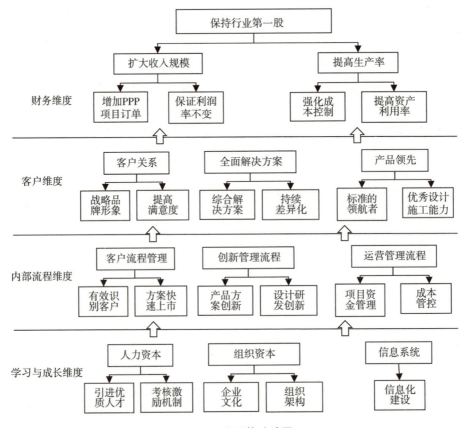

图2-4　D公司战略地图

1. 财务维度

D公司财务目标是其他层次的最终目标并服从于公司总体战略目标。D公司通过扩大PPP项目收入、提高生产率，确保整个资金链条良性运转，从而达成财务目标。图2-4显示，D公司财务目标由2个战略主题和4个关键指标构成。其中，扩大收入规模战略主题是实现财务目标的基本要求，由2个关键指标构成，分别是增加PPP项目订单和保证利润率与提高生产率。

提高生产率战略主题由强化成本控制和提高资产利用率2个关键指标构成。财务目标的2个战略主题协调一致，通过PPP项目的稳健运作形成整体现金流良性循环，从而促进企业持续良性发展。

2. 客户维度

D公司PPP项目的客户是项目所在地的政府机构。图2-4显示，客户维度由3个战略主题和6个关键指标构成。一是客户关系主题，即提高客户满意度，保持良好的客户关系和战略品牌形象，达到企业盈利和客户满意的双赢目的；二是全面解决方案主题，以差异化的价值主张为客户提供PPP项目综合解决方案；三是产品领先主题，以优秀的项目设计施工能力成为行业标准的领航者，注重核心竞争力。

3. 内部流程维度

内部流程维度主要涉及D公司PPP项目建设运营体系和内部控制管理机制，满足财务和客户维度的战略主题诉求，同时指导设置学习与成长维度的关键指标。图2-4显示，该维度由3个战略主题和6个关键指标构成。首先，客户管理流程战略主题指D公司要识别有效客户，即选择财政状况良好、协调推进能力强的地方政府机构，快速为客户提供具有创新性和竞争力的PPP项目实施方案并争取到订单；其次，创新管理流程战略主题指D公司要在细分领域精耕细作，以创新引领行业标准，比如D公司独有的全国首推"三位一体水环境综合治理"解决方案，从而保持业务高盈利水平；最后，运营管理流程战略主题指在日常经营管理过程中加强对PPP项目的实施进度和资金管理，积极探索降本增效的有效措施，推动客户和企业实现价值传递。

4. 学习与成长维度

学习与成长维度是上述3个维度的基本框架和有力驱动。图2-4显示，该维度由3个战略主题和5个关键指标组成。首先，人力资本战略主题由引进优质人才和考核激励机制2个关键指标构成；其次，组织资本战略主题由企业文化和组织架构2个关键指标构成，充分发挥组织资本作用；最后，信息系统战略主题的关键指标是信息化建设，通过强化信息技术创新带动经营模式创新，从而降低管理成本，促进运行效率。

上述4个维度的战略主题环环相扣，逻辑贯通，汇集整合后清晰地体现了D公司PPP战略的实施路径，为战略落地执行奠定了基础。

拓展阅读 战略报国——华为供应链重塑

华为供应链变革可以追溯至1998年，与IBM公司合作的集成供应链的实施使其在降低供应链成本和提高客户满意度两个供应链管理核心目标的达成方面效果显著。

2008年开始,华为为满足客户要求,实现自身可持续发展,推动供应商的可持续发展,长期深耕供应链管理,实现了企业的跨越式增长和在价值链上的攀升。华为取得的斐然成绩令原有供应链建设领先的部分国家及其企业感到了危机,尝试通过各种途径抑制华为的迅速增长。

2019年5月16日,华为及其70家附属公司被某国商务部正式列入"实体名单",该国企业未经允许不得向华为出售元器件和相关技术,这意味着华为在供应链源头受到了更多的限制。然而,华为基于其供应链上下游的三角结构的支撑,积极尝试对原有供应链进行调整重塑,努力克服困难,保持了在全球通信设备市场的领先地位。时至今日,华为经历了重重考验,也在挑战中不断成长。时至今日,华为交出了一份令国人振奋的答卷。据华为2023年年报显示,2023年华为实现全球销售收入7 042亿元,同比增长9.64%;净利润870亿元,同比增长144.5%。

外部环境的不确定性在给华为供应链带来危机的同时,也将供应链结构重塑问题提前摆到华为的面前。以"平常心"积极应对危机的华为,在供应商选择、供应商评价和供应商认证"铁三角"的支撑下调整供应商结构,对整个供应链系统进行了重塑。

岗课赛证融通训练

一、PEST分析法

1. 任务资源

(1) 结合以下观点,运用PEST分析法对顺丰速运进行分析,评估市场环境对顺丰速运的影响。PEST分析是指宏观环境的分析,其中P是政治(Politics),E是经济(Economy),S是社会(Society),T是技术(Technology)。

随着经济全球化和科学技术的进步,人们的消费观念逐渐转变,物流行业成为国民经济中发展较快的一个新兴服务行业,体现了一个国家的综合国力现代化程度。改革开放以来,我国快递业从缓慢起步到如今高速发展,在竞争中不断成长。快递服务在生活中越来越普及,人们对其需求不断增大。快递企业获得了巨额利润。众多国际快递企业和国内民营快递企业不断涌现。如今,我国约有快递企业1万多家,主要包括以中国邮政为代表的国企快递企业,以顺丰速运、申通、圆通、中通、韵达为代表的民营快递企业,以及以敦豪航空货运公司、联邦快递、联合包裹、荷兰天地为代表的国际快递企业。

① 邮政部门于2006年开始实行政企分离改革,为民营快递的发展提供了机会。中国快递协会于2009年正式成立,随着《中华人民共和国邮政法》的修订实施,我国快递业法律体系逐渐完善。2022年国办发〔2022〕17号文《国务院办公厅关于印发"十四五"现代物流发展规划的通知》明确提出,按照"市场主导、政府引导,系统观念、统筹推进,创新驱动、联动融合,绿色低碳、安全韧性"的基本原则,到2025年,基本建成供需适配、内外联通、安全高效、智慧绿色的现代物流体系,物流创新发展能力和企业竞争力显著增强,物流服务质量效率明显提升,"通道+枢纽+网络"运行体系基本形成,安全绿色发展水平大幅

提高,现代物流发展制度环境更加完善。展望2035年,现代物流体系更加完善,具有国际竞争力的一流物流企业成长壮大,通达全球的物流服务网络更加健全,对区域协调发展和实体经济高质量发展的支撑引领更加有力。这对于计划打入国际市场的顺丰速运来说,是不容错过的机会。

② 我国是人口大国,但人口老龄化也较为严重。中老年客户逐渐增加,其快递需求不断扩大,而顺丰速运在中老年客户群中的知名度远不如EMS。由于中老年人获取信息的途径与年轻人相比较少,如果顺丰速运不提高企业知名度,则会失去这一部分的市场。

③ 以前我国快递行业没有国际快递巨头那样完善的信息流系统,运营设备也不够先进,但近年来我国科学技术越来越发达,云计算、大数据的应用是快递行业的一次革命,快递行业也改变了传统的工作模式,合理应用新技术设备。无线分组业务、无线射频识别、电子信息和通信等技术的运用,使快递的运输与流转更加及时。无论是寄送还是分拣的过程,都可以全程追踪。

④ 快递行业本质上属于服务业,因此更易受到经济发展大环境的影响。我国经济持续繁荣发展,为快递行业的发展增添了活力,创造了良好的发展环境。

2. 任务目标

请您完成顺丰速运PEST分析,将分析观点中的①~④填入PEST分析表(表2-2)。

3. 任务实施

表 2-2　顺丰速运 PEST 分析表

项目	观点代码	项目	观点代码
政治(P)		社会(S)	
经济(E)		技术(T)	

二、SWOT 分析法

1. 任务资源

SWOT分析是指从优势、劣势、机会和威胁角度对公司战略进行分析,其中S是优势(Strengths),W是劣势(Weaknesses),O是机会(Opportunities),T是威胁(Threats)。

1993年,顺丰速运有限公司(简称"顺丰速运")在深圳创办成立,经过二十多年的发展,逐渐从一个不知名的快递公司发展成为一家集速递和技术咨询等业务为一体的大型企业集团,其发展迅猛,在国内民营快递行业的第一梯队中处于领先的位置,但面对新局势,顺丰速运又该如何保住原有的优势,并寻求更好的发展?

A. 首重价格较高

快递公司计算运费的依据大多是距离。以厦门市市区的快递为例,从集美区寄东西到思明区,顺丰速运计费首重是每kg 2元,超过1 kg,每增加1 kg多2元;如果用申通快递寄件,每kg 10元,超过1 kg,每增加1 kg就要多8元;如果用韵达快递寄件,每kg 10元,超过1 kg,每增加1 kg就要多5元;如果用百世汇通快递寄件,每kg 9元,超过1 kg,每增加1 kg就要多3元;如果用圆通快递寄件,每kg 10元,超过1 kg,每增加1 kg就要多2元。从以上数据可以看出,顺丰速运在首重运费价格上存在较大的劣势,这会使许多消费者因此而选择其他快递。

B. 运输服务更为安全

顺丰速运通过自营的运输网络系统,给消费者提供标准、高质、安全的服务。顺丰速运采用信息监控系统 HHT(手持终端)设备和 GPS 技术全程监控快件运送过程,确保快件准时和安全地送达。

C. 快捷的时效服务

顺丰速运自有专机和 400 余条航线的强大航空资源及庞大的地面运输网络,保障客户的快递在各环节最快发运,在正常情况下可实现快递"今天寄明天到"。这是很多顾客选择顺丰速运的主要原因。

D. 电商平台自建物流

越来越多的电商平台选择创建自己的物流平台,如京东等。

E. 快递行业井喷式发展

越来越多的消费者选择网上购物,未来对快递的需求会越来越高。

F. 海外快递发展加速

越来越多的海淘网站出现,顺丰速运拥有自己的航空物流体系,应做好准备,迎接机遇。

G. 良好的企业文化

顺丰速运有着一套较为完善的激励奖惩机制,因而培育了一大批责任心强、积极肯干的员工及有经验、有上进心的管理者。

H. 资金不足,融资渠道不畅通

物流快递是资金投入较大的行业,而顺丰速运完全通过自身的经济实力维持着企业的发展,这在很大程度上限制了顺丰速运的快速壮大。

I. 经营方式灵活

顺丰速运的经营方式相对于中国邮政等国有快递企业更加灵活。在服务方式上,民营快递实行门到门服务、手到手交接。在服务时间上,灵活的民营企业更具竞争力。

2. 任务目标

运用 SWOT 分析法对顺丰速运进行分析,归纳并总结顺丰速运如何在激烈竞争中获得快速发展的经验,结合内外形势的分析,探索适合顺丰速运的发展战略。

3. 任务实施

表 2-3　顺丰速运 SWOT 分析表

项目	观点代码	项目	观点代码
优势(S)		机会(O)	
劣势(W)		威胁(T)	

预算管理

📄 知识目标

- ◆理解预算管理的概念,对预算管理有全面的认识
- ◆掌握全面预算体系
- ◆熟悉预算编制的工具方法
- ◆掌握经营预算、专门决策预算、财务预算的编制方法

能力目标

- ◆能够充分认识预算管理的作用
- ◆能够掌握全面预算编制岗位操作技能
- ◆能够运用预算与实际经营情况进行对比分析,提出经营建议

素养目标

- ◆培养学生风险意识,理解高效的组织和制度是企业提高抗风险能力的保障
- ◆通过学习全面预算编制,提升集体荣誉感,增强全局意识
- ◆掌握不同信息的收集与处理方法,提升分析问题和解决问题的能力

案例导入:企业基业长青之梦为何难实现?

任何一个企业都有成长的欲望,但一组冷酷的数字却揭示了国内企业的基业长青之梦是多么难以实现。据美国《财富》杂志报道,美国中小企业平均寿命不到7年,大企业平均寿命不足40年。而在中国,中小企业的平均寿命仅2.5年,集团企业的平均寿命仅7～8年。美国每年倒闭的企业约有10万家,而中国有100万家,是美国的10倍。不仅企业的生命周期短,能做大做强的企业更是寥寥无几。面对这种局面,专业人士做了各种研究,也得出了各种各样的结论,其中一个结论得到了业界的普遍认同,这就是中国的中小企业平均寿命不足3年,而资金不足是重要原因。实际上,如果我们把国内中小企业放入各自具体的经营环境中来加以研究,就会发现,企业金融力的缺失在本质上是企业全面预算管理的缺失。

任务一 预算管理认知

确立预算的内涵,明确预算与预算管理的关系,才能有效地适应环境要求进行预算管理。

一、预算与预算管理

(一) 预算

预算是面向未来、基于业务活动和生产经营过程、对企业某一特定期的资源进行优化配置的规划,其重点在于通过对资源的优化配置达到价值最大增值的目的。

管理学教授戴维·奥利(David Otley)曾强调,预算是为数不多的几个能把组织的所有关键问题融合于一个体系之中的管理控制方法,现已成为绝大多数企业的标准作业程序。

(二) 预算管理

预算管理是指企业以战略目标为导向,通过对未来一定期间内的经营活动和相应的财务结果进行全面预测和筹划,科学合理地配置企业各项财务和非财务资源,并对执行过程进行监督和分析,对执行结果进行评价和反馈,指导经营活动的改善和调整,进而推动实现企业战略目标的管理活动。

预算管理属于事前管理,具有计划、控制和评价的职能,强调目标管理和成本效益原则。例如,营销部门申请20万元购买一辆轿车,预算管理必然在下列提问中进行流程管理和效益分析。

(1) 购买轿车的目的是什么？如果只是"别的部门有,我也应该有",则理由不充分,该购车申请将被否决;如果是"在面向大客户加强管理时,有车更快捷、方便",则理由可以接受,该购车申请将被继续审核。

(2) 购买轿车的经济审核:值得去做吗？ 这时的问题可能是购买轿车在面向大客户加强管理的过程中,将会带来多少经济利益。因为企业是营利组织,只有企业中所有部门的所有人的所有活动都能产生经济利益时,企业才能实现组织的最终目标。于是,按成本效益原则判断,企业的所有事项和活动分为三类:必须做、可以做、不能做。所谓必须做,是指为完成目标预算必须开支的费用,如材料购置、人员工资、动力费用等;所谓可以做,是指成本效益比大于1的事项和活动,在资金满足必须做而有富余的情况下,根据企业需要是可以发生的;所谓不能做,是指成本效益比小于1的事项和活动,即使资金富余也不可以发生。如果营销部门测算的结果是20万元购买的轿车将带来80万元的利益增加，成本效益比为4，则该购车申请作为可做事项被保留。在对可做事项排序后，20万元资金安排在预算中用于购买轿车。

（3）结果考核：完成得如何？如果预算是管理循环的开始，则考核是管理循环的结束。

如果花了20万元资金购买轿车，带来了80万元的利益增加，则实现预算目标，圆满完成预算；但如果花了10万元资金购买轿车，只带来30万元的利益增加，你作为上级管理者将如何进行后续管理？是表扬，还是批评？

显然，以预算编制为起点，到中期决算和年终决算包含的预算执行监督与考评，形成了企业的预算管理体系。

二、预算管理的内容

预算管理的内容主要包括经营预算、专门决策预算和财务预算。

（一）经营预算

经营预算又称业务预算，是指与企业日常经营业务活动直接相关的一系列预算，主要包括销售预算、生产预算、直接材料预算、直接人工预算、制造费用预算、产品成本预算、销售费用预算、管理费用预算、财务费用预算和税金预算等。

（二）专门决策预算

专门决策预算是指企业重大的或不经常发生的、需要根据特定决策编制的预算，主要包括投融资决策预算，固定资产更新改造、重大投资项目决策等有关的资本支出预算，与新产品研发、新技术开发等有关的生产经营决策预算等。

（三）财务预算

财务预算是指与企业资金收支、财务状况和经营成果等有关的预算，主要包括现金预算、资产负债表预算和利润表预算等。财务预算作为全面预算体系的最后环节，可以从价值方面整体反映企业经营预算和专门决策预算的结果，所以也称为总预算。

三、预算管理的作用

预算管理的首要目标是服务企业战略的实施和目标的达成，具体的作用主要表现在以下四个方面：

（一）以企业战略为导向，服务企业战略目标的实现

预算以企业战略为导向。企业战略目标通过全面预算加以固化与量化，细化到各执行领域，在企业内部各单位、各部门得以执行实施。同时，通过预算的整体安排和细分，各单位了解本部门与企业整体战略目标之间的关系，更加明确经营目标，合理安排生产经营活动。因此，预算是企业执行和实现战略目标的有力工具。

(二) 优化企业资源配置,高效协调和整合企业各单位、各部门之间的协作关系

预算管理涉及企业全员参与、全过程监测与全流程控制,通过将企业内外部的所有资源和活动纳入统一的计划之中,使企业各单位、各部门之间相互配合、协调一致,优化现有资源的配置,提高资源的利用效率。

(三) 控制日常经营活动,降低经营管理风险

全面预算的编制是企业日常经营管理的起点,对公司日常经营活动进行事前、事中和事后控制。在预算实际执行过程中,各单位、各部门通过计量和对比,找出日常经营活动的实际结果与预算的差异,分析其存在的问题,通过强化内部流程管控,采取必要的解决措施,从而降低甚至规避经营管理风险。

(四) 强化企业业绩考核的客观依据,实施有效激励

预算体系所涉及的各项指标,也是作为企业内部各单位、各部门工作业绩的主要客观依据。在评定各单位、各部门工作业绩时,以预算目标完成情况为主要标准,分析实际与预计的差距及原因,明确各自责任,奖罚分明,实施有效激励,使各单位、各部门为完成各自的预算目标和实现企业的战略目标而高效地工作。

四、预算管理的原则

企业进行预算管理,一般应遵循以下原则:

(一) 战略导向原则

预算管理应围绕企业的战略规划和业务计划有序开展,引导各预算责任主体聚焦战略、专注执行、达成绩效。

(二) 过程控制原则

预算管理应通过及时监控和分析等方式把握预算目标的实现进度并实施有效评价,对企业经营决策提供有效支撑。

(三) 融合性原则

预算管理应以业务为先导、以财务为协同,将预算管理嵌入企业经营管理活动的各个领域、层次、环节,促进各预算责任主体围绕预算目标开展沟通与协调,提高资源的配置效率和使用效益。

(四) 平衡管理原则

预算管理应平衡长期目标与短期目标、整体利益与局部利益、收入与支出、结果与动因等关系,促进企业可持续发展。

（五）权变性原则

预算管理应将刚性与柔性相结合，强调预算对经营管理的刚性约束，可根据内外环境的重大变化调整预算，并针对例外事项进行特殊处理。

五、预算管理的应用环境

企业实施预算管理的基础环境包括战略目标、业务计划、组织架构、内部管理制度、信息系统等。其中，业务计划是指按照战略目标对业务活动的具体描述和详细计划。企业应将战略目标和业务计划的具体化、数量化作为预算目标，促进战略目标落地。

企业可设置预算管理委员会等专门机构组织、监督预算管理工作。该机构的主要职责如下：

（1）审批企业预算管理制度和政策。
（2）审议年度预算草案或预算调整草案，并报董事会等机构审批。
（3）监控、考核本单位的预算执行情况，并向董事会报告。
（4）协调预算编制、预算调整及预算执行中的有关问题等。

预算管理的机构设置、职责权限和工作程序应与企业的组织架构和管理体制相互协调，保障预算管理各环节职能衔接、流程顺畅。

企业应建立健全预算管理制度、会计核算制度、定额标准制度、内部控制制度、内部审计制度、绩效考核和激励制度等内部管理制度，夯实预算管理的制度基础，还应充分利用现代信息技术，规范预算管理流程，提高预算管理效率。

六、预算的编制、执行和考核

（一）预算编制

预算编制一般按照下列流程执行：

1. 建立和完善工作制度

企业应建立和完善预算编制的工作制度，明确预算编制依据、编制内容、编制程序和编制方法，确保预算编制依据合理、内容全面、程序规范、方法科学，确保形成各层级广泛接受的、符合业务假设的、可实现的预算控制目标。

2. 选择合适的编制方式

企业一般按照分级编制、逐级汇总的方式，采用自上而下、自下而上、上下结合或多维度相协调的流程编制预算。预算编制流程与编制方式的选择应与企业现有的管理模式相适应。

3. 审议批准、下达执行

预算编制完成后，应按照相关法律法规及企业章程的规定报经企业预算管理决策机构审议批准，以正式文件形式下达执行。

预算审批包括预算内审批、超预算审批、预算外审批等。对预算内审批事项，应简化流程，提高效率；对超预算审批事项，应执行额外的审批流程；对预算外审批事项，应严格控制，防范风险。

（二）预算执行

预算一般按照预算控制和预算调整等程序执行。

1. 预算控制

预算控制是指企业以预算为标准，通过预算分解、过程监督、差异分析等促使日常经营不偏离预算标准的管理活动。

（1）企业应建立预算授权控制制度，强化预算责任，严格预算控制。

（2）企业应建立预算执行的监督、分析制度，提升预算管理对业务的控制能力。

（3）企业应将预算目标层层分解至各预算责任中心。预算分解应按各责任中心权、责、利相匹配的原则进行，既公平合理，又有利于企业实现预算目标。

（4）企业应通过信息系统展示、会议、报告、调研等多种途径及形式，监督预算执行情况，分析预算执行差异的原因，并提出对策建议。

2. 预算调整

预算调整是指在预算执行时，由各预算责任主体根据经营管理要求、环境或政策变化，提出预算目标调整申请，经审批后，对预算进行修订的过程。年度预算经批准后，原则上不做调整。企业应在制度中严格明确预算调整的条件、主体、权限和程序等事宜，当内外战略环境发生重大变化或突发重大事件等，导致预算编制的基本假设发生重大变化时，可进行预算调整。

（三）预算考核

预算考核主要针对定量指标进行考核，是企业绩效考核的重要组成部分。企业应按照公开、公平、公正的原则实施预算考核。企业应建立健全预算考核制度，并将预算考核结果纳入绩效考核体系，切实做到有奖有惩、奖惩分明。

预算考核主体和考核对象的界定应坚持上级考核下级、逐级考核、预算执行与预算考核职务相分离的原则。预算考核以预算完成情况为考核核心，通过预算执行情况与预算目标的比较，确定差异并查明产生差异的原因，进而据以评价各责任中心的工作业绩，并通过与相应的激励制度挂钩，促进预算执行情况与预算目标相一致。

拓展阅读 西周时期的预算启蒙

早在我国西周时期，预算管理就出现了。"量入为出"是周王理财的中心思想，也是西周王朝财政制度的核心原则。

《礼记·王制》中载："冢宰制国用，必于岁之杪，五谷皆入，然后制国用；用地小大，视年之丰耗，以三十年之通制国用，量入以为出。"

这段话的意思是：在年底贡赋征收完毕之后，冢宰（官名，是周朝官职最高的官员）要根据年成的好坏、收入的多少，以及"三十年之通制国用，量入以为出"的原则，预算下一年各种费用开支项目的用度。丰年适当增加，歉年则相应减少，但无论丰歉都要考虑进行一定的储备。支出与储备的比例大约是三比一,即将每年的财政收入分成四等份,每年开支三份,储备一份。这样,每三年的储备就够一年的用度,累积三十年就足够十年的用度了。这就是所说的"三十年之通制国用"。

通过以上分析,我们可以看出,西周时期的预算制度体现了一种较为原始的财政管理思想,强调财政收支平衡和长期的财政规划。虽然与现代的预算制度相比存在许多不足,但为后世预算制度的发展奠定了基础。

任务二 预算编制方法

预算管理构成内容多、涉及面广,进行预算管理时需要采用科学合理的管理会计工具方法,常见的预算方法主要有固定预算法与弹性预算法、增量预算法与零基预算法、定期预算法与滚动预算法等。在实际应用层面,企业可以根据自身行业特点、业务规模和管理需要,选择一种或多种预算管理的工具方法。

一、固定预算与弹性预算

按照编制预算方法的业务量基础,预算编制方法可分为固定预算和弹性预算两种。固定预算与弹性预算的主要区别在于固定预算是针对某一特定业务量编制的,而弹性预算是针对一系列可能达到的预计业务量水平编制的。

(一)固定预算

1. 固定预算的定义

固定预算又称静态预算,是指在编制预算时,只把预算期内正常的、可实现的某一固定业务量(如生产量、销售量)水平作为唯一基础来编制预算的方法。

2. 固定预算的适用范围

固定预算一般适用于经营业务稳定的企业或非营利性组织编制预算,也可适用于编制固定费用预算。

3. 固定预算的应用评价

固定预算的优点是稳定性强、操作简单和易于理解。但在实际工作中,该方法的缺点也很明显:一是机械呆板。不论预算期实际业务量水平是否发生波动,都只是以预计的某一业务量水平来编制预算。二是可比性差。当实际业务量与预计业务量相差较大时,各相关预算项目的实际数与预计数就失去了可比的基础。因此,按照固定预算方法编制的预算不利于正确地控制、考核和评价企业预算的执行情况。这是固定预算方法的致命弱点。

【工作实例3-1】宏达公司采用完全成本法核算,其预算期生产的甲产品的预计产量为1 000件,按固定预算方法编制的宏达公司产品成本预算见表3-1。

表 3-1　宏达公司产品成本预算(按固定预算方法编制)　预计产量:1 000 件　　单位:元

成本项目	总成本	单位成本
直接材料	5 000	5
直接人工	1 000	1
制造费用	2 000	2
合计	8 000	8

该产品预算期的实际产量为 1 400 件,实际发生总成本为 11 000 元,其中直接材料 7 500 元,直接人工 1 200 元,制造费用 2 300 元,单位成本约为 7.86 元。

从表 3-2 中可以看出:实际成本与未按产量调整的预算成本相比,超支较多;实际成本与按产量调整后的预算成本相比,又节约了不少。

表 3-2　宏达公司成本业绩报告　　单位:元

成本项目	实际成本	预算成本		差异	
		未按产量调整	按产量调整	未按产量调整	按产量调整
直接材料	7 500	5 000	7 000	+2 500	+500
直接人工	1 200	1 000	1 400	+200	−200
制造费用	2 300	2 000	2 800	+300	−500
合计	11 000	8 000	11 200	+3 000	−200

(二)弹性预算

1. 弹性预算的定义

弹性预算法又称动态预算法,是在成本性态分析的基础上,以业务量、成本和利润之间的依存关系为依据,以预算期可预见的各种业务量水平为基础,编制能够适用多种情况的预算的一种方法,它是为克服固定预算法的缺点而设计的。弹性预算法所采用的业务量范围,视企业或部门的业务量变化情况而定,务必使实际业务量不至于超出相关的业务量范围。一般来说,可定在正常生产能力的 70%～110%之间,或以历史上最高业务量和最低业务量为其上下限。

2. 弹性预算的适用范围

弹性预算法适用于企业多项预算的编制,特别是市场和产量因素等存在较大不确定性,且其预算项目与业务量之间存在明显的数量依存关系的预算项目。

3. 弹性预算的应用评价

弹性预算是按照一系列业务量水平编制的,从而扩大了预算的适用范围。弹性预算是按成本性态分类列示的,在预算执行中可以计算"实际业务量的预算成本",便于预算执行的评价与考核。

4. 弹性预算的应用程序

企业应用弹性预算工具方法，一般按照以下程序进行：

（1）确定弹性预算适用项目，识别相关的业务量并预测业务量在预算期内可能存在的不同水平和弹性幅度；分析预算项目与业务量之间的数量依存关系，确定弹性定额；构建弹性预算模型、形成预算方案；审定预算方案。

（2）企业选择的弹性预算适用项目一般应与业务量有明显数量依存关系，且企业能有效分析该数量依存关系，并积累了一定的分析数据。企业在选择成本费用类弹性预算适用项目时，还要考虑该预算项目是否具备较好的成本性态分析基础。

（3）企业应分析、确定与预算项目变动直接相关的业务量指标，确定其计量标准和方法，作为预算编制的起点。

（4）企业应深入分析市场需求、价格走势、企业产能等内外因素的变化，预测预算期可能的不同业务量水平，编制销售计划、生产计划等各项业务计划。

（5）企业应逐项分析、认定预算项目和业务量之间的数量依存关系及其合理范围和变化趋势，确定弹性定额。确定弹性定额后，企业应不断强化弹性差异分析，修正和完善预算项目和业务量之间的数量依存关系，并根据企业管理需要增补新的弹性预算定额，形成企业弹性定额库。

（6）企业通常采用公式法或列表法构建具体的弹性预算模型，形成基于不同业务量的多套预算方案。

（7）企业预算管理责任部门应审核、评价和修正各预算方案，根据预算期最可能实现的业务量水平确定预算控制标准，并上报企业预算管理委员会等专门机构审议后报董事会等机构审批。

【工作实例 3-2】 宏达公司生产甲产品，其编制的弹性预算如表 3-3 所示。

表 3-3　宏达公司甲产品弹性预算成本表

业务量/台	700	800	900	1 000	1 100
占正常生产能力百分比	70%	80%	90%	100%	110%
变动成本： 直接材料/(100元/台) 直接人工/(70元/台) 变动制造费用/(30元/台)	70 000 49 000 21 000	80 000 56 000 24 000	90 000 63 000 27 000	100 000 70 000 30 000	110 000 77 000 33 000
小计/元	140 000	160 000	180 000	200 000	220 000
固定制造费用/元	90 000	90 000	90 000	90 000	90 000
合计/元	23 000	250 000	270 000	290 000	310 000

表 3-3 说明了弹性预算的编制过程。其业务量的适用范围为 700～1 100 台之间，即正常生产能力的 70%～110% 之间。如果实际产量在这一范围内，固定成本相对不变，成本与业务量成比例变动。

二、增量预算与零基预算

按照编制预算方法的不同出发点,预算编制方法可分为增量预算和零基预算两种。

(一)增量预算

1. 增量预算的定义

增量预算又称调整预算方法,是指以基期水平为基础,分析预算期业务量水平及有关影响因素的变动情况,通过调整基期项目和数额,编制相关预算的方法。

传统的预算编制方法基本上采用的是增量预算方法,即以基期的实际预算为基础,对算值进行增减调整。这种预算方法比较简便。

2. 增量预算的假设

增量预算方法源于以下假定:现有的业务活动是企业所必需的,只有保留企业现有的每项业务活动,才能使企业的经营过程得到正常发展;原有的各项开支都是合理的。既然现有的业务活动是必需的,那么原有的各项费用开支就一定是合理的,必须予以保留;未来预算期的费用变动是在现有费用的基础上调整的结果。

3. 增量预算的应用评价

增量预算的优点是简单易行,因为该方法编制预算的基础是过去的经验,其实是承认过去所发生情形的合理性,不主张在预算内容上做较大改进,而是沿袭之前的预算项目。

增量预算方法的缺点如下:①受到原有预算的限制。按增量预算方法编制预算,往往直接保留或接受原有的成本项目,可能导致原有不合理的费用开支继续存在,把不必要的开支合理化,在预算上造成浪费,甚至会导致保护落后的情况发生。②容易使预算出现"平均主义"和"简单化"。采用此法编制预算,会鼓励预算编制人员凭主观臆断按成本项目平均削减预算或只增不减,降低各部门减少费用的积极性。③不利于企业长远发展。对于企业未来实际需要开支的项目,按照增量预算编制的费用预算,可能因没有考虑未来情况的变化而导致预算不够准确。

(二)零基预算

1. 零基预算的定义

零基预算是相对于增量预算的一种预算编制方法。零基预算是指企业不以历史期经济活动及其预算为基础,以零为起点,从实际需要出发分析预算期经济活动的合理性,经综合平衡,形成预算的预算编制方法。

2. 零基预算的适用范围

零基预算法一般适用于不经常发生的预算项目或者预算编制基础变化波动较大的项目,特别适用于产出较难辨认的服务性部门费用预算的编制。

3. 零基预算的应用程序

零基预算的一般编制程序如下:

(1)动员与讨论,确定本部门的费用项目与预算额。

(2)划分不可避免项目和可避免项目,不可避免项目要保证资金供应,可避免项目要确定优先顺序。

（3）划分不可延缓项目和可延缓项目，优先保证不可延缓项目的开支，按照轻重缓急确定可延缓项目的开支标准。

4. 零基预算的应用评价

零基预算的主要优点：一是以零为起点编制预算，不受历史期经济活动中的不合理因素影响，能够灵活应对内外环境的变化，预算编制更贴近预算期企业经济活动需要；二是有助于增加预算编制的透明度，有利于进行预算控制。

零基预算的主要缺点：一是预算编制工作量大、成本较高；二是预算编制的准确性受企业管理水平和相关数据准确性的影响较大。

【工作实例3-3】宏达公司为降低费用开支水平，拟对历年来超支严重的业务招待费、劳动保护费、办公费、广告费、保险费等间接费用按照零基预算方法编制预算。经过讨论研究，预算编制人员确定上述费用在预算年度的开支水平见表3-4。

表3-4 预计费用项目及开支金额　　　　　　　　　　　　　　　单位：元

费用项目	开支金额
业务招待费	150 000
劳动保护费	120 000
办公费	100 000
广告费	250 000
保险费	110 000
合计	730 000

假定公司预算年底对上述费用可动用的财力资源只有600 000元，经过充分论证，得出以下结论：上述费用中除业务招待费和广告费以外都不能压缩了，必须得到全额保证。根据历史资料对业务招待费和广告费进行成本-效益分析，得到以下数据，如表3-5所示。

表3-5 成本-效益分析表　　　　　　　　　　　　　　　　　　单位：元

成本项目	成本金额	收益金额
业务招待费	1	3
广告费	1	6

要求：(1) 确定不可避免项目的预算金额；

(2) 确定可避免项目的可供分配资金；

(3) 按成本效益比重分配可避免项目的预算金额。

解：(1) 不可避免项目预算金额＝120 000＋100 000＋110 000＝330 000(元)

(2) 可避免项目的可供分配资金＝600 000－330 000＝270 000(元)

（3）按成本效益比重将可避免项目的预算金额在业务招待费和广告费之间进行分配：

业务招待费可分配金额＝270 000×3/9＝90 000(元)

广告费可分配金额＝270 000×6/9＝180 000(元)

三、定期预算和滚动预算

预算按其预算期的时间特征不同，可分为定期预算和滚动预算。

（一）定期预算

1. 定期预算的定义

定期预算也称为阶段性预算，是以固定不变的会计期间（如年度、季度、月份）作为预算期编制预算的方法。

2. 定期预算的应用评价

定期预算的优点是能够使预算期间与会计年度相配合，便于考核和评价预算的执行结果，但存在以下局限性：

①盲目性

定期预算往往是在年初甚至年前两三个月编制的，因此对于整个预算年度的生产经营活动很难做出准确的预算，尤其是对预算后期的数据只能进行笼统的估算，数据含糊，缺乏远期指导性，给预算的执行带来很多困难，不利于对生产经营活动进行考核与评价。

②滞后性

定期预算不能随情况的变化及时调整，当预算中所规划的各种经营活动在预算期内发生重大变化时（如预算期临时中途转产），就会造成预算滞后过时，使之成为虚假预算。

③间断性

由于受预算期间的限制，经营管理者们的决策视野局限于本期规划的经营活动，通常不考虑下期。例如，一些企业提前完成本期预算后，以为可以松一口气，其他事等来年再说，形成人为的预算间断。因此，按定期预算方法编制的预算不能适应连续不断的经营过程，不利于企业的长远发展。

（二）滚动预算

1. 滚动预算的定义

滚动预算又称连续预算或永续预算，是指企业根据上一期预算执行情况和新的预测结果，按既定的预算编制周期和滚动频率，对原有的预算方案进行调整和补充，逐期滚动，持续推进的预算编制方法。这里的预算编制周期是指每次预算编制所涵盖的时间跨度。滚动频率是指调整和补充预算的时间间隔，一般以月度、季度、年度等为滚动频率。

2. 滚动预算的类型

滚动预算一般由短期滚动预算和中期滚动预算组成。短期滚动预算通常以1年为预算编制周期，以月度、季度作为预算滚动频率。中期滚动预算的预算编制周期通常为3年或5年，以年度作为预算滚动频率。

【工作实例 3-4】 宏达公司甲车间采用滚动预算方法编制制造费用预算。已知 2024 年度分季度预算如表 3-6 所示(其中间接材料费用忽略不计)。

表 3-6　2024 年全年制造费用预算表

项目	第一季度	第二季度	第三季度	第四季度	合计
直接人工预算总工时/小时	11 400	12 060	12 360	12 600	48 420
变动制造费用	—	—	—	—	—
间接人工费用/元	50 160	53 064	54 384	55 440	213 048
水电维修费用/元	41 040	43 416	44 496	45 360	174 312
费用小计/元	91 200	96 480	98 880	100 800	387 360
固定制造费用	—	—	—	—	—
设备租金/元	38 600	38 600	38 600	38 600	154 400
管理人员工资/元	17 400	17 400	17 400	17 400	69 600
费用小计/元	56 000	56 000	56 000	56 000	224 000
制造费用合计/元	147 200	152 480	154 880	156 800	611 360

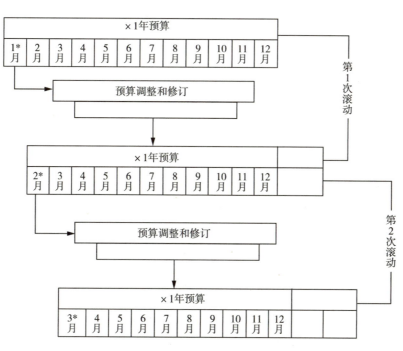

图 3-1　逐月滚动预算示意图

2024 年 3 月 31 日,公司在编制 2024 年第二季度—2025 年第一季度的滚动预算时,发现未来的四个季度中的情况将出现以下变动:

(1) 间接人工费用预算工时分配率将上涨 10%；
(2) 原设备租赁合同到期，公司新签订的租赁合同中设备年租金将降低 20%；
(3) 直接人工预算总工时为 50 000 小时。

要求：(1) 以直接人工工时为分配率，计算下一滚动期间的间接人工费用预算工时分配率、水电与维修费用预算工时分配率；

(2) 根据有关资料，计算下一滚动期间的间接人工费用总预算额和每季度租金预算额；

(3) 编制 2024 年第二季度—2025 年第一季度的制造费用预算表。

解：(1) 间接人工费用预算工时分配率 = 50 160 ÷ 11 400 × (1 + 10%) = 4.84(元/小时)

水电与维修费用预算工时分配率 = 41 040 ÷ 11 400 × = 3.6(元/小时)

(2) 间接人工费用总预算额 = 4.84 × 50 000 = 242 000(元)

每季度租金预算额 = 38 600 × (1 − 20%) = 30 880(元)

(3) 2024 年第二季度—2025 年第一季度的制造费用预算如表 3-7 所示。

表 3-7　2024 年第二季度—2025 年第一季度制造费用预算表

项目	2024 年			2025 年	合计
	第二季度	第三季度	第四季度	第一季度	
直接人工预算总工时/小时	12 100	12 500	13 500	11 900	50 000
变动制造费用	—	—	—	—	—
间接人工费用/元	58 564	60 500	65 340	57 596	242 000
水电维修费用/元	43 560	45 000	48 600	42 840	180 000
费用小计/元	102 124	105 500	113 940	100 436	422 000
固定制造费用	—	—	—	—	—
设备租金/元	30 880	30 880	30 880	30 880	123 520
管理人员工资/元	17 400	17 400	17 400	17 400	69 600
费用小计/元	48 280	48 280	48 280	48 280	193 120
制造费用合计/元	150 404	153 780	162 220	148 716	615 120

3. 滚动预算的应用环境

企业应用滚动预算方法时，除应遵循《管理会计应用指引第 200 号——预算管理》中对应用环境的一般要求外，还应遵循以下要求：

(1) 企业应用滚动预算方法，应具备丰富的预算管理经验和较强的能力。

(2) 企业应建立先进、科学的信息系统，获取充足、可靠的外部市场数据和企业内部数据，以满足编制滚动预算的需要。

（3）企业应重视预算编制基础数据，统一财务和非财务信息标准，确保预算编制以可靠、翔实、完整的基础数据为依据。

4. 滚动预算的应用程序

企业应遵循《管理会计应用指引第 200 号——预算管理》中的应用程序实施滚动预算管理，除此之外，还应该遵循下列程序：

（1）企业应研究外部环境变化，分析行业特点、战略目标和业务性质，结合企业管理基础和信息化水平，确定预算编制的周期和预算滚动的频率。

（2）企业应遵循重要性原则和成本效益原则，结合业务性质和管理要求，确定滚动预算的编制内容。企业通常可以选择编制业务滚动预算，管理基础好、信息化程度高的企业还可编制资本滚动预算和财务滚动预算。

（3）企业应以战略目标和业务计划为依据，并根据上一期预算执行情况和新的预测信息，经综合平衡和结构优化，确定下一期滚动预算。

（4）企业应以战略目标和业务计划为基础，研究滚动预算所涉及的外部环境变化和内部重要事项，测算并提出预算方案。

（5）企业实行中期滚动预算的，应在中期预算方案的框架内滚动编制年度预算。第一年的预算约束对应年度的预算，后续期间的预算指引后续对应年度的预算。

（6）短期滚动预算服务于年度预算目标的实施。企业实行短期滚动预算的，应以年度预算为基础，分解编制短期滚动预算。

（7）企业应分析影响预算目标的各种动因之间的关系，建立预算模型，生成预算编制方案。

（8）企业应对比分析上一期的预算信息和预算执行情况，结合新的内外部环境预测信息，对下一期预算进行调整和修正，持续进行预算的滚动编制。

（9）企业可借助数据仓库等信息技术的支撑，实现预算编制方案的快速生成，减少编制滚动预算的工作量。

（10）企业应根据滚动预算编制结果，调整资源配置和管理要求。

5. 滚动预算的应用评价

滚动预算的主要优点：通过持续编制滚动预算、逐期滚动管理，能够动态反映市场变化情况，建立跨期综合平衡，从而有效指导企业营运，强化预算的决策与控制职能。

滚动预算的主要缺点：①预算滚动的频率越高，对预算沟通的要求越高，预算编制的工作量越大；②过高的滚动频率容易增加管理层的不稳定感，导致预算执行者无所适从。

拓展阅读 D 电力公司全面预算闭环管理体系构建与应用

据《财务与会计》2024 年 01 期刊载，D 公司为适应改革趋势和提升公司预算管理质效，通过建立精准预算编制体系、强化预算执行监控体系、优化科学预算考核体系等关键环节，构建了一套符合自身发展需要的全面预算闭环管理体系，促进了预算管理与业务管理的融合。

D 公司建立了战略导向的预算目标设立体系。一方面，该公司选择通过建立战略导向下的预算目标设立体系把战略目标变成可操作的指标,以此确立公司战略目标对预算管理的引领作用。另一方面,该公司通过构建单位基础信息库与标准成本库并将其导入全面预算管理,固化业务事项预算和项目预算的计算公式,构建了基于标准成本体系的预算编制模型。

建立战略导向预算体系后,D公司强化预算执行监控体系,提升预算约束能力。一方面,建立"月度反馈、季度通报"预算管控机制。该公司按照时序将年度预算分解为月度预算并建立月度预算管理制度。在预算方案执行过程中,系统每月会自动生成月度预算执行报告,实现标准成本法对单项预算实际成本与标准成本的自动核算。项目负责人可通过查收核算后的成本差异结果,及时核查导致成本差异的原因,洞察预算执行偏差风险。

另一方面,建立预算动态调整机制。D公司原本实行一年仅一次的年中预算调整制度,调整时间固定在9月份,与年初预算编报时间间隔较短,预算刚性较强,在发生重大预算偏差事项时无法合理调配预算资源、及时响应预算调整需求。为此,该公司完善了项目储备库,在项目入库时增强项目可研评审和关联性论证,按照轻重缓急进行滚动排序,将当年预算下达后发生的需要进行调整的项目提前履行入库备案程序并实行项目储备动态管理。年中调整时,直接从项目储备库中按照先后顺序选择需要纳入年中调整方案的项目,相当于拓展了年中预算调整的时间窗口,与实际业务需求贴合更为紧密。对于未纳入当年年中预算调整方案但已列入储备库的项目,纳入下一年年初预算编制草案,由此建立更灵活的预算动态调整机制,使财务计划和预算安排既符合业务开展需求又符合预算整体规划,有力保障了预算可行和预算平衡。

任务三　全面预算管理

一、全面预算概述

(一) 全面预算的定义

全面预算是指企业对一定期间的经营活动、投资活动、财务活动等做出的预算安排。全面预算作为一种全方位、全过程、全员参与编制与实施的预算管理模式,凭借其计划、协调控制、激励、评价等综合管理功能,整合和优化配置企业资源,提升企业运行效率,成为促进企业实现发展战略的重要工具。

(二) 全面预算的基本体系

全面预算的基本体系是指以本企业的经营目标为出发点,通过对市场需求的研究和预测,以销售预算为起点,进而延伸到生产、成本费用及资金收支等各方面的预算,最后编制预计财务报表的一种预算体系。全面预算的具体内容虽因各企业规模和生产经营特点不同而具有一定的差异,但基本内容都是相同的,主要由经营预算、专门决策预算和财务预算三部分组成。

二、经营预算

经营预算又称日常业务预算,是对企业中实质性的基本活动开展的预算。经营预算是编制全面预算的基础,主要包括销售预算、生产预算、直接材料预算、直接人工预算、制造费用预算、期末产成品存货预算、销售成本预算、销售及管理费用预算等。这些预算大多以实物量指标和价值量指标分别反映企业收入与费用的构成情况。

(一) 销售预算

经营预算的编制通常要以销售预算为出发点,而销售预算又必须以销售预测为基础。销售预测是指在进行大量市场调查的基础上,企业对一定时期产品的销售量或销售额的未来发展趋势所做出的科学预计和推测。销售预测人员必须对本企业产品销售的历史资料和在未来市场上的供需情况进行仔细的分析研究,特别要着重考虑与本企业有关的经济发展趋势和各种重要经济指标的变动情况。销售预测的准确性直接影响全面预算的可靠性。

销售预算包括产品的名称、销售量、单价、销售额等项目。生产经营多种产品的企业,为避免销售预算过于繁杂,一般只列示全年及各季的销售总额,并对主要产品分别编制销售预算表附在销售预算之后;对于销售数量较少、销售额较低的产品则予以省略。为了便于现金预算的编制,销售预算一般还附有预计现金收入表。预计现金收入表中包括本期销售应在本期收到的款项和以前销售中应在本期收到的款项。

销售预算在实际工作中,通常需要分品种、月份、销售区域来编制,由销售部门负责。

预算期预计销售收入的计算公式如下:

预计销售收入=预计销售量×预计销售单价

预算期收到的现金的计算公式如下:

某期收到的现金=该期销售收入×该期收现率+期初应收账款×该期回收率

【工作实例3-5】盛佳公司只生产一种产品,销售单价为200元,预算年度内4个季度的销售量经测算分别为300件、600件、400件和450件。根据以往经验,销货款在当季可收到70%,其余部分将在下一季度收到。预计预算年度第一季度可收回上年第四季度的应收账款18 000元。

根据上述资料,编制销售预算和现金收入预算如表3-8所示。

表3-8 2025年度盛佳公司销售预算和现金收入预算表

项目	计算过程	第一季度	第二季度	第三季度	第四季度	全年
预计销售量/件	①	300	600	400	450	1 750
销售单价/元	②	200	200	200	200	200
预计销售额/元	③=①×②	60 000	120 000	80 000	90 000	350 000

续表

项目	计算过程	第一季度	第二季度	第三季度	第四季度	全年
收到上季度应收销货款/元	④=上季③×30%	18 000	18 000	36 000	24 000	96 000
收到本季度应收销货款/元	⑤=本季③×70%	42 000	84 000	56 000	63 000	245 000
现金收入合计/元	⑥=④+⑤	60 000	102 000	92 000	87 000	341 000

注：表中①—⑥代表对应项目的数值，下同。

（二）生产预算

销售预算确定后就可以根据预算期的销售量制定生产预算。生产预算是指为规划预算期生产水平而编制的一种日常业务预算。该预算是所有日常业务预算中唯一使用实物计量的预算，可以为进一步编制成本和费用预算提供实物量数据。由于企业的生产和销售一般不可能做到"同步同量"，就需要留有一定的存货，以保证生产均衡进行。有关计算公式如下：

某种产品的本期生产量=预计销售量+预计期末存货量－预计期初存货量

式中"预计销售量"参见销售预算表；"预计期初存货量"就是上季度期末存货量；"预计期末存货量"应该根据长期销售趋势来确定，在实践中，一般按事先估计的期末存货量占下期销售量的比例进行估算。生产预算主要由生产部门负责编制，编制期间一般也为一年，年内按产品品种进行分季或分月安排。

【工作实例3-6】依【工作实例3-5】的资料，如果盛佳公司期末存货量为下一季销售量的10%，预算年度第一季度期初存货量为50件，预算年度期末存货量为40件。

根据销售预算的预计销售量和上述资料，编制预算年度生产预算如表3-9所示。

表3-9 2025年盛佳公司生产预算表 单位：件

项目	计算过程	第一季度	第二季度	第三季度	第四季度	全年
预计销售量	①	300	600	400	450	1 750
加：预计期末存货量	②=下季①×10%	60	40	45	40	40
减：期初存货量	③=上季度②	50	60	40	45	50
预计生产量	④=①+②－③	310	580	405	445	1 740

（三）直接材料预算

预计生产量确定后，按照单位产品的直接材料消耗量，同时考虑预计期初、期末的材料存货量，便可编制直接材料预算，其计算公式如下：

预计直接材料采购量=预计生产量×单位产品耗用量+预计期末材料存货－预计期

初材料存货

根据计算所得到的预计直接材料采购量，不仅可以安排预算期内的采购计划，同时也可得到直接材料的预算额，其计算公式如下：

直接材料预算额＝直接材料预计采购量×直接材料单价

【工作实例3-7】依【工作实例3-6】的资料，如果盛佳公司所生产的产品只需要一种原材料，单位消耗原材料定额为4 kg，每 kg 单位成本为12元，每季度末的材料存量为下一季度生产用量的30%，每季度的购料款当季付60%，其余款项在下季度支付。预算年度第一季度应付上年第四季度赊购材料款为6 000元，估计预算年度期初材料存量为510 kg，期末材料存量为500 kg。

根据预计生产量和上述单位产品的材料消耗定额，及期初、期末的材料存量，编制材料采购预算如表3-10所示。

表3-10 2025年度盛佳公司材料采购预算表

项目	计算过程	第一季度	第二季度	第三季度	第四季度	全年
预计生产量/件	①	310	580	405	445	1 740
单位产品材料消耗定额/kg	②	4	4	4	4	4
生产需要量/kg	③＝①×②	1 240	2 320	1 620	1 780	6 960
加：期末存货量/kg	④＝下季③×30%	696	486	534	500	500
减：期初存货量/kg	⑤＝上季度④	510	696	486	534	510
预计材料采购量/kg	⑥＝③+④－⑤	1 426	2 110	1 668	1 746	6 950

在编制材料采购预算后，还要根据材料采购预算的预计材料采购量、单位成本和有关材料采购款的支付情况，编制材料采购现金支出计算如表3-11所示。

表3-11 2025年度盛佳公司材料采购现金支出计算表

项目	计算过程	第一季度	第二季度	第三季度	第四季度	全年
预计采购量/kg	①	1 426	2 110	1 668	1 746	6 950
材料单位成本额/元	②	12	12	12	12	12
预计材料采购额/元	③＝①×②	17 112	25 320	20 016	20 952	83 400
应付上季赊购款/元	④＝上季③×40%	6 000	6 844.8	10 128	8006.4	30 979.2
应付本季现购款/元	⑤＝③×60%	10 267.2	15 192	12 009.6	12 571.2	50 040
预计现金支出/元	⑥＝④+⑤	16 267.2	22 036.8	22 137.6	20 577.6	81 019.2

(四)直接人工预算

直接人工预算是为直接生产人工耗费编制的预算,与直接材料预算相似,也是在生产预算的基础上进行的。直接人工预算编制的根据涉及生产预算中的每季预算生产量、单位产品的工时定额、单位工时的工资率。直接人工预算主要由生产部门或人事部门编制,编制时按不同工种分别计算直接人工成本,然后进行汇总。相关计算公式如下:

直接人工预算额=预计生产量×单位产品直接人工小时×小时工资率

【工作实例3-8】依【工作实例3-7】的资料,如果盛佳公司在预算期内所需直接人工工资率均为5元,单位产品的定额工时为3小时,并且公司以现金支付的直接人工工资均于当期付款。

根据所给的直接人工工资率、单位产品的定额工时和产品的预计生产量,编制直接人工预算如表3-12所示。

表3-12 2025年度盛佳公司直接人工预算表

项目	计算过程	第一季度	第二季度	第三季度	第四季度	全年
预计生产量/件	①	310	580	405	445	1 740
单位产品工时定额/小时	②	3	3	3	3	3
总工时用量/小时	③=①×②	930	1 740	1 215	1 335	5 220
单位工时工资率/元	④	5	5	5	5	5
预计直接人工成本/元	⑤=③×④	4 650	8 700	6 075	6 675	26 100

(五)制造费用预算

制造费用预算是除直接材料和直接人工以外的其他制造费用项目的计划。这些费用项目按照与生产量的相关性(即成本性态),通常可分为变动制造费用和固定制造费用两类。不同性态的制造费用,其预算的编制方法也完全不同。因此,在编制制造费用预算时,通常将两类费用分别进行编制。

变动制造费用与生产量之间存在着线性关系,因此其计算公式如下:

变动制造费用预算额=预计生产量×单位产品预定分配率

固定制造费用与生产量之间不存在线性关系,其预算通常都是根据上年的实际水平经过适当调整而取得的。

为了便于编制财务预算,在编制制造费用预算的同时,还需编制现金支出计算表,但要注意,有些制造费用不必在预算期支付现金,如折旧费等,因此这些费用不应被列入现金支出计算表。制造费用预算的编制主要由生产部门负责。

【工作实例3-9】假定预测盛佳公司在预算期间的变动制造费用为31 320元(其中间接人工10 000元、间接材料8 000元、水电费12 000元、维修费1 320元),固定制造费用46 980元(其中管理人工工资12 000元、维护费4 980元、保险费10 000元、设备折旧费

20 000元),其他条件同前例。盛佳公司的变动制造费用分配率按产量计算,以现金支付的各项间接制造费用均于当期付款。

根据所给条件,可求出变动制造费用分配率:

变动制造费用分配率=变动制造费用÷预算期生产总量=31 320÷1 740=18

根据所求出的变动制造费用分配率编制间接制造费用预计现金支出计算如表3-13所示。

表3-13 2025年度盛佳公司制造费用预计现金支出计算表

项目	计算过程	第一季度	第二季度	第三季度	第四季度	全年
预计生产量/件	①	310	580	405	445	1 740
变动制造费用现金支出/元	②=①×18	5 580	10 440	7 290	8 010	31 320
固定制造费用/元	③=46 980÷4	11 745	11 745	11 745	11 745	46 980
折旧费用/元	④=20 000÷4	5 000	5 000	5 000	5 000	20 000
制造费用现金支出合计/元	⑤=②+③-④	12 325	17 185	14 035	14 755	58 300

(六) 期末产成品存货预算

期末产成品存货不仅影响生产预算,而且其预计金额也直接对预计利润表和预计资产负债表产生影响,其预算方法为:先确定产成品的单位成本,然后将产成品的单位成本乘以预计的期末产成品存货量即可。

【工作实例3-10】盛佳公司采用完全成本法。试根据表3-8到表3-13的内容,编制2025年度产品单位成本及期末存货预算如表3-14所示。

表3-14 2025年度盛佳公司产品单位成本及期末存货预算表

成本项目	计算过程	价格标准	用量定额	合计
直接材料	①	12元/kg	4 kg	48元
直接人工	②	5元/工时	3工时	15元
制造费用	③=(31 320+46 980)÷1 740			45元
产品单位成本	④=①+②+③			108元
产品成本合计	⑤=1 740×④			187 920元
产品期末存货量	⑥			40元
产品期末存货成本	⑦=④×⑥			4 320元

（七）销售成本预算

销售成本预算是在生产预算的基础上，按产品对其成本进行归集，计算出产品的单位成本，然后得到销售成本的预算。

【工作实例 3-11】 盛佳公司 2025 年年初存货 50 件，单位成本 115 元，存货计价采用先进先出法。根据以上资料，编制 2025 年度销售成本预算如表 3-15 所示。

表 3-15　2025 年度盛佳公司销售成本预算表

成本项目	计算过程	数量/件	单位成本/元	总成本/元
期初存货成本	①＝数量×单位成本	50	115	5 750
期末存货成本	②＝数量×单位成本	40	108	4 320
本期销售成本	③＝本期生产成本＋期初存货成本－期末存货成本	1 750		189 350
本期单位销售产品成本	④＝③÷1 750		108.2	

（八）销售及管理费用预算

销售及管理费用预算，是指预算期内除了制造费用以外，为了实现产品销售和维持一般行政管理活动所发生的各项费用的预算。

销售及管理费用预算通常有沉没成本和不需要当期支付现金的费用项目，因而也应编制现金支出预算表。另外，根据管理的需要，销售费用预算及管理费用预算可分别编制。

【工作实例 3-12】 假设盛佳公司在预算期间的变动销售及管理费用总计为 3 500 元，按销售量计算分配率；固定销售及管理费用为 13 600 元，全部为现金支出。根据以上资料，编制 2025 年度销售及管理费用预算如表 3-16 所示。

表 3-16　2025 年度盛佳公司销售及管理费用预算表

项目	计算过程	第一季度	第二季度	第三季度	第四季度	全年
预计销售量/件	①	300	600	400	450	1 750
变动销售及管理费用分配率/元	②＝3 500÷1 750	2	2	2	2	2
变动销售及管理费用现金支出/元	③＝①×②	600	1 200	800	900	3 500
固定销售及管理费用现金支出/元	④＝13 600÷4	3 400	3 400	3 400	3 400	13 600
现金支出合计/元	⑤＝③＋④	4 000	4 600	4 200	4 300	17 100

二、专门决策预算

专门决策预算也称特种决策预算,是指企业为不经常发生的长期投资项目或者一次性专门业务所编制的预算,通常指与企业投资活动、筹资活动或收益分配等相关的各种预算。专门决策预算可以分为资本支出预算和一次性专门业务预算两类。资本支出预算主要是针对企业长期投资决策编制的预算,包括固定资产投资预算、权益性资本投资预算和债券投资预算。一次性专门业务预算主要有资金筹措预算、资金运用预算、缴纳税金预算与发放股利预算等。

(一) 资本支出预算

资本支出预算是为购置固定资产、无形资产等活动而编制的预算。编制资本支出预算的依据是经过审核批准的各个长期投资决策项目,其格式和内容无统一规定,但一般包括投资项目名称,与在各预算期间的现金流入量和现金流出量等。

【工作实例3-13】盛佳公司2025年准备在第一季度投资70 000元购入一台设备,一年建设期,年末达到预定可使用状态。预计在第一季度支付价款70 000元。根据以上资料,计算盛佳公司2025年度资本支出预算如表3-17所示。

表3-17 2025年度盛佳公司年度资本支出预算表   单位:元

项目	第一季度	第二季度	第三季度	第四季度	合计
设备购置	70 000				70 000
投资支出合计	70 000				70 000
投资资金筹措	—				
自有资金	70 000				70 000
合计	70 000				70 000

(二) 一次性专门业务预算

为了保证经营业务和资本支出对现金的正常需要,企业需保持一定的支付能力。如果支付能力不足,容易导致债务到期不能偿还,甚至发生停工待料等后果;如果支付能力过剩,又会造成资金的浪费并降低资金的使用效率。因此,财务部门在筹措资金、拨发资金、发放股利等问题上,要做专门业务的预算。

【工作实例3-14】假设2025年度盛佳公司准备每季度预交企业所得税16 000元。预计在第四季度发放现金股利30 000元。根据上述资料,计算盛佳公司2025年度一次性专门业务预算如表3-18所示。

表 3-18　2025 年度盛佳公司年度一次性专门业务预算表　　　　单位:元

项目	第一季度	第二季度	第三季度	第四季度	合计
缴纳税金	16 000	16 000	16 000	16 000	64 000
发放现金股利				30 000	70 000
合计	16 000	16 000	16 000	46 000	134 000

三、财务预算

财务预算是反映企业在预算期内有关现金收支、经营成果和财务状况的预算。财务预算是在经营预算和资本预算的基础上,按照一般会计原则和方法编制出来的。这样,财务预算就成为各项经营业务和资本决策的整体计划,故也称"总预算";各种业务预算和资本预算称为"分预算"。

财务预算主要包括现金预算、预计利润表、预计资产负债表等,以价值量指标总括反映经营预算与资本支出预算的结果。

(一) 现金预算

现金预算又称现金收支预算,是反映预算期企业全部现金收入和全面现金支出的预算。现金预算实际上是其他预算有关现金收支部分的汇总,同时也是收支差额平衡措施的具体计划。现金预算一般包括以下四个部分:

1. 现金收入

现金收入主要指经营业务活动的现金收入,主要来自现金余额和产品销售现金收入。

2. 现金支出

现金支出除了涉及有关直接材料、直接人工、制造费用、销售及管理费用、缴纳税金、股利分配等方面的经营性现金支出外,还包括购买设备等资本性支出。

3. 现金收支差额

现金收支差额反映了现金收入合计与现金支出合计之间的差额:差额为正,说明现金有剩余,可用于偿还过去从银行取得的借款,或用于购买短期证券;差额为负,说明现金不足,要从银行取得新的借款,或转让短期投资的有价证券,或按长期筹资计划增发股票或公司债券。

4. 资金的筹集与运用

资金的筹集和运用主要反映预算期内向银行借款还款、支付利息、进行短期投资及投资收回等内容。

现金预算实际上是销售预算、生产预算、直接材料预算、直接人工预算、制造费用预算、产品生产成本预算、销售及管理费用预算及专门决策预算等各项预算中关于现金收支部分的汇总,现金预算的编制要以其他各项预算为基础。

【工作实例 3-15】根据【工作实例 3-5】至【工作实例 3-14】所编制的各种预算资料,假设盛佳公司每季度末应保持现金余额 10 000~50 000 元。若资金不足,可以 1 000 元为单位进行借入,借款年利率8%,一年期,借款于每季度初借入,还款在下季度季末,利随本清;如果资金多余,可以1 000元为单位投资股票,预计年化投资收益率可达5%。预计2025年年初现金余额45 000元。

根据上述资料,编制盛佳公司2025年度现金预算如表3-19所示。

表3-19　2025年度盛佳公司年度现金预算表　　　　　　　　　　　　单位:元

项目	第一季度	第二季度	第三季度	第四季度	全年
期初现金余额	45 000	10 757.8	14 076	43 628.4	45 000
加:现金收入(表3-8)					
收回赊购款和现销收入	60 000	102 000	92 000	87 000	341 000
可动用现金合计	105 000	112 757.8	106 076	130 628.4	386 000
减:现金支出					
直接材料(表3-11)	16 267.2	22 036.8	22 137.6	20 577.6	81 019.2
直接人工(表3-12)	4 650	8 700	6 075	6 675	26 100
制造费用(表3-13)	12 325	17 185	14 035	14 755	58 300
销售及管理费用(表3-16)	4 000	4 600	4 200	4 300	17 100
购置设备(表3-17)	70 000				70 000
支付企业所得税(表3-18)	16 000	16 000	16 000	16 000	64 000
支付现金股利(表3-18)				30 000	30 000
现金支出合计	123 242.2	68 521.8	62 447.6	92 307.6	346 519.2
现金节余或不足	−18 242.2	44 236	43 628.4	38 320.8	39 480.8
筹措资金					
向银行借款	29 000				29 000
归还借款		29 000			29 000
支付利息		1 160			1 160
期末现金余额	10 757.8	14 076	43 628.4	38 320.8	38 320.8

(二)预计利润表

预计利润表是指以货币形式综合反映预算期内企业经营活动成果计划水平的一种财务预算。该预算是在上述各经营预算的基础上,按照权责发生制的原则编制,其编制方法与编制一般财务报表中的利润表相同。预计利润表揭示的是企业未来的盈利情况,企业管理层可据此了解企业的发展趋势,并适时调整其经营策略。

【工作实例3-16】根据前述的各种预算,编制盛佳公司预算期的预计利润如表3-20所示。

表 3-20　2025 年度盛佳公司预计利润表　　　　　　　　　　　　　单位:元

项目	计算过程	数据来源	金额
销售收入	①	表 3-8	350 000
减:销售成本	②	表 3-15	189 350
销售毛利	③=②−①		160 650
减:销售及管理费用	④	表 3-16	17 100
营业利润	⑤=③−④		143 550
减:利息费用	⑥	表 3-19	1 160
税前利润	⑦=⑤−⑥		142 390
减:企业所得税	⑧	表 3-18	64 000
净利润	⑨=⑦−⑧		78 390

(三) 预计资产负债表

预计资产负债表是以货币单位反映企业预算期期末财务状况的总括性预算报表,编制时以期初资产负债表为基础,根据销售、生产、资本等预算的相关数据加以调整,有关计算公式如下:

1. 资产类

现金期末数＝现金预算中的"期末现金余额"

应收账款期末数＝销售预算中最后一期"含税销售收入"余额×赊销比例

原材料期末数＝直接材料采购预算中最后一期"预计期末材料存量"×单价

产成品期末数＝产品生产预算中"年末存货"总成本

固定资产原值期末数＝固定资产期初数＋现金预算中"机器设备等固定资产"的金额

2. 负债类

应付账款期末数＝直接材料采购预算中最后一期"预计采购金额"余额×未付款比例

短期借款期末数＝短期借款期初数＋本期新增短期现金预算中"短期借款"金额−现金预算中"偿还短期借款"

3. 所有者权益类

留存收益期末数＝利润表中"税后利润"全年合计金额−现金预算中支付的"现金股利"

【工作实例3-17】根据前述各种预算及盛佳公司2025年年初资产负债如表3-21所示,编制盛佳公司2025年年度预计资产负债如表3-22所示。

表 3-21　2025 年度盛佳公司年初资产负债表　　　　　　　　　　单位:元

流动资产	金额	流动负债	金额
现金	45 000	应付账款	6 000
应收账款	18 000	长期负债	
原材料存货	6 120	负债合计	6 000
产成品存货	5 750		
合计	74 870		
固定资产		所有者权益	
土地	60 000	实收资本	200 000
房屋及设备	240 000	盈余公积	128 870
减:折旧	40 000	所有者权益合计	328 870
合计	260 000		
资产总计	334 870	负债及所有者权益合计	334 870

表 3-22　2025 年度盛佳公司预计资产负债表　　　　　　　　　　单位:元

流动资产	计算过程	数据来源	金额
现金	①	表 3-19	38 320.8
应收账款	②=90 000×30%	表 3-8	27 000
原材料存货	③=500×12	表 3-10,表 3-11	6 000
产成品存货	④	表 3-14	4 320
合计	⑤=①+②+③+④		75 640.8
固定资产			
土地	⑥	表 3-21	60 000
房屋及设备	⑦=240 000+70 000	表 3-21	310 000
减:折旧	⑧=40 000+20 000	表 3-13	60 000
合计	⑨=⑥+⑦-⑧		310 000
资产总计	⑩=⑤+⑨		385 640.8
流动负债			
应付账款	⑪=20 952×40%	表 3-11	8 380.8
长期负债			

续表

流动资产	计算过程	数据来源	金额
负债合计	⑫=⑪		8 380.8
所有者权益			
实收资本	⑬		200 000
盈余公积	⑭=128 870+78 390−30 000	表 3-18,表 3-20,表 3-21	177 260
所有者权益合计	⑮=⑬+⑭		377 260
负债及所有者权益	⑯=⑫+⑮		385 640.8

拓展阅读 数字化时代的全面预算管理

数字时代全面预算管理正以竞争驱动、管理驱动、技术驱动的新趋势和新特点不断发展，场景化预测因其计划规划、实时预测、精准测算、辅助决策和评价考核等功能对全面预算的支撑和深化作用，成为全面预算的新增管理方式和赋能业务的主抓手。场景化预测已在销售绩效管理、产品报价模型、销售和运营计划、项目全生命周期管理、多维盈利分析报告、重点工作计划管理等场景落地应用。企业可以借助信息技术，打造具有一站式自助分析、超强算力、可拓展性和数据集成能力的全新一代全面预算管理平台，基于内存多维数据库、大数据平台、人工智能、低代码搭建方舟平台，分析战略规划、预算、预测等功能应用中的数据，通过不同客户端简化员工流程，赋能企业高效运用，推动预算变革，重塑财务价值。

全面预算编制

1. 任务资源

小王大学毕业应聘进入东方公司财务部从事管理会计岗位预算管理工作。东方公司生产并销售一种产品(甲产品)，2024 年东方公司的财务基础数据如表 3-23 和表 3-24 所示。由于小王对公司基本业务和整体情况不熟悉，财务部经理老刘安排小王首先熟悉企业经营业务流程、业务部门及财务部门具体业务，1 个月后跟进公司各业务部门编制经营预算，3 个月后从事财务部预算编制工作。

① 表3-23　东方公司2024年年末数据　　　　　　　　　　　　　　单位:元

资产	年末数	负债及所有者权益	年末数
流动资产		流动负债	
库存现金	60 000.00	应付账款	200 000.00
应收账款	200 000.00	应交增值税	0.00
原材料	12 000.00	应交所得税	33 960.00
产成品	132 000.00	短期借款	0.00
流动资产合计	404 000.00	流动负债合计	233 960.00
非流动资产		非流动负债	
固定资产原值	2 300 000.00	长期借款	38 000.00
减:累计折旧	514 280.00	所有者权益	
固定资产净值	1 785 720.00	股本	1 800 000.00
无形资产	80 000.00	留存收益	197 760.00
资产合计	2 269 720.00	负债及所有者权益合计	2 269 720.00

② 表3-24　东方公司2024年日常费用基础数据　　　　　　　　　　单位:元

生产车间的日常费用	季度支出	销售部门的日常费用	季度支出
管理人员工资	38 520.00	管理人员工资	20 000.00
折旧	23 000.00	折旧	8 500.00
修理费	25 000.00	专设销售机构办公费	3 400.00
水电费	21 000.00	广告宣传费	28 000.00
保险费	10 000.00	其他	4 000.00
设备租金	18 000.00		
管理部门的日常费用	季度支出		
管理人员工资	50 000.00		
差旅费	24 000.00		
折旧	15 000.00		
办公费	12 000.00		
无形资产摊销	3 500.00		
其他	11 200.00		

③小王进入东方公司,熟悉了公司财务部具体业务和管理会计岗位预算管理的工作内容,现在按业务流程进入公司各业务部门,学习编制经营预算。根据确定的预算管理编制方法,东方公司采用滚动预算法编制公司各业务部门2025年的经营预算。

④东方公司2025年的基础数据如下:

A. 销售预算基础数据:东方公司生产并销售一种产品(甲产品),该产品不含税售价为400元/件,增值税税率为13%。根据销货合同和市场预测,2025年产品销量预计第一季度5 000件,第二季度销量增长10%,后两个季度销量在第一季度基础上增长20%。该公司销售用现销与赊销两种方式,每季度现销80%,赊销20%,赊销款于下一季度全部收回。2024年年末应收账款余额200 000元将于预算年度第一季度全额收回现金。

B. 生产预算基础数据:东方公司2025年年初有甲产品存货500件,预计年末留存1 200件,其他各期期末存货按下期预计销售量的10%确定。

C. 直接材料预算基础数据:东方公司生产的甲产品只耗用一种材料(A材料),2025年年初、年末预计材料存量分别为1 200 kg和8 000 kg,其余各期期末材料存量为下期生产需要量的10%。单位产品消耗A材料定额为18 kg,材料计划单价为10元。预计各期采购材料的货款当期支付70%,其余30%在下季度付清;2024年年末应付账款余额200 000元于预算年度第一季度支付,增值税税率为13%。

D. 直接人工预算基础数据:东方公司直接人工的工种只有一种,2025年生产的甲产品单件工时为5小时,每小时人工成本为14元,所有职工薪酬在当季全部支付。

E. 制造费用预算基础数据:东方公司2025年变动性制造费用预算数按预计直接人工工时和预计变动费用分配率计算。变动制造费用标准分配率分别为:材料费2元/时、人工费18元/时、修理费1.6元/时、水电费2元/时、其他费用0.4元/时。固定性制造费用与产量无关,每季度管理人员工资38 520元、折旧23 000元、修理费25 000元、水电费21 000元、保险费10 000元、设备租金18 000元。除折旧费用外,其余均以现金支付并于当季付款。

F. 产品成本预算基础数据:东方公司产品采用变动成本核算,2025年甲产品年初单位成本为264元,产成品发出的计价方法是先进先出法。

G. 销售费用预算基础数据:东方公司2025年分别就变动性销售费用和固定性销售费用两部分内容编制销售费用预算。变动销售费用率为3.8%,其中销售佣金1.6%、销售运杂费1.2%、其他1%。固定性销售费用与产量无关,每季度销售管理人员工资20 000元、折旧8 500元、专设销售机构办公费3 400元、广告宣传费28 000元、除折旧以外的其他销售费用4 000元。上述销售费用除折旧外,均以现金于当季支付。

H. 管理费用预算基础数据:东方公司2025年管理费用全部为固定性费用,每季度管理人员工资50 000元、差旅费24 000元、折旧15 000元、办公费12 000元、无形资产摊销3 500元、其他11 200元。除折旧和无形资产摊销以外的各项管理费用均以现金于当季支付。

2. 任务目标

根据上述资料编制东方公司的各项预算,练习全面预算的编制方法。

3. 任务实施

具体任务实施过程如下:

第一步,编制东方公司 2025 年的销售预算表,如表 3-25 所示。

表 3-25　东方公司 2025 年度销售预算

项目	第一季度	第二季度	第三季度	第四季度	全年合计
预计销售量/件					
销售单价/元					
预计销售收入/元					
增值税销项税额/元					
含税销售收入/元					
年初应收账款余额/元					
第一季度销售现金收入/元					
第二季度销售现金收入/元					
第三季度销售现金收入/元					
第四季度销售现金收入/元					
销售现金收入合计/元					

第二步,编制东方公司 2025 年的生产预算表,如表 3-26 所示。

表 3-26　东方公司 2025 年度生产预算表　　　　　　　　　　　　单位:件

项目	第一季度	第二季度	第三季度	第四季度	全年合计
预计销售量					
加:预计期末存货					
减:预计期初存货					
预计生产量					

第三步,编制东方公司 2025 年的直接材料预算表,如表 3-27 所示。

表 3-27　东方公司 2025 年度直接材料预算表

项目		第一季度	第二季度	第三季度	第四季度	全年合计
预计生产量/件						
单位产品材料耗用量/(kg/件)						
产品生产材料需求量/kg						
加:预计期末材料库存量/kg						
减:预计期初材料库存量/kg						
预计材料采购量/kg						
单价/(元/kg)						
预计材料采购成本/元						
增值税进项税额/元						
预计采购金额/元						
预计现金支出	年初应付账款余额/元					
	第一季度采购现金支出/元					
	第二季度采购现金支出/元					
	第三季度采购现金支出/元					
	第四季度采购现金支出/元					
	现金支出合计/元					

第四步,编制东方公司 2025 年的直接人工预算表,如表 3-28 所示。

表 3-28　东方公司 2025 年度直接人工预算表

项目	第一季度	第二季度	第三季度	第四季度	全年合计
预计生产量/件					
单位产品工时/(小时/件)					
人工总工时/小时					
每小时人工成本/元					
人工总成本/元					
现金支出合计/元					

第五步,编制东方公司 2025 年的制造费用预算表,如表 3-29 所示。

表 3-29　东方公司 2025 年度制造费用预算

项目	变动制造费用分配率	第一季度	第二季度	第三季度	第四季度	全年合计
人工总工时/小时	—					
变动制造费用	—					
间接材料/元						
间接人工/元						
水电费/元						
修理费/元						
其他/元						
小计/元						
固定制造费用	—	—	—	—	—	—
管理人员工资/元						
折旧/元						
修理费/元						
水电费/元						
保险费/元						
设备租金/元						
小计/元						
制造费用合计/元	—					
减:折旧/元	—					
现金支出合计/元	—					

第六步,编制东方公司 2025 年的产品成本预算表,如表 3-30 所示。

表 3-30　东方公司 2025 年度单位产品生产成本预算表

成本项目	全年生产量 23 200 件			
	单价/元	单耗/元	单位成本/元	总成本/元
直接材料				
直接人工				

续表

成本项目	全年生产量 23 200 件			
	单价/元	单耗/元	单位成本/元	总成本/元
变动制造费用				
合计				
产成品存货	数量/件	单位成本/元	总成本/元	
年初存货				
年末存货				
本年销售				

第七步,编制东方公司 2025 年的销售费用预算表,如表 3-31 所示。

表 3-31　东方公司 2025 年度销售费用预算表　　　　　　　　　　单位:元

项目	变动销售费用率	第一季度	第二季度	第三季度	第四季度	全年合计
预计销售收入	—					
变动销售费用	—	—	—	—	—	—
销售佣金						
销售运杂费						
其他						
小计						
固定销售费用	—	—	—	—	—	—
管理人员工资						
折旧						
专设销售机构办公费						
广告宣传费						
其他						
小计						
销售费用合计	—					
减:折旧						
现金支出合计	—					

第八步，编制东方公司 2025 年的管理费用预算表，如表 3-32 所示。

表 3-32　东方公司 2025 年度管理费用预算　　　　　　　　　单位：元

项目	第一季度	第二季度	第三季度	第四季度	全年合计
管理人员工资					
差旅费					
折旧					
办公费					
无形资产摊销					
其他					
管理费用合计					
减：折旧					
无形资产摊销					
现金支出合计					

第九步，编制东方公司现金预算表，如表 3-33 所示。

表 3-33　东方公司 2025 年度现金预算　　　　　　　　　　　单位：元

项目	第一季度	第二季度	第三季度	第四季度	全年合计
期初现金余额					
加：销售现金收入					
可供使用现金					
减：各项现金支出	—	—	—	—	—
直接材料					
直接人工					
制造费用					
销售费用					
管理费用					
缴纳增值税					
预交所得税					
现金股利		—	—	—	
机器设备					

续表

项目	第一季度	第二季度	第三季度	第四季度	全年合计
支出合计					
现金多余(不足)					
短期借款		—	—	—	
偿还短期借款	—		—	—	
支付短期借款利息	—		—	—	
期末现金余额					

第十步,编制东方公司预计利润表,如表 3-34 所示。

表 3-34　东方公司 2025 年度预计利润表　　　　　　　　　　　单位:元

项目	第一季度	第二季度	第三季度	第四季度	全年合计
销售收入					
减:变动成本	—	—	—	—	—
变动生产成本					
变动管理及销售费用					
变动成本总额					
边际贡献					
减:固定成本	—	—	—	—	—
固定制造费用					
固定管理及销售费用					
利息支出	—			—	
固定成本总额					
税前利润					
减:所得税					
税后利润					

注:部分项目填列说明:第一季度变动生产成本=500×264+4 500×289=1 432 500

　　　　第二季度变动生产成本=5 500×289=1 589 500

第十一步,编制东方公司预计资产负债表,如表 3-35 所示。

表 3-35　东方公司 2025 年度预计资产负债表　　　　　　　　　　　单位:元

资产	年初数	年末数	负债及所有者权益	年初数	年末数
流动资产	—	—	流动负债	—	—
库存现金			应付账款		
应收账款			应交增值税		
原材料			应交所得税		
产成品			短期借款		
流动资产合计			流动负债合计		
非流动资产	—	—	长期负债	—	—
固定资产原值			长期借款		
减:累计折旧			所有者权益	—	—
固定资产净值			股本		
无形资产			留存收益		
资产合计			负债及所有者权益合计		

注:部分项目填列说明:本期计提折旧＝92 000＋34 000＋60 000＝186 000

　　期末累计折旧＝期初累计折旧＋本期计提折旧

　　应交税费＝期初＋本期应交－本期预交

　　应交增值税＝本期销项税额－本期进项税额－本期预交增值税

　　留存收益＝期初留存收益＋本期净利润－本期预支付股利

　　短期借款＝0

成本管理

知识目标

◆ 理解成本管理的含义,熟悉成本管理工具方法和应用程序
◆ 熟悉变动成本法的概念、特点及应用原理
◆ 熟悉标准成本法的概念、特点及应用原理
◆ 熟悉作业成本法的概念、特点及应用原理

能力目标

◆ 能熟练掌握变动成本法的应用
◆ 能制定标准成本
◆ 能计算和分析标准成本差异
◆ 能够运用作业成本法计算产品成本

素养目标

◆ 培养学生的责任担当意识,履行社会责任
◆ 通过提升成本的管控能力,培养学生的工匠精神

案例导入:降低的成本是企业的另类利润

利润等于什么?任何一个有基本财务思维的人都知道:"利润等于收入减去成本和费用。"那么,如何提高利润呢?大部分人都会回答:"提高销售收入,这样就能创造更多的利润。"事实上,还有另外一条提高利润的途径,那就是降低和优化成本和费用。

提高利润,有"开源"(提高收入)和"节流"(降低成本费用)两个途径。"开源"是非常明显的提高利润的手段,即使没任何财务和管理经验的人也很容易想到。但是从企业管理会计角度来说,企业所面临的竞争性的经济和商业环境决定了企业基本无法按照自己的预期来控制价格和拓展市场,也就是说"开源"能力受到很大的限制。在这样的情况下,企业就必须通过"节流"的方式来提高利润。可见,利润的实现可以通过降低成本来获得,降低的成本就被称为企业的另类利润。

任务一 成本管理认知

一、成本的概念

"成本"是一个使用频率很高的词汇,在会计学、管理学和经济学中,有不同的成本概念。即使在同一领域内,人们对成本的理解也可能存在差异。

在财务会计中,成本是根据财务报表的需要定义的,即成本是指取得资产或劳务的支出。它们由会计准则或会计制度来规范,因此可以称为"报表成本"、"制度成本"或"法定成本",由于成本的度量是根据历史成本确定的,因此也被称为"历史成本"。现代西方财务会计学认为,成本是企业为了获取某项资产或达到一定目的而遭到的以货币测定的价值牺牲,成本的形成既可以通过直接牺牲一项资产来实现,也可以通过产生某项负债而导致未来付出价值的方式来实现;而我国有关的财务会计教科书则把成本概括为在一定条件下企业为生产一定产品所发生的各种耗费的货币表现。

在管理会计中,"成本"一词在不同的情况下有不同的含义。与财务会计强调成本必须是已经发生了的(历史成本)不同,管理会计特别重视成本形成的原因(目的性)和成本发生的必要性,强调"目的不同,成本不同"。这句话的含义就意味着成本的定义并不是唯一不变的,主要有两个原因:一是成本费用是由特定目的而形成的;二是运用成本的方式决定了成本计算的方法。实际上,管理会计的这句常用语强调了成本概念及其度量与管理当局决策的相关性,成本可以是过去的、现在的,也可以是将来的。因此,从管理会计角度看,成本是指企业在经济活动中对象化的、以货币表现的、为达到一定目的而应当或可能发生的各种经济资源的价值牺牲或代价。

管理会计上的成本度量实际上是财务会计上的时间假设和空间假设在管理上的拓展,以便更好地进行管理决策。"目的不同,成本不同"不但不会导致管理会计上的成本混乱,相反却揭示了管理会计中成本管理的真谛,因此有助于在生产经营决策中加强成本管理。

二、成本管理的含义和内容

成本管理是指企业在营运过程中实施成本预测、成本决策、成本计划、成本控制、成本核算、成本分析和成本考核等一系列管理活动的总称。要充分动员和组织企业全体人员,在保证产品质量的前提下,对企业生产经营过程的各个环节进行科学合理的管理,力求以最少生产耗费取得最大的生产成果。成本管理的主要内容如下:

1. 成本预测

成本预测是以现有条件为前提,在历史成本资料的基础上,根据未来的成本水平及其发展趋势进行描述和判断的成本管理活动。

2. 成本决策

成本决策是在成本预测及有关成本资料的基础上,综合经济效益、质量、效率和规模等指标,运用定性和定量的方法对各个成本方案进行分析,并选择最优方案的成本管理活动。

3. 成本计划

成本计划是以营运计划和有关成本数据、资料为基础,根据成本决策所制定的目标,通过一定的程序,运用一定的方法,针对计划期内企业的生产耗费和成本水平进行的具有约束力的成本筹划管理活动。

4. 成本控制

成本控制是成本管理者根据预定的目标,对成本发生和形成过程以及影响成本的各个因素条件施加主动的影响或干预,把实际成本控制在预期目标内的成本管理活动。

5. 成本核算

成本核算是根据成本计算对象,按照国家统一的会计制度和企业管理的要求,对营运过程中实际发生的各项耗费按照规定的成本项目进行归集、分配和结转,取得不同的成本计算对象的总成本和单位成本,向有关使用者提供成本信息的成本管理活动。

6. 成本分析

成本分析是利用企业核算提供的成本信息及其他有关资料,分析成本水平与构成的有关情况,查明影响成本变动的各个因素和产生的原因,并采取有效措施控制成本的成本管理活动。

7. 成本考核

成本考核是对成本计划及其有关指标实际完成情况进行定期总结和评价,并根据考核结果和责任的落实情况,进行相应的奖励和惩罚,以监督和促进企业加强成本管理责任制,提高成本管理水平的成本管理活动。

三、成本管理的作用和原则

(一)成本管理的作用

成本管理是企业日常运营管理中必不可少的一个重要组成部分。成本管理得好,会极大地促进企业的生产运营,提高企业的经济效益。具体体现在以下三个方面:

第一,可以帮助企业制订更有竞争力的市场价格;

第二,可以直接增加企业的利润和现金流;

第三,企业较低的固定经营成本可以在困难时期更好地抵抗风险。

(二)成本管理的原则

企业进行成本管理,一般应遵循以下原则:

1. 融合性原则

成本管理应该以企业业务模式为基础,将成本管理嵌入业务的各领域、各层次和各环节,实现成本管理责任到人、控制到位、考核严格、目标落实。

2. 适应性原则

成本管理应与企业生产经营特点和目标相适应,尤其是要与企业发展战略和竞争战略相适应。

3. 成本效益原则

成本管理应用相关工具方法时,应权衡其为企业带来的收益和付出的成本,避免其获得的收益小于其投入的成本。

4. 重要性原则

成本管理应重点关注对成本有重大影响的项目,对不具有重要性的项目可以适当简化处理。

四、成本管理程序

成本管理领域应用的管理会计工具方法一般包括目标成本法、变动成本法、标准成本法和作业成本法。企业应结合自身的成本管理目标和实际情况,在保证产品的功能和质量的前提下,选择应用适合企业的成本管理方法或综合应用不同的成本管理方法,以更好地实现成本管理的目标。

企业应用成本管理方法一般按照事前成本管理、事中成本管理和事后成本管理等程序进行。

1. 事前成本管理阶段

事前成本管理阶段主要是对未来的成本水平及其发展趋势所进行的预测与规划,一般包括成本预测、成本决策和成本计划等步骤。

2. 事中成本管理阶段

事中成本管理阶段主要是对营运过程中发生的成本进行监督和控制,并根据实际情况对成本预算进行必要的修正,即成本控制。

3. 事后成本管理阶段

事后成本管理阶段主要是在成本发生之后进行的核算、分析和考核,一般包括成本核算、成本分析和成本考核等步骤。

 时代呼唤精益成本管理

企业的一切经济和管理活动都是有成本的,成本管理是企业管理永恒的主题。全球经济一体化的发展带来了企业竞争的全球化,同时,信息技术的发展又赋予企业管理全新的视角与模式。这些都给企业成本管理带来了前所未有的转变:一是成本管理的空间由单纯的制造成本扩展到企业产品生命周期成本;二是成本管理的环节从日常的经营管理向战略成本管理转变;三是成本管理的分析从一般数据分析向价值和价值链分析转变;四是成本管理的方法由节约成本向杜绝浪费转变;五是成本控制方式由事后控制向"事前、事中、事后"控制转变。

总体来说,企业成本管理已经不可避免地转向对全成本的全过程精准管控。基于这一趋势,企业必须实行精益成本管理。

任务二　成本性态分析

一、成本性态分类

成本性态是指成本与业务量之间的相互依存关系。按照成本性态,成本可以划分为固定成本、变动成本和混合成本三大类。

（一）固定成本

固定成本是指在一定范围内,其总额不随业务量变动而增减变动(图 4-1),而单位固定成本随着业务量的增加而相应地减少的成本(图 4-2)。如厂房和建筑物按直线法计提的折旧、机器设备的租金、管理人员的薪酬、财产保险费、广告费等。固定成本根据其是否受管理层短期决策的影响又可以分为约束性固定成本和酌量性固定成本。

（1）约束性固定成本也称为经营能力成本,是企业根据生产能力确定的一定期间的固定成本总额,它一般不受短期决策的影响。例如机器设备的折旧费,管理人员的薪酬、财产保险费等。

（2）酌量性固定成本又称为可调整成本,受管理当局短期决策的影响,表现为可以在不同时期改变数额的那部分固定成本,例如广告宣传费和员工培训费等。

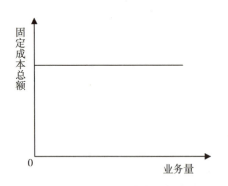

图 4-1　业务量与固定成本总额的关系

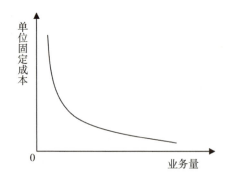

图 4-2　业务量与单位固定成本的关系

（二）变动成本

变动成本是指在一定范围内,其总额随业务量的变动发生相应的正比例变动(图 4-3),而单位变动成本不受业务量变动的影响而保持不变的成本(图 4-4)。例如直接材料成本和直接人工成本。变动成本可以进一步分为技术性变动成本和酌量性变动成本。

（1）技术性变动成本是指单位成本受客观因素决定、消耗量由技术性因素决定的那部分成本。这类成本只能通过技术革新或提高劳动生产率等来降低其单位产品成本。

（2）酌量性变动成本是指单位成本不受客观因素决定，企业管理者可以改变其数额的那部分成本。这类成本可以通过合理决策、控制开支、降低材料采购成本和优化劳动组合来降低。

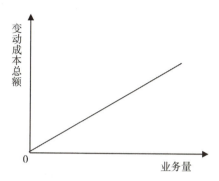

图4-3 业务量与变动成本总额的关系

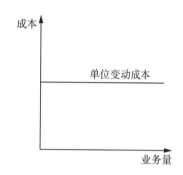

图4-4 业务量与单位变动成本的关系

（三）混合成本

混合成本是指其总额随业务量变动但是不成正比例变动的成本。企业可以采用高低点法、回归分析法等方法把混合成本分解为固定成本和变动成本。例如机器设备维修费、检验人员薪酬和行政管理费等。

二、成本性态分析

成本性态分析是指企业基于成本与业务量之间的关系，运用技术方法将业务范围内发生的成本分解为固定成本和变动成本的过程。成本函数通常可以用 $y=a+bx$ 来表示，其中 y 表示成本总额，a 为固定成本总额，b 为单位变动成本，x 为业务量。成本性态分析是管理会计对成本进行预测、决策、控制和考核的先决条件。

混合成本的分解方法主要包括高低点法、回归分析法、账户分析法（也称会计分析法）、技术测定法（也称工业工程法）、合同确认法。前两种方法需要借助数学方法进行分解，后三种方法可通过直接分析认定。本书重点学习高低点法和回归分析法。

（一）高低点法

高低点法是企业以过去某一会计期间的总成本和业务量资料为依据，从中选取业务量最高点和业务量最低点，将总成本进行分解，推算成本中固定成本和变动成本金额的一种方法。由于可以用直线方程来模拟总成本，所以可以通过最高点和最低点两组资料，求出直线方程，将成本分为固定成本和变动成本部分。

高低点法计算较为简单，但由于它只选择诸多历史资料中的两期数据作为计算依据，因而代表性较差，计算结果不太可靠。这种方法主要适用于生产经营比较正常，成本变化趋势比较稳定的企业。

高低点法的具体步骤如下。

(1) 在业务量与成本的对应关系中，以业务量为准找出最高点和最低点，即($x_{高}$, $y_{高}$), ($x_{低}$, $y_{低}$)。

(2) 计算单位平均变动成本 b。

$$b = \frac{y_{高} - y_{低}}{x_{高} - x_{低}}$$

(3) 将最高点或者最低点坐标和 b 值代入直线方程 $y = a + bx$，计算出固定成本。即 $a = y_{高} - bx_{高}$，或者 $a = y_{低} - bx_{低}$。

(4) 将求得的 a、b 代入直线方程 $y = a + bx$，即得到成本性态分析模型。

【工作实例 4-1】 假定××电子公司蓝牙耳机生产车间 2024 年的每月生产量和电费支出的有关数据如表 4-1，试采用高低点法进行成本性态分析。

表 4-1　2024 年蓝牙耳机生产车间月生产量及电费支出

月份	产量/万件	电费/万元
1	800	2 000
2	600	1 700
3	900	2 250
4	1 000	2 550
5	800	2 150
6	1 100	2 750
7	1 000	2 460
8	1 000	2 520
9	900	2 320
10	700	1 950
11	1 100	2 650
12	1 200	2 900

解：从表 4-1 中可知，业务量最高在 12 月份，为 1 200 件，相应电费为 2 900 元；业务量最低在 2 月份，600 件，相应电费为 1 700 元，将 12 月和 2 月的数据代入公式中得到：

$$b = \frac{2\ 900 - 1\ 700}{1\ 200 - 600} = 2(元/件)$$

$$a = 2\ 900 - 2 \times 1\ 200 = 500(元) \text{ 或者 } a = 1\ 700 - 2 \times 600 = 500(元)$$

以上计算表明，该企业电费这项混合成本属固定成本的为 500 元，单位变动成本为每件 2 元。以数学模型来描述为：

$$b = \frac{2\,900 - 1\,700}{1\,200 - 600} = 2(元/件)$$

$$y = 500 + 2x$$

(二)回归分析法

回归直线法运用最小平方法的原理,对所观测到的全部数据加以计算,从而勾画出最能代表平均成本水平的直线,这条通过回归分析而得到的直线就称为回归直线,它的截距就是固定成本 a,斜率就是单位变动成本 b,这种分解方法也就称作回归直线法。又因为回归直线可以使各观测点的数据与直线相应各点误差的平方和最小,所以这种分解方法又称为最小平方法。

回归分析法利用离差平方和最小的原理,计算结果比较准确,但计算工作量较大。如果在计算机上利用 Excel 软件,则可以非常方便地应用这种方法。其步骤如下:

(1)找到 n 期的历史资料数据;
(2)用列表法对历史资料加工,求出 n、$\sum x$、$\sum y$、$\sum xy$、$\sum x^2$;
(3)按照公式求值;
(4)建立混合成本模型。

计算公式如下:

$$b = \frac{n\sum xy - \sum x \sum y}{n\sum x^2 - (\sum x)^2}$$

$$a = \frac{\sum y - b\sum x}{n}$$

【工作实例 4-2】沿用【工作实例 4-1】的资料,请采用回归分析法对该企业的该项混合成本进行分解并建立混合成本模型。

解:首先将表 4-1 中的资料进行整理,得到的相关资料如表 4-2 所示。

表 4-2　2024 年蓝牙耳机生产车间生产量与电费相关资料

月份	x	y	x^2	xy	y^2
1	800	2 000	640 000	1 600 000	4 000 000
2	600	1 700	360 000	1 020 000	2 890 000
3	900	2 250	810 000	2 025 000	5 062 500
4	1 000	2 550	1 000 000	2 550 000	6 502 500
5	800	2 150	640 000	1 720 000	4 622 500
6	1 100	2 750	1 210 000	3 025 000	7 562 500
7	1 000	2 460	1 000 000	2 460 000	6 051 600

续表

月份	x	y	x^2	xy	y^2
8	1 000	2 520	1 000 000	2 520 000	6 350 400
9	900	2 320	810 000	2 088 000	5 382 400
10	700	1 950	490 000	1 365 000	3 802 500
11	1 100	2 650	1 210 000	2 915 000	7 022 500
12	1 200	2 900	1 440 000	3 480 000	8 410 000
合计	11 100	28 200	10 610 000	26 768 000	67 659 400

$$b = \frac{n\sum xy - \sum x \sum y}{n\sum x^2 - (\sum x)^2} = \frac{12 \times 26\ 768\ 000 - 11\ 100 \times 28\ 200}{12 \times 10\ 610\ 000 - 123\ 210\ 000} = 1.99(元/件)$$

$$a = \frac{\sum y - b\sum x}{n} = \frac{28\ 200 - 1.99 \times 11\ 100}{12} = 509.25(元)$$

拓展阅读 成本性态分析的重大意义

成本性态分析是管理会计的一项最基本的内容。通过成本性态分析,可确定企业一定期间总成本的基本构成,即全部成本可按性态分为固定成本和变动成本两部分;同时,可揭示成本与业务量之间的依存关系,即这种依存关系可以用直线方程 $y = a + bx$ 进行定量化的描述。成本性态分析的基本内容渗透在管理会计理论及方法体系的各个方面,是管理会计实现预测、决策、计划和控制职能的基础,可应用于企业内部管理的所有领域,是管理当局对企业的生产经营活动进行规划和控制的有效工具。

任务三　变动成本法

在会计实务中,成本计算主要有两方面的目的:一是为编制财务报表;二为管理决策提供成本信息。由此产生了两种不同类型的成本计算方法,即完全成本法和变动成本法。在财务会计中,主要采取完全成本法计算成本;在管理会计中,则主要采用变动成本法计算成本。

一、变动成本法的概念

企业市场竞争环境激烈,需要频繁地进行短期经营决策。企业在不断发展中,规模越来越大,产品或服务的种类越来越多,要在产品间准确地分摊固定成本存在较大困难;另外,在满足客户个性化需求时,产品更新换代的速度也加快了,这使得分摊到产品中的固定成本比重变大,这时采用完全成本法已不能真实地反映产品的成本。如果根据不准确的信息做决策,那么决策可能是错误的,而变动成本法则不考虑固定制造费用,可以正确反映产品成本及盈利状况。

固定制造费用是为企业提供一定的生产经营条件,保持生产能力,并使企业处于准备状态而发生的成本。固定制造费用同产品的实际产量没有直接联系,既不会由于产量的提高而增加,也不会因为产量的下降而减少。它实质上是会计期间所发生的费用,并随着时间的消逝而逐渐丧失,所以固定制造费用不应该递延到下一个会计期间,而应在费用发生的当期全部列入损益,作为当期边际贡献总额的扣除项目。

变动成本法也称为直接成本法,是指企业以成本性态分析为前提条件,仅将生产过程中消耗的变动生产成本作为产品成本的构成内容,而将固定生产成本和非生产成本作为期间成本,直接由当期损益予以补偿的一种成本管理方法。

二、完全成本法和变动成本法

完全成本法也称吸收成本法,是指成本按经济职能划分并以此为基础,在计算产品成本时,将生产过程中发生的全部生产成本(直接材料、直接人工和制造费用等)计入产品成本,而只将非生产成本作为期间成本在当期损益中扣减的一种成本计算方法。完全成本法是一种传统的财务会计计算产品成本的方法。

按变动成本法计算时,为加强短期经营决策,按照成本性态,企业的生产成本可分为变动生产成本和固定生产成本,非生产成本可分为变动非生产成本和固定非生产成本。其中,只有变动生产成本才构成产品成本,其随产品实体的流动而流动,随产量的变动而变动。

完全成本法和变动成本法的区别在于对固定制造费用的处理方法不同,一个计入产品成本,一个作为期间成本在当期损益中扣除。两种方法的区别主要表现在以下几个方面。

(一) 应用的前提不同

变动成本法的应用是以成本按照成本性态分类为前提的。按照成本性态,成本分为变动成本和固定成本两大类,其中具有混合成本性质的制造费用按照与业务量的依存关系,可以分解为变动制造费用和固定制造费用,产品成本只考虑变动的生产成本,而把与业务量无直接关系的固定制造费用作为期间费用。

完全成本法的应用是以成本按照经济职能分类为前提的。按照经济职能,成本分为生产成本和非生产成本两部分。发生在车间、生产产品而支付的全部生产成本计入产品成本;而发生在行政管理部门和销售环节的与生产产品没有直接关系的生产经营管理费用,则归属于非生产成本,作为期间费用计入当期损益。变动成本法和完全成本法应用前提比较见表 4-3。

表 4-3　变动成本法与完全成本法应用前提比较

变动成本法	完全成本法
变动成本： 　　变动生产成本 　　变动非生产成本	生产成本： 　　直接材料 　　直接人工 　　制造费用
固定成本： 　　固定生产成本（固定制造费用） 　　固定非生产成本	期间费用（非生产成本）： 　　销售费用 　　管理费用

（二）产品成本及期间费用的构成不同

按变动成本法计算时，产品成本仅包括变动生产成本，固定生产成本和变动非生产成本则全部作为期间费用处理。在完全成本法中，产品成本则包括全部生产成本，只有非生产成本作为期间费用处理。变动成本法、完全成本法中的产品成本和期间成本构成见表 4-4。

表 4-4　在变动成本法与完全成本法中产品成本和期间成本构成

项目	变动成本法		完全成本法	
产品成本	变动生产成本	直接材料	生产成本	直接材料
		直接人工		直接人工
		变动制造费用		制造费用
期间成本	固定生产成本和变动非生产成本	固定制造费用	非生产成本	管理费用
		管理费用		
		销售费用		销售费用

【工作实例 4-3】某企业仅生产一种产品，2025 年 1 月成本、单价、业务量有关资料如下：单位产品的直接材料、直接人工、变动制造费用分别是 3 元/件、2 元/件、1 元/件，单位产品售价为 20 元/件，全月固定制造费用 40 000 元。单位变动管理及销售费用均为 1 元/件，全月固定管理费用 5 000 元，固定销售费用为 10 000 元。假设期初存货为零，本期产量为 10 000 件，销售量为 8 500 件。请分别用变动成本法和完全成本法计算产品生产成本。

解：计算结果如表 4-5 所示。

表 4-5　变动成本法与完全成本法成本构成比较

变动成本法			完全成本法		
成本项目	总成本/元	单位成本/(元/件)	成本项目	总成本/元	单位成本/(元/件)
直接材料	30 000	3	直接材料	30 000	3
直接人工	20 000	2	直接人工	20 000	2
变动制造费用	10 000	1	变动制造费用	10 000	1
			固定制造费用	40 000	4
合计	60 000	6	合计	100 000	10

从表 4-5 中可以看出，按变动成本法计算的单位产品成本是 6 元/件，比按完全成本法计算的单位产品成本要少 4 元/件。二者产生差异的原因如下：在变动成本法下，固定制造费用没有计入产品成本，总成本减少 40 000 元，导致单位产品成本减少 40 000÷10 000＝4 元/件。

(三) 期末存货成本水平不同

在变动成本法下，由于产品成本仅按变动生产成本计算，而将固定制造费用全部作为期间成本处理，因而，无论是在产品、产成品还是已销售产品都只包含变动成本，即期末存货都是按变动生产成本计价的。这样，变动成本法的存货成本必然小于完全成本法的存货成本。

在完全成本法下，固定制造费用需计入产品成本。如果期末存货不为零，则固定制造费用需要在本期销货和期末存货之间进行分配，其中一部分固定制造费用转化为本期的销货成本抵减本期的利润，而另一部分固定制造费用被期末存货吸收而递延至下期。

【工作实例 4-4】沿用【工作实例 4-3】的资料，请用两种方法计算期末存货和本期销货成本，如表 4-6 所示。

表 4-6　变动成本法与完全成本法期末存货和本期销货成本比较　　　　　单位:元

	变动成本法		完全成本法
期初存货成本	0	期初存货成本	0
期末存货量/件	10 000－8 500＝1 500	期末存货量/件	10 000－8 500＝1 500
期末存货成本	1500×6＝9 000	期末存货成本	1 500×10＝15 000
本期销货成本	60 000－9 000＝51 000	本期销货成本	100 000－15 000＝85 000

(四) 税前利润的计算程序不同

1. 按变动成本法计算时，利润的计算通常采用贡献式利润表

利润表一般包括营业收入、变动成本、边际贡献、固定成本、利润等项目。其中，变动

成本包括变动生产成本和变动非生产成本两部分,固定成本包括固定制造费用和固定非生产成本两部分。贡献式利润表中损益计算的程序和公式如下:

$$销售收入-变动成本=边际贡献$$
$$边际贡献-固定成本=税前利润$$

其中:变动成本=变动生产成本+变动非生产成本

变动生产成本=按变动成本法计算的本期销货成本

=期初存货成本+本期变动生产成本-期末存货成本

=期初存货数量×上期单位产品变动生产成本+本期产量×本期单位产品变动生产成本-期末存货量×本期单位产品变动生产成本

假设前后各期单位产品变动生产成本不变,则

变动生产成本=单位变动生产成本×销售量

变动非生产成本=单位变动非生产成本×销售量

固定成本=固定生产成本+固定管理费用+固定销售费用

2. 按完全成本法计算时,利润的计算通常采用职能式利润表

利润表包括营业收入、营业成本、管理费用、销售费用等项目。职能式利润表中损益计算的程序和公式如下:

$$销售毛利=营业收入-营业成本$$
$$税前利润=销售毛利-期间费用$$

其中:营业成本=期初存货成本+本期生产成本-期末存货成本

期间费用=销售费用+管理费用

【工作实例 4-5】沿用【工作实例 4-3】的资料,请分别按两种方法编制利润表。

解:按两种方法所编制的利润表如表 4-7 所示。

表 4-7 两种方法下编制的利润表　　　　　　　　　　　单位:元

变动成本法—贡献式利润表		完全成本法—职能式利润表	
营业收入	20×8 500=170 000	营业收入	20×8 500=170 000
减:变动成本		减:营业成本	
变动生产成本	6×8 500=51 000	期初存货成本	0
变动管理费用	1×8 500=8 500	本期生产成本	10×10 000=100 000
变动销售费用	1×8 500=8 500	本期可供销售成本	100 000
变动成本总额	51 000+8 500+8 500=68 000	减:期末存货成本	15 000
边际贡献	170 000-68 000=102 000	本期销货成本总额	100 000-15 000=85 000
减:固定成本		销售毛利	170 000-85 000=85 000
固定制造费用	40 000	减:期间成本	

续表

变动成本法—贡献式利润表		完全成本法—职能式利润表	
固定管理费用	5 000	管理费用	5 000+1×8 500=13 500
固定销售费用	10 000	销售费用	10 000+1×8 500=18 500
固定成本总额	40 000+5 000+10 000=55 000	期间成本总额	13 500+18 500=32 000
税前利润	102 000−55 000=47 000	税前利润	85 000−32 000=53 000

从表4-7中可以看出,两种方法计算出来的税前利润是不同的,相差6 000元。这是因为期末产品存货为1 500件,在变动成本法下每件按6元计价,而在完全成本法下每件按10元计价,每件包含了4元的固定制造费用,因而期末1 500件的存货共包含固定制造费用6 000元,从而在完全成本法下减少了6 000元的销售成本,导致按完全成本法计算的税前利润比按变动成本法计算的税前利润多出6 000元。

三、变动成本率的优缺点

变动成本法实际上是针对传统的完全成本法所进行的一种改革。它的基本特点是对单位产品成本和存货成本的确定,只考虑变动成本而不考虑固定成本。在适应企业内部管理方面,它有着完全成本法不可比拟的优势,是管理会计的一个创新。

(一)变动成本法的优点

1. 能够促使企业重视销售,防止盲目生产

采用变动成本法计算利润,在售价、单位变动成本不变的条件下,税前利润直接与产品销售量挂钩,从而促使企业重视销售环节,搞好销售预测,做到以销定产,避免因盲目生产而带来的损失。

2. 有利于企业加强成本控制和正确地进行业绩评价

采用变动成本法,产品变动成本不受固定成本的影响,因而变动成本的升降能反映供应部门和生产部门的工作业绩。

3. 能提供对企业管理层预测和短期决策有用的信息

变动成本法所提供的变动成本信息能帮助企业管理层实施本量利分析,有利于预测经营前景、规划未来。

4. 能简化成本计算

按变动成本法计算时,把固定制造费用列为期间费用,不需要在成本计算对象之间进行分配,大大简化了间接费用的分配过程,避免了间接费用分配中的主观随意性。

(二)变动成本法的缺点

1. 不能反映产品生产过程中的全部耗费

按变动成本法计算时,固定制造费用被直接计入当期损益,因此计算的单位产品成本不是完全的产品成本。

2. 不能适应长期决策的需要

变动成本法以成本性态分析为前提,单位变动成本和固定成本总额仅在短期内和相关范围内保持稳定,而长期来看则肯定会变化,因此不适合长期决策。

拓展阅读 互联网＋时代的成本管理

互联网＋全方位地改变了人们的生活。这些改变,伴随着商业模式的不断颠覆和创新。

没有一家企业不是以盈利为目的。而互联网平台们也不可能是"活雷锋"。之所以选择"发红包""补贴消费者""补贴商家"等促销,无非是想借此获取更多用户并培养用户习惯,继而利用强大的用户基础成为行业主导,最终通过能够和用户挂钩的收入来源实现盈利。在这里,不谈商业模式的优劣,站在成本管理的角度:在不计成本抢用户的逻辑下,成本管理失效了吗?互联网平台的成本管理应该怎么做?

在传统成本管理模式下,由于利润＝收入－成本,当企业面对的竞争日趋剧烈,为保持或提高利润,削减成本似乎就成为成本管理的全部。然而,基于这一逻辑,互联网平台为何还一再提高成本?个人认为,当然可以说,传统成本管理在这里失效了,但这不是成本管理的失效。

事实上,在互联网＋时代,随着生产模式的日趋智能化、个性化、定制化,以及企业平台化的不断发展,贴合企业商业模式的更即时、更精细、更全面的成本管理只会越来越重要,越来越有价值。对于补贴多少,怎样补贴,互联网平台肯定有一套自己的算法,这些算法里面肯定涵盖了对补贴成本、用户数量、用户质量等等信息之间比例的严谨考量。尽管这些并非传统成本管理的内容,但身处互联网＋时代,我们需要用全新的思路来看待和管理成本。

任务四　标准成本法

标准成本控制产生于20世纪初的美国,为了应对世界性经济危机,泰罗(Frederick W. Taylor)的科学管理得到广泛的推行,会计学为了紧密配合科学管理以提高企业经济效益,将"标准成本""预算控制""差异分析"引入会计核算体系。

一、标准成本法的概念

标准成本法是指预先制定成本标准,并将实际成本与标准成本进行比较,揭示成本差异,分析差异产生的原因,明确经济责任,消除差异,并据此加强成本控制的一种成本计算和成本控制系统。采用标准成本法的前提是预先制定标准成本;重点是成本差异的计算分析;目的是加强成本控制。这种方法一般适用于产品及其生产条件相对稳定,或生产流程与工艺标准化程度较高的企业,具体流程如图4-5所示。

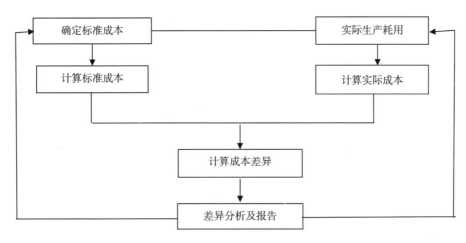

图 4-5　标准成本法的流程

二、标准成本的含义

所谓标准成本,是通过充分的调查、分析与技术测定而制定的,在目前生产技术水平和正常生产经营的条件下生产某种产品应发生的成本。它基本排除了不应该发生的浪费,是一种"应该成本"。在实际工作中,"标准成本"一词有以下两层含义:

(1) 单位产品的标准成本,又称为"成本标准",是根据单位产品的标准消耗量和标准单价计算出来的。

$$成本标准=单位产品标准成本=单位产品标准消耗量×标准单价$$

(2) 实际产量下的标准成本,它等于产品的实际产量和单位产品标准成本之积。

$$实际产量下的标准成本=实际产量×单位产品标准成本$$

三、标准成本的制定

当企业具备良好的外部市场经营环境,产品产销平稳时可以选用标准成本法。应用标准成本法需要结合企业内部管理要求,先确定应用对象(可以是不同种类、不同批次或不同步骤的产品),然后制定企业标准成本。在制定标准成本时,企业可以结合经验数据、行业标杆或实地测算的结果,运用统计分析和工程试验等方法,按照以下程序进行:第一步,针对不同的成本或费用项目,分别确定消耗量标准和价格标准;第二步,确定每一成本或费用项目的标准成本;第三步,汇总不同成本项目的标准成本,确定产品的标准成本。

企业产品标准成本通常由直接材料标准成本、直接人工标准成本和制造费用标准成本构成。每一成本项目的标准成本分为用量标准(包括单位产品消耗量、单位产品人工工时等)和价格标准(包括原材料单价、小时工资率、小时制造费用分配率等)。各个成本项目的用量标准和价格标准如表 4-8 所示。

$$单位产品标准成本 = 直接材料标准成本 + 直接人工标准成本 +$$
$$制造费用标准成本$$
$$= \sum(用量标准 \times 价格标准)$$

表 4-8　各个成本项目的用量标准和价格标准

成本项目	用量标准	价格标准
直接材料	单位产品材料消耗量	原材料单价
直接人工	单位产品直接人工工时	小时工资率
制造费用	单位产品直接人工工时（或单位产品机器工时）	小时制造费用分配率

（一）直接材料标准成本的制定

直接材料标准成本是指直接用于产品生产的材料成本标准，包括用量标准和价格标准两方面。用量标准是现有技术条件生产单位产品所需的材料数量，包括必不可少的消耗以及各种难以避免的损失。用量标准一般由生产部门负责制定，技术、财务、信息等部门协同。首先，根据产品的图纸等技术文件进行产品研究，列出所需的各种材料以及可能的代用材料，所需材料的种类、质量和库存情况。然后，对历史记录进行分析，采用平均值，或最高与最低值的平均数，或最节省数量，或实际测定数据，或技术分析数据等，科学地制定标准用量。价格标准是指预计下一年度实际需要支付的进料单位成本，包括发票价格、运费、检验和正常损耗等成本，是取得材料的全部成本。价格标准一般由采购部门负责，财务、生产、信息等部门协同，在综合考虑市场环境及其变化趋势、订货价格以及最佳采购批量等因素的基础上确定。直接材料标准成本的计算公式如下：

$$直接材料标准成本 = 单位产品的标准用量 \times 材料的标准单价$$

如果企业材料成本采用计划成本法核算，则材料的标准单价可以采用材料计划单价。

【工作实例 4-6】明兴公司生产甲产品需要使用 A、B 两种材料，相关资料及标准成本计算如表 4-9 所示，试制定甲产品直接材料标准成本。

表 4-9　直接材料标准成本计算表

项目	A 材料	B 材料
价格标准/元	—	—
买价/元	10	12
采购费用/元	0.8	0.8
每 kg 材料价格标准/元	10.8	12.8
用量标准/kg	—	—

续表

项目	A材料	B材料
正常耗用量/kg	19	18
合理损耗量/kg	0.6	1.2
废品损耗量/kg	0.4	0.8
单位产品用量标准/kg	20	20
各材料标准成本/元	216	256
单位产品直接材料标准成本/元	472	

（二）直接人工标准成本的制定

直接人工标准成本是指直接用于产品生产的人工成本标准，包括标准工时和标准工资率。标准工时是指在现有生产技术条件下，生产单位产品所需要的时间，包括直接加工操作必不可少的时间，以及必要的间歇和停工，如工间休息、设备调整准备时间、不可避免的废品耗用工时等。标准工资率可以是预定的工资率，也可以是正常的工资率。如果采用计件工资制，标准工资率是预定的每件产品支付的工资除以标准工时，或者预定的小时工资；如果采用月工资制，需要用月工资总额除以可用工时总量来计算标准工资率。直接人工标准成本的计算公式如下：

直接人工标准成本＝单位产品的标准工时×小时标准工资率

【工作实例 4-7】明兴公司甲产品生产需要经过两个车间，相关资料及标准成本计算如表 4-10 所示，试制定甲产品直接人工标准成本。

表 4-10　直接人工标准成本计算表

项目	第一车间	第二车间
工资总额/元	6 600	6 800
总工时/小时	275	400
小时标准工资率/（元/时）	24	17
直接加工工时/小时	7	8
必要的间歇和停工时间/小时	0.4	0.5
废品所耗用时间/小时	0.6	0.5
单位产品标准工时/小时	8	9
各车间单位产品直接人工标准成本/元	192	153
单位产品直接人工标准成本/元	345	

(三)制造费用标准成本的制定

制造费用的标准成本是由制造费用的用量标准和制造费用的价格标准确定的。

制造费用的标准成本一般先按车间分别编制,然后将同一车间涉及的各车间单位制造费用标准加以汇总,得出整个产品制造费用标准成本。

制造费用按成本性态分为变动制造费用和固定制造费用两类,因此,制造费用标准成本也分为变动制造费用标准成本和固定制造费用标准成本两部分。

1. 变动制造费用标准成本的制定

变动制造费用的用量标准通常采用单位产品直接人工工时标准,它在制定直接人工标准成本时已经确定。用量标准的选择需要考虑用量与成本的相关性,有的企业采用机器工时和其他用量标准。

变动制造费用的价格标准是单位工时变动制造费用的标准分配率,它根据变动制造费用预算数和直接人工(或机器)总工时计算得出。其计算公式如下:

变动制造费用分配率=变动制造费用预算数÷直接人工(或机器)标准总工时

确定用量标准和价格标准之后,两者相乘即可得出变动制造费用标准成本:

变动制造费用标准成本=标准工时×变动制造费用分配率

【工作实例 4-8】 明兴公司甲产品生产需要经过两个车间,相关资料及标准成本计算如表 4-11 所示,试制定甲产品变动制造费用标准成本。

表 4-11 变动制造费用标准成本计算表

项目		第一车间	第二车间
变动制造费用预算	间接人工费/元	7 500	4 500
	间接材料费/元	8 500	300
	燃料费/元	2 750	7 800
	其他/元	500	900
	合计/元	19 250	13 500
直接人工总工时/小时		275	400
变动制造费用分配率/(元/时)		70	33.75
单位产品标准工时/小时		8	9
各车间变动制造费用标准成本/元		560	303.75
单位产品变动制造费用标准成本/元		863.75	

2. 固定制造费用标准成本的制定

固定制造费用的用量标准与变动制造费用的用量标准一样,通常采用单位产品直接人工工时、机器工时和其他用量标准。为了进行差异分析,两者要保持一致。

固定制造费用的价格标准是单位工时固定制造费用的标准分配率,它根据固定制造费用预算数和直接人工(或机器)总工时计算得出。其计算公式如下:

固定制造费用分配率＝固定制造费用预算数÷直接人工(或机器)标准总工时

确定用量标准和价格标准之后,两者相乘即可得出固定制造费用标准成本:

固定制造费用标准成本＝标准工时×固定制造费用分配率

【工作实例4-9】明兴公司甲产品生产需要经过两个车间,相关资料及标准成本计算如表4-12所示,试制定甲产品固定制造费用标准成本。

表4-12 固定制造费用标准成本计算表

项目		第一车间	第二车间
固定制造费用预算	折旧费/元	15 000	13 500
	管理人员工资/元	9 000	9 000
	保险费/元	150	150
	维修费/元	150	120
	其他/元	450	350
	合计/元	24 750	23 120
直接人工总工时/小时		275	400
固定制造费用分配率/(元/时)		90	57.8
单位产品标准工时/小时		8	9
单位产品固定制造费用标准成本/元		1 240.2	

【工作实例4-10】将以上确定的直接材料、直接人工和制造费用的标准成本按产品进行汇总,即可得出甲产品的标准成本,如表4-13所示。试编制明兴公司"标准成本卡"来反映产品标准成本的具体构成。在每种产品生产之前,它的标准成本卡要送达有关部门及职工,包括各生产车间负责人、会计部门、仓库保管员等,作为领料、派工和支出其他费用的依据。

表4-13 甲产品的单位标准成本卡

成本项目		用量标准	价格标准	标准成本
直接材料	A材料	20 kg	10.8 元/kg	216 元
	B材料	20 kg	12.8 元/kg	256 元
	直接材料合计	—	—	472 元

续表

成本项目		用量标准	价格标准	标准成本
直接人工	第一车间	8 小时	24 元/时	192 元
	第二车间	9 小时	17 元/时	153 元
	直接人工合计	—	—	345 元
变动制造费用	第一车间	8 小时	70 元/时	560 元
	第二车间	9 小时	33.75 元/时	303.75 元
	变动制造费用合计	—	—	863.75 元
固定制造费用	第一车间	8 小时	90 元/时	720 元
	第二车间	9 小时	57.8 元/时	520.2 元
	固定制造费用合计	—	—	1 240.2 元
单位产品标准成本合计			2 920.95 元	

四、标准成本差异分析

企业应定期将实际成本与标准成本进行比较和分析,确定差异数额及性质,揭示差异形成的动因,落实责任中心,寻求可行的改进途径和措施。

由于成本项目的实际数额取决于实际用量和实际价格,标准数额取决于标准用量和标准价格,所以成本差异可以归结为价格脱离标准形成的价格差异和用量脱离标准形成的数量差异两部分。

成本差异也可分为直接材料成本差异、直接人工成本差异、制造费用成本差异三部分,具体计算和分析如下:

(一) 直接材料成本差异的计算与分析

直接材料成本差异,是指直接材料实际成本与标准成本之间的差额,该项差异可分解为直接材料价格差异和直接材料数量差异。

直接材料成本差异＝实际成本－实际产量下的标准成本
　　　　　　　＝实际耗用量×实际单价－标准耗用量×标准单价
直接材料成本差异＝直接材料价格差异＋直接材料数量差异

直接材料价格差异是指在采购过程中,直接材料实际价格偏离标准价格所形成的差异;直接材料数量差异,是指在产品生产过程中,直接材料实际消耗量偏离标准消耗量所形成的差异。有关计算公式如下:

直接材料价格差异＝实际耗用量×(实际单价－标准单价)
　　　　　　　＝实际单价×实际耗用量－标准单价×实际耗用量

直接材料数量差异＝(实际耗用量－实际产量下标准耗用量)×标准单价
　　　　　　　＝实际耗用量×标准单价－实际产量下标准耗用量×
　　　　　　　　标准单价

【工作实例 4-11】 某公司本月生产产品 400 件，使用材料 2 000 kg，每件材料单价为 1.5 元，每件产品的直接材料标准用量为 6 kg，每 kg 材料的标准价格为 1.2 元。试按照上述公式计算成本差异。

直接材料成本差异＝2 000×1.5－400×6×1.2＝120(元)
直接材料价格差异＝(1.5－1.2)×2 000＝600(元)
直接材料用量差异＝(2 000－400×6)×1.2＝－480(元)

直接材料成本差异应该等于直接材料价格差异和直接材料用量差异之和，即 600＋(－480)＝120(元)，可据此验证差异分析计算的正确性。

一般来说，材料价格差异是在材料采购过程中形成的，不应由耗用材料的生产部门负责，而应由材料的采购部门负责。采购部门未能按标准价格进货的原因是多方面的，如供应厂家调整售价、本企业未批量进货、使用不必要的快速运输方式、违反合同被罚款、承接紧急订货造成额外采购等。但是有时采购价格偏高并非采购部门的责任，对此需要进行具体分析和调查，才能明确最终原因和责任归属。例如生产计划安排不合理或材料浪费等原因，导致采购部门采取应急措施，则不应该由采购部门负责，而应由生产部门负责。又如由于市场供求关系发生变化所引起的材料价格变动，也不应该由采购部门负责。材料用量差异是在材料耗用过程中形成的，反映了生产部门的成本控制业绩。

材料用量差异形成的具体原因也有许多，例如工人操作疏忽造成废品或废料增加、操作技术改进而节省材料、新工人上岗造成用料增多、机器或工具不适造成用料增加等。但是，有时用料量增多并非生产部门的责任，对此，需要进行具体的调查研究才能明确责任归属。例如购入材料质量低劣或规格不符造成使用量超过标准，则是采购部门的责任。

（二）直接人工成本差异的计算与分析

直接人工成本差异是指直接人工实际成本与标准成本之间的差额，该差异可分解为工资率差异和人工效率差异。

直接人工工资率差异类似直接材料价格差异，是指实际工资率偏离标准工资率形成的差异，按实际工时计算确定；直接人工效率差异类似直接材料用量差异，是指实际工时偏离标准工时形成的差异，按标准工资率计算确定。有关计算公式如下：

直接人工成本差异＝实际成本－实际产量下标准成本
　　　　　　　＝实际工时×实际工资率－实际产量下标准工时×
　　　　　　　　标准工资率
直接人工成本差异＝直接人工工资率差异＋直接人工效率差异
直接人工工资率差异＝实际工时×(实际工资率－标准工资率)
　　　　　　　　＝实际工时×实际工资率－实际工时×标准工资率

直接人工效率差异＝（实际工时－实际产量下标准工时）×标准工资率
　　　　　　　＝实际工时×标准工资率－实际产量下标准工时×
　　　　　　　　标准工资率

【工作实例 4-12】承【工作实例 4-11】某公司本月生产产品 400 件，实际工时总量为 1 650 小时，支付工资 5 000 元。每件产品的标准工时为 3 小时，标准工资率为 4 元/小时。试按照上述公式计算成本差异。

直接人工成本差异＝5 000－400×3×4＝200（元）
直接人工工资率差异＝（5 000/1 650－4）×1 650＝－1 600（元）
直接人工效率差异＝（1 650－400×3）×4＝1 800（元）

直接人工成本差异应该等于直接人工工资率差异和直接人工效率差异之和，即 －1 600＋1 800＝200（元），可据此验证差异分析计算的正确性。

直接人工工资率差异的形成原因比较复杂，直接生产工人升级或降级使用、工资率调整、加班或使用临时工、出勤率变化等都将导致工资率差异。一般而言，这种差异的责任主要在人力资源部门，但形成差异的具体原因可能还会涉及生产部门或其他部门。

直接人工效率差异的形成原因也是多方面的，包括工作环境不良、工人经验不足、劳动情绪不佳、新工人上岗太多、机器或工具选用不当、设备故障较多、生产计划安排不当、产量规模太小而无法发挥经济批量优势等。直接人工效率差异主要是生产部门的责任，但也不是绝对的。例如材料质量不高也会影响生产效率，由此产生的直接人工效率差异应主要由采购部门负责。

（三）制造费用成本差异的计算与分析

1. 变动制造费用差异

变动制造费用项目的差异是指变动制造费用项目的实际发生额与变动制造费用项目的标准成本之间的差额，该差异可分解为变动制造费用项目的价格差异和数量差异。当变动制造费用的标准用量为标准机器工时，变动制造费用的标准价格为小时制造费用率时，变动制造费用的价格差异可以称作耗费差异，数量差异称作效率差异，公式如下：

变动制造费用差异＝实际成本－实际产量下标准成本
变动制造费用差异＝变动制造费用耗费差异＋变动制造费用效率差异
变动制造费用耗费差异＝实际工时×（变动制造费用实际分配率－
　　　　　　　　　　　变动制造费用标准分配率）
　　　　　　　　　　＝实际工时×变动制造费用实际分配率－实际工时×
　　　　　　　　　　　变动制造费用标准分配率
变动制造费用效率差异＝变动制造费用标准分配率×（实际工时－
　　　　　　　　　　　实际产量下标准工时）
　　　　　　　　　　＝变动制造费用标准分配率×实际工时－
　　　　　　　　　　　变动制造费用标准分配率×实际产量下标准工时

【工作实例 4-13】承【工作实例 4-11】和【工作实例 4-12】某公司本月生产产品 400 件，实际工时总量为 1 650 小时，实际发生变动制造费用 3 500 元。每件产品的标准工时为 3 小时，标准的变动制造费用分配率为 2.5 元/小时。试按照上述公式计算成本差异。

变动制造费用成本差异＝3 500－400×3×2.5＝500(元)
变动制造费用耗费差异＝(3 500/1 650－2.5)×1 650＝－625(元)
变动制造费用效率差异＝(1 650－400×3)×2.5＝1 125(元)

变动制造费用成本差异应该等于变动制造费用耗费差异和变动制造费用效率差异之和，即－625＋1 125＝500(元)，可据此验证差异分析计算的正确性。

变动制造费用的耗费差异是实际支出与按实际工时和标准分配率计算的预算数之间的差额。后者承认实际工时是在必要的前提下计算出来的弹性预算数，因此该项差异反映耗费水平即每小时业务量支出的变动制造费用脱离了标准。耗费差异是部门经理的责任，他们有责任将变动制造费用控制在弹性预算限额之内。

变动制造费用效率差异是由于实际工时脱离了标准工时，多用工时导致费用增加，因此其形成原因与人工效率差异相似。

2. 固定制造费用差异

固定制造费用项目成本差异是指固定制造费用项目实际成本与标准成本之间的差额。其计算公式如下：

固定制造费用项目成本差异＝固定制造费用实际成本－固定制造费用标准成本

企业应根据固定制造费用项目的性质，分析差异的形成原因，并追溯至相关的责任主体。因为固定制造费用是固定成本，固定制造费用的差异分析与各项变动成本差异分析不同，其分析方法有二因素分析法和三因素分析法两种。

(1) 二因素分析法

采用二因素分析法时，固定制造费用差异分为耗费差异和能量差异。

耗费差异是指固定制造费用的实际金额与固定制造费用预算金额之间的差额。固定制造费用不随业务量的变动而变动，因此在考核时不考虑业务量的变动，而是以原来的预算数作为标准，实际数超过预算数即视为耗费过多。其计算公式如下：

固定制造费用耗费差异＝固定制造费用实际数－固定制造费用预算数

能量差异是指固定制造费用预算数与固定制造费用标准成本的差额，也就是产能与实际业务量的标准工时的差额用标准分配率计算的金额。它反映实际产量标准工时未达到生产能量而造成的损失。其计算公式如下：

固定制造费用能量差异＝固定制造费用预算数－固定制造费用标准成本
＝标准分配率×生产能量－标准分配率×
实际产量下的标准工时
＝(生产能量下标准工时－实际产量下的标准
工时)×标准分配率

【工作实例 4-14】 承【工作实例 4-11】至【工作实例 4-13】某公司本月生产产品 400 件,发生固定制造费用 4 500 元,实际工时为 1 650 小时;企业生产能量为 1 500 小时;每件产品的固定制造费用标准成本为 10.5 元,即每件产品标准工时为 3 小时,标准分配率为 3.5 元/小时。试按照上述公式采用二因素分析法计算固定制造费用成本差异。

$$固定制造费用成本差异=实际固定制造费用-标准固定制造费用$$
$$=4\,500-400\times10.5=300(元)$$
$$固定制造费用耗费差异=4\,500-1\,500\times3.5=-750(元)$$
$$固定制造费用能量差异=(1\,500-400\times3)\times3.5=1\,050(元)$$

固定制造费用成本差异应该等于固定制造费用耗费差异和固定制造费用能量差异之和,即-750+1 050=300(元),可据此验证差异分析计算的正确性。

(2) 三因素分析法

三因素分析法即将固定制造费用成本差异分为耗费差异、效率差异和闲置能量差异三部分。耗费差异的计算与二因素分析法相同。不同的是要将二因素分析法中的"能量差异"进一步分为两部分:一部分是实际工时未达到生产能量而形成的闲置能量差异;另一部分是实际工时脱离标准工时而形成的效率差异。其计算公式如下:

$$固定制造费用闲置能量差异=固定制造费用预算数-实际工时\times标准分配率$$
$$=(生产能量-实际工时)\times标准分配率$$
$$固定制造费用效率差异=实际工时\times标准分配率-实际产量下的标准工时\times标准分配率$$
$$=(实际工时-实际产量下的标准工时)\times标准分配率$$

【工作实例 4-15】 沿用【工作实例 4-14】的资料,试按照上述公式采用三因素分析法计算固定制造费用成本差异。

$$固定制造费用闲置能量差异=(1\,500-1\,650)\times3.5=-525(元)$$
$$固定制造费用效率差异=(1\,650-400\times3)\times3.5=1\,575(元)$$

采用三因素分析法计算闲置能量差异-525 元与效率差异 1 575 元之和为 1 050 元,与二因素分析法中的"能量差异"金额相等。

固定制造费用的耗费差异是固定制造费用的实际数脱离预算数造成的,一般应由部门主管负责。出现差异的原因主要为预算编制不全面和缺乏适当或足够的经营控制造成过度开支。

固定制造费用闲置能量差异主要反映企业生产能力是否被充分利用。如果是正差异,说明设计的生产能力出现闲置,产生了不利的差异;如果是负差异,说明设计的生产能力被充分利用,产生了有利的差异。导致固定制造费用闲置能量差异出现不利差异的原因可能有多种,如生产安排得不均衡、机器设备发生故障、设备检修引起停工,以及不能得到足够订单而无法保持正常生产能力等。管理人员应该分清不利差异产生的具体原因并采取相应的措施。需要注意的是,固定制造费用生产能力利用差异经常导致生产管理人员追求高于正常生产能力的生产水平。如果多生产的产品可以及时销售出去,那么这样做是有利的；但是如果多生产的产品不能及时销售出去，而不得不成为存货，那么固定制造费用的有利差异实际上反而会导致不利后果。

固定制造费用效率差异产生的原因与直接人工效率差异产生的原因相同，是由企业劳动组织和人员配备情况、工人技术熟练程度和责任感、材料质量、动力供应等情况引起的工时利用造成的，反映了劳动生产率的高低。

拓展阅读 C企业以定额成本为基础的标准成本管理体系

C企业以定额成本为基础，通过找出实际制造过程中资源耗费的影响动因，将实际耗费与定额差异量化分析，最终将定额修订为成本耗费标准，使工艺技术、生产制造、财务管控三者有机结合，形成以实现成本领先战略为目标的标准成本体系。其主要做法是：

第一，先面后点，逐步深入。通过对实施条件进行全方位、多角度的分析并结合企业自身战略要求，C企业采用"由面及点、逐步深入"的标准成本引入模式和实施策略。一方面，先建立所有主要产品的基本参照物，横向到边，尽快、尽力地使用标准成本体系，带动多项管理工作提升；另一方面，逐步渗入车间和工序，实现纵向到底，建设深入直接作业层面的标准成本体系。

第二，制定定额成本。C企业引入定额成本作为标准成本的基础工具。但C企业定额成本的制定并不是简单地将消耗定额和标准成本相乘，而是将工艺流程、加工制造过程与定额数据匹配，制定与实际相匹配的定额成本，并优化已有的材料和工时消耗定额，完善专用工艺装备的消耗定额。

第三，根据"五因素"进行分析比较，修正定额成本。C企业经过几年的摸索，总结出包含工艺进步因素、历史成本因素、年度预算因素、规模变动因素和产能变动因素的"五因素法"，将定额转换为标准，即在优化的产品定额成本基础上，考虑五种主要调整因素，对指标进行修订，得出标准成本。

第四，融入作业成本法思想。C企业在建立标准成本制度的过程中，融入了作业成本法思维，在标准成本法的每一道工序中，都按照作业成本思维进行分析，寻找各项作业发生的直接动因，并对制造费用进行更精确的分配，进一步提高标准成本工具的实施效果。

任务五　作业成本法

一、作业成本法产生的背景

在20世纪后期，现代管理会计出现了许多重大变革，并取得了引人注目的新进展。这些新进展都是围绕管理会计如何为企业塑造核心竞争能力而展开的。以"作业"为核心的作业成本法便是其中之一。科学技术和社会经济环境发生的重大变化必然会影响企业的成本核算方法。

（一）技术背景和社会背景

20 世纪 70 年代以来，高新技术和电子信息技术蓬勃发展，全球竞争日趋激烈。为提高生产率、降低成本、改善产品质量，企业的产品设计与制造工程师开始采用计算机辅助设计和制造，最终发展为依托计算机的一体化制造系统，实现了生产领域的高度计算机化和自动化。

随后，计算机的应用延伸到了企业经营的各个方面，从订货开始，到设计、制造、销售等环节均由计算机控制，企业成为受计算机控制的各个子系统的综合集合体。计算机化控制系统的建立引发了管理观念和管理技术的巨大变革，准时制生产系统应运而生。准时制生产系统的实施，使传统成本计算与成本管理方法受到强烈的冲击，并直接导致了作业成本法的形成和发展。

高新技术在生产领域的广泛应用，极大地提高了劳动生产率，促进了社会经济的发展，也推动人们可支配收入的增加。人们对生活质量的要求也越来越高，不再热衷于大众型消费，转而追求彰显个性的差异化消费品。社会需求的变化必然对企业提出新的更高的要求。与此相适应，柔性制造系统取代追求规模经济的大批量传统生产就成了历史的必然。这样，适应产品品种单一化、常规化、数量化和批量化的传统成本计算赖以存在的社会环境就不存在了，变革传统的成本管理方法已是大势所趋。

（二）传统成本计算方法的不适应性

在传统成本核算中，产品生产成本主要由直接材料、直接人工、制造费用构成，其中制造费用属于间接费用，必须按一定标准将其分配计入有关产品。传统成本计算方法通常以直接人工成本、直接人工工时、机器工时等作为制造费用的分配标准，这种方法在过去的制造环境下是比较适宜的。

20 世纪 70 年代以后，生产过程高度自动化，随之制造费用构成内容和金额发生了较大变化，与直接人工成本逐渐失去了相关性。随着技术和社会环境的巨变，传统成本计算方法逐渐显现出固有的缺陷，变得越来越不合时宜了，主要体现在以下三个方面：

（1）制造费用激增，直接人工费用下降，成本信息可信性受到质疑。

（2）与工时无关的费用增加，歪曲了成本信息。

（3）简单的分配标准导致成本转移问题出现，成本信息失真正是在上述因素的综合作用下发生的。以作业为基础的成本计算方法——作业成本法应运而生，并引起了人们的极大关注。

二、作业成本法的含义

作业成本法是以"作业消耗资源、产出消耗作业"为原则，按照资源动因将资源费用追溯或分配至各项作业，计算出作业成本，然后再根据作业动因，将作业成本追溯或分配至各成本对象，最终完成成本计算的成本管理方法。

在作业成本法中，企业的全部经营活动是由一系列相互关联的作业组成的，企业每进行一项作业都要耗用一定种类和一定数量的资源，而企业生产的产品（包括提供的服务)需要通过一系列的作业来完成。因此,产品成本实际上就是企业生产该产品的全部作业所消耗的资源的总和。

生产经营导致作业发生,作业耗用资源,产品耗用作业,从而导致产品成本发生。因此,在计算产品成本时,首先按经营活动中发生的各项作业来归集成本,计算作业成本;然后按各项作业与成本对象(产品、服务或活动)之间的因果关系,将作业成本追溯到成本对象,最终完成成本计算过程。

三、作业成本法的相关概念

要理解作业成本法,首先必须了解其使用的一些特有概念。

(一) 资源费用

资源费用是指企业在一定期间内开展经济活动所发生的各项资源耗费。资源费用既包括房屋及建筑物、设备、材料、商品等有形资源的耗费,也包括信息、知识产权、土地使用权等无形资源的耗费。为便于将资源费用直接追溯或分配至各作业中心,还可以按照资源与不同层次作业的关系,将资源分为以下五类。

(1) 产量级资源:包括为单个产品(或服务)所取得的原材料、零部件、人工、能源等。

(2) 批别级资源:包括用于生产准备、机器调试的人工等。

(3) 品种级资源:包括为生产某一种产品(或服务)所取得的专门化设备、软件和人力等。

(4) 客户级资源:包括为特定客户所取得的专门化设备、软件和人力等。

(5) 设施级资源:包括土地使用权和建筑物,以及所保持的不受产量、批别、产品、服务和客户变化影响的人力资源等。

对产量级资源费用,应直接追溯至各作业中心的产品等成本对象。对其他级别的资源费用,应选择合理的资源动因,按照各作业中心的资源动因量比例,分配至各作业中心。企业为执行每一种作业所消耗的资源费用的总和,构成该种作业的总成本。

(二) 作业

作业是企业基于特定目的重复执行的任务或活动,是连接资源和成本对象的桥梁。作业是汇集资源耗费、分配计算成本的对象。从技术角度看,作业是企业生产过程中的各工序和环节;但从管理角度看,作业是基于一定的目的、以人为主体、消耗一定资源的特定范围内的工作。作业应具备如下特征:①作业是以人为主体的一项工作;②作业消耗一定的资源,作业是员工所做的工作,必然要消耗各种人力和物质资源;③区分不同作业的标志是作业目的。可以将企业的制造过程按不同环节的目的划分为若干项作业,每项作业中,员工负责完成自己职权内的工作。描述作业时可以采取一个行为动词再加一个宾语的做法,如加工零件、检验产品、生产准备、运输物料、编写数控代码、验收材料、包装产品等。

一项作业既可以是一项非常具体的任务或活动,也可以泛指一类任务或活动。从不同的角度出发,作业有不同的分类。按受益对象、层次和重要性,作业可分为以下五类:

（1）产量级作业是指明确地为个别产品（或服务）实施的、使单个产品（或服务）受益的作业。该类作业的数量与产品（或服务）的数量成正比例变动，包括加工产品、检验产品等作业。

（2）批别级作业是指为一组（或一批）产品（或服务）实施的、使该组（或批）产品（或服务）受益的作业。该类作业的发生是由生产的批量数而不是单个产品（或服务）引起的，其数量与产品（或服务）的批量成正比变动，包括设备调试、生产准备等。

（3）品种级作业是指为生产和销售某种产品（或服务）实施的、使该种产品（或服务）的每个单位都受益的作业。该类作业用于产品（或服务）的生产或销售，但独立于实际产量或批量，其数量与品种的多少成正比例变动。该类作业包括新产品设计、现有产品质量与功能改进、生产流程监控、工艺变换需要的流程设计、产品广告等。

（4）客户级作业是指为服务特定客户所实施的作业。该类作业保证企业将产品（或服务）销售给个别客户，但作业本身与产品（或服务）数量独立。该类作业包括向个别客户提供的技术支持活动、咨询活动、独特包装等。

（5）设施级作业是指为提供生产产品（或服务）的基本能力而实施的作业。该类作业是开展业务的基本条件，其使所有产品（或服务）都受益，但与产量或销售量无关。该类作业包括管理作业、针对企业整体的广告活动等。

（三）作业中心

作业中心是指一类相互关联的作业组成的作业集合。例如，在原材料采购环节，材料采购、材料检验、材料入库、材料仓储保管等各项作业都是相互联系的，因此，可将上述作业均归于材料处理作业中心。设置作业中心，一是为了寻找相同或相似工作的共性和规律，提高管理效率；二是方便对资源耗费价值进行归集，正确计算资源成本。

（四）成本动因

成本动因是指诱导成本发生的原因，是成本对象与其直接关联的作业和最终关联的资源之间的中介。成本动因通常以作业活动耗费的资源来度量。例如，产量增加时，直接材料成本就增加，产量是诱导直接材料成本发生的原因，即直接材料成本的动因；检验成本随着检验次数的增加而增加，检验次数就是诱导检验成本发生的原因，即检验成本的动因。在作业成本法下，成本动因是成本分配的依据，按其在资源流动中所处的位置和作用，成本动因可分为资源动因和作业动因。

1. 资源动因

资源动因是引起资源耗用的成本动因，它反映了资源耗用与作业量之间的因果关系，是将资源费用分配到作业中心的标准。以"维修设备"作业为例，这项作业消耗的资源有零部件、工具、设备人工和水电等。其中，零部件、工具、设备等材料可以直接追溯到"维修作业"，而人工和水电等无法直接追溯。这时就可以考虑使用"机器小时"这一资源动因来分配人工和水电费。因此这项作业的总成本就等于可直接追溯的资源成本与按资源动因分配的成本之和。企业一般应选择那些与资源费用总额成正比例关系变动的资源动因作为资源费用分配的依据。常见的资源动因见表4-14。

表 4-14　常见的资源动因

资源	资源动因
人工	消耗劳动时间
材料	消耗材料数量
动力	消耗电力数
房屋租金	使用房屋面积

2. 作业动因

作业动因是引起作业耗用的成本动因,反映了作业耗用与最终产出的因果关系,是将作业成本分配到流程、产品、分销渠道、客户等成本对象的依据。例如作业动因"维修工作小时数"可被用来将"维修设备"作业的成本进一步分配至成本对象。常见的作业及对应的成本动因如表 4-15 所示。

表 4-15　常见的作业及对应的成本动因

作业	作业动因
调试设备	调试次数
包装产品	包装次数
检验产品	检验小时
采购材料	订单份数
使用机器	机器小时
搬运存货	搬运次数

四、作业成本法的基本原理

作业成本法下,费用的分配与归集是基于以下认识来进行的:①作业消耗资源,产品消耗作业;②生产导致作业的发生,作业导致成本的发生。作业成本法基本原理如图 4-6 所示。

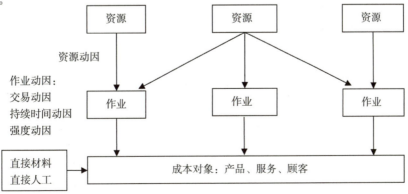

图 4-6　作业成本法基本原理

作业成本法对直接材料、直接人工等直接成本的核算与完全成本法一样,都采用直接追溯法计入产品成本。两者之间的区别主要集中在制造费用的分配上。采用完全成本法计算时,制造费用先按部门归集,然后再采用一定的分配标准分配计入产品成本。采用作业成本法计算时,对制造费用的分配采用动因追溯的方式进行。两者核算的差别如图 4-7 所示。

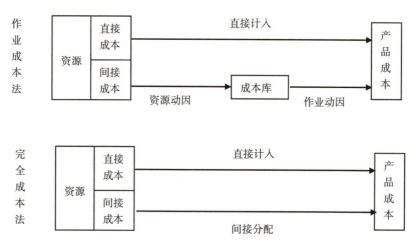

图 4-7　完全成本法与作业成本法核算的区别

从图 4-7 可以看出,采用完全成本法计算时,制造费用的分配路径是"资源—部门—产品",上述传统制造费用的分配方法只满足与生产数量有关的制造费用分配。采用作业成本法计算时,制造费用的分配路径是"资源—作业—产品":①根据资源动因,将各作业所消耗的资源计入特定作业(或作业中心、成本库),即制造费用采用完全成本法按照部门归集和分配,改为作业成本法计算时,由若干个成本库分别进行归集和分配;②根据作业动因将作业成本计入特定产品(或劳务),即制造费用采用完全成本法按照单一标准(直接人工工时或机器工时等)的分配改为作业成本法下按引起制造费用发生的多种成本动因进行分配。

五、作业成本法的核算程序

(1) 确认和计量各种资源费用,将资源费用归集到设立的各个资源库。
(2) 定义和识别作业,并建立相应的作业中心。
(3) 确定资源动因,计算资源动因分配率,进行作业成本归集,计算各项作业总成本。

$$资源动因分配率 = \frac{资源费用}{各作业消耗的资源动因数量}$$

某作业成本库中的资源费用 = 该作业成本库各作业消耗的资源动因数量 × 资源动因分配率

某作业成本库耗用的资源费用 = $\sum$(该作业成本库各作业消耗的资源动因数量 × 资源动因分配率)

(4) 确定作业动因,计算作业动因分配率,归集各产品应负担的作业成本。

$$作业动因分配率=\frac{作业成本}{该作业动因总量}$$

分配到成本对象的该项作业成本＝该成本对象耗用的作业动因量×作业动因分配率

某成本对象耗用的作业成本＝∑(该成本对象耗用的作业动因量×作业动因分配率)

(5) 计算各成本对象的总成本和单位成本。

某成本对象总成本＝直接追溯至该成本对象的资源费用＋分配至该成本对象的各项作业成本之和

$$某成本对象的单位成本=\frac{总成本}{完工产量}$$

六、作业成本法的工作实例

【工作实例 4-16】某企业 11 月生产甲、乙两种产品:甲产品属于成熟的、大批量生产的产品,当月生产数量为 12 000 台;乙产品为针对顾客需要个性化设计的产品,共生产 1 000 台。两种产品的有关成本资料如表 4-16 所示。

表 4-16　甲、乙两种产品的成本资料

项目	甲产品	乙产品	备注
生产工时/小时	24 000	6 000	
单位产品直接材料/(元/台)	50	80	
小时工资率/(元/小时)	10	10	
制造费用/元	150 000		按工时分配

按照传统成本核算方法,对制造费用按工时标准进行分配,成本核算结果如表 4-17 所示。

表 4-17　传统成本核算方法下制造费用的分配

项目	甲产品	乙产品	备注
产量/台	12 000	1 000	
直接材料成本/元	600 000	80 000	
直接人工成本/元	240 000	60 000	
制造费用分配率/(元/小时)	5		150 000÷(24 000＋6 000)
制造费用/元	120 000	30 000	

续表

项目	甲产品	乙产品	备注
总成本/元	960 000	170 000	
单位成本/(元/台)	80	170	

经分析，该企业生产过程中所消耗的制造费用除了正常的机器设备折旧费、水电费等基本费用外，还有大量设备调试费用、质量检验费用、材料处理费用等。基本制造费用的发生与生产时间紧密相关，后三项费用的发生，主要与发生的次数有关。对相关账簿记录进行分析、汇总后，制造费用的构成如表4-18所示。

表4-18 制造费用的构成

项目	金额/元	作业次数/次	备注
基本制造费用	70 000	—	按工时分配
设备调试费用	40 000	100	甲产品20次，乙产品80次
质量检验费用	25 000	2 500	甲产品1 000次，乙产品1 500次
材料处理费用	15 000	1 000	甲产品300次，乙产品700次
合计	150 000		

根据上述资料，采用作业成本法重新计算成本，其中基本制造费用按工时分配，设备调试费用按设备调试次数分配，质量检验费用按质量检验次数分配，材料处理费用按材料处理次数分配。制造费用重新分配的结果如表4-19所示，重新计算后甲、乙产品成本构成如表4-20所示（分配率保留小数点后两位，分配金额保留整数，尾差倒挤入乙产品）。

表4-19 制造费用重新分配结果

项目	金额/元	耗用量		单位分配率	分配额/元	
		甲产品	乙产品		甲产品	乙产品
基本制造费用	70 000	24 000/小时	6 000/小时	2.33元/小时	55 920	14 080
设备调试费用	40 000	20/次	80/次	400元/次	8 000	32 000
质量检验费用	25 000	1 000/次	1 500/次	10元/次	10 000	15 000
材料处理费用	15 000	300/次	700/次	15元/次	4 500	10 500
合计	150 000	—	—	—	78 420	71 580

表 4-20 重新计算后甲、乙产品成本构成

项目	甲产品	乙产品	备注
产量/台	12 000	1 000	
直接材料成本/元	600 000	80 000	
直接人工成本/元	240 000	60 000	按作业成本法分配
制造费用/元	78 420	71 580	
总成本/元	918 420	211 580	
单位成本/(元/台)	76.54	211.58	

上述计算结果表明,在采用传统成本计算法计算时,甲产品的单位成本为 80 元/台,而采用作业成本计算法计算时,甲产品单位成本为 76.54 元/台,每台单位成本下降了 3.46 元,下降的幅度为 4.33%。而乙产品在采用传统成本计算法计算时的单位成本为 170 元/台,采用作业成本计算法计算时的单位成本为 211.58 元/台,每台单位成本上升了 41.58 元,上升的幅度为 24.46%。从中可以看出,采用传统成本计算方法计算时,甲产品的成本被高估,乙产品的成本被严重低估。甲产品作为一种大批量的产品,生产过程中设备调试、质量检验和材料处理的费用都相对较少,其相应的间接费用也不多;但传统成本计算方法按单一的生产工时分配间接费用,甲产品因为产量大,生产所耗工时也就较多,分摊的间接费用多,从而造成了其成本的高估。乙产品作为一种个性化产品,其生产需要根据顾客的需求及时调整,造成生产过程中大量的设备调试、质量检验和材料处理,这些活动导致其需要耗费较多的间接费用;但其产量少,所耗费的生产工时相对较少,传统的成本计算方法采用生产工时分配间接费用,分配给乙产品的间接费用就比实际耗费的间接费用少,从而导致其成本被严重低估。

从本例可以看出,采用传统成本法计算时,小批量产品的成本容易被低估,产品成本信息失真,企业根据这些成本信息容易做出错误的决策。比如本例中,按照传统成本法计算的乙产品成本为 170 元/台。假设企业需要获得 20% 的毛利,则企业可能将乙产品的销售价格定在 204 元/台左右,表面上乙产品盈利较好。而实际上乙产品的成本为 211.58 元/台,乙产品事实上处于亏损状态,生产销售乙产品越多,企业亏损就越严重。采取作业成本法计算时,由于按照成本动因来分配间接费用,成本计算的过程与成本实际耗费的过程基本一致,成本计算的准确性大大提高了,企业也就可以根据成本资料做出正确决策。

拓展阅读 时间驱动作业成本法(TDABC)

2004 年 11 月,罗伯特·卡普兰(Robert S. Kaplan)和史蒂文·安德森(Steven R. Anderson)在《哈佛工商评论》上发表了新作《时间驱动作业成本法》("Time-driven activity-based costing"),引起世人的广泛关注。该方法通过引入时间因素,使作业成

本法的实施更加具有可操作性。时间驱动作业成本法是指基于管理层对实际产能和单位作业时间消耗的可靠估计，以时间作为分配资源成本的依据，来计算单位作业应分担的作业成本，从而避免在大范围实施作业成本法过程中计算烦琐等问题的一种作业成本法。

传统的作业成本在一些组织中很难应用。因为传统的作业成本法需要花费大量成本和时间去访谈和调查员工以设计初始的模型，并且采用了主观且耗费精力的时间分配方法。在模型变更时，如改变处理程序和资源消耗，或增加新的作业，或增加订单、渠道和客户的多样性或复杂性，维护和更新模型也很困难。

时间驱动的作业成本法仅仅需要确定两个参数：①提供的资源的单位成本；②完成一项事务或一项作业需要的时间。因此，时间驱动的作业成本模型能够具备以下特点：①快速地建立并投入应用；②容易更新和维护，以反映流程、订单多样性和资源成本的变化；③直接从事务性的 ERP 和 CRM 系统中获取数据；④通过直接的观察可以确定模型估计的单位时间是否合理；⑤很容易处理大范围内的几百万条事务，而不影响报告的适时制作和交付；⑥具有显性的描述资源能力，并空出空闲的资源能力以辅助管理；⑦建立时间方程，可以描述订单和客户行为的多样性，但不会增加模型的复杂性。

因此，在实践中越来越多的企业应用时间驱动作业成本法，获得了快速和显著的利润提升，如我国服务范围最广、网络覆盖面最全、业务种类最多的邮政服务提供商中国邮政运用时间驱动作业成本法后，调动基层单位的生产热情、增加内部有效供给，实现重点业务脱困、复苏，重塑了企业的核心竞争优势。

岗课赛证融通训练

一、标准成本差异分析

1. 业务资源

××珠宝股份有限公司采用标准成本法核算镶嵌首饰的产品成本，天津生产车间负责生产戒指和手链。2024 年全年戒指的预计产量是 11 000 个，手链的预计产量是 9 500 条，然而 2024 全年戒指的实际产量为 10 000 个，手链的实际产量为 9 000 条。

根据以下标准成本相关资料，完成戒指和项链两种产品直接材料、直接人工和变动制造费用成本差异分析并填制单位标准成本明细表和 2024 年成本差异分析表。以完整小数位数引用计算，结果四舍五入保留 2 位小数填制答案。差异性质以"超支/节约"作答。

发生的实际成本明细见表 4-21：

表 4-21 实际成本明细表

项目		戒指		手链	
		实际耗用量	实际成本	实际耗用量	实际成本
直接材料	黄金	45 100.00/g	14 896 428.40/元	80 990.00/g	26 750 250.00/元
	铜	13 000.00/g	1 560.00/元	16 200.00/g	1 296.00/元
	其他	11 000.00/g	1 210.00/元	8 100.00/g	1 296.00/元
直接人工		10 300.00/小时	2 060 000.00/元	13 500.00/小时	2 673 000.00/元
变动制造费用		10 300.00/小时	580 000.00/元	13 500.00/小时	666 900.00/元

固定制造费用包括：房租物业水电费全年发生额 200 万元，设备折旧费 50 万元，车间管理员薪酬 40 万元。2024 年的戒指、手链的标准成本资料如表 4-22 所示。

表 4-22 单位戒指、手链标准用量和标准价格表

项目		戒指	手链	标准价格
直接材料	黄金	4.5/g	9/g	330.00 /(元/g)
	铜	1.5/g	2/g	0.10 /(元/g)
	其他	1/g	1/g	0.15 /(元/g)
直接人工		1/小时	1.5/小时	200/(元/小时)
变动制造费用		1/小时	1.5/小时	56/(元/小时)
固定制造费用		1/小时	1.5/小时	121/(元/小时)

注：固定制造费用按照直接人工工时在不同产品之间进行分配。

2. 任务目标

（1）按照标准成本法，计算戒指和手链两种产品应分配的单位标准成本（表 4-23）。
（2）按照标准成本法，完成戒指和项链各项成本的差异分析（表 4-24）。

3. 业务实施

表 4-23 单位标准成本明细表

项目		戒指/(元/个)	手链/(元/条)
直接材料	黄金		
	铜		
	其他		

续表

项目	戒指/(元/个)	手链/(元/条)
直接人工		
变动制造费用		
固定制造费用		
合计		

表 4-24　2024 年成本差异分析　　　　　　　　　　　　　　　　　　单位:元

项目		戒指	手链	合计	差异性质
直接材料价格差异	黄金				
	铜				
	其他				
直接材料数量差异	黄金				
	铜				
	其他				
直接人工效率差异					
直接人工工资率差异					
变动制造费用效率差异					
变动制造费用耗费差异					
固定制造费用耗费差异					
固定制造费用能量差异					

二、作业成本法的应用

1. 任务资源

宏达公司生产三种电子产品,分别是甲产品、乙产品、丙产品。甲产品是三种产品中工艺最简单的一种,单价 260 元/件,公司每年销售 20 000 件;乙产品工艺相对复杂一些,单价 320 元/件,公司每年销售 40 000 件,在三种产品中销量最大;丙产品工艺最复杂,单价 250 元/件,公司每年销售 8 000 件。宏达公司三种产品主要工序包括材料采购、材料处理、生产准备产品装配、产品检验、产品包装、工程处理和管理,原材料和零部件均外购。之前,宏达公司一直采用传统成本法计算产品成本。在这个过程中,甲产品基本上为产销平衡;乙产品则为产能过剩,滞销;丙产品则为销售势头一片大好,生产能力严重不足。公司面临一个艰难的选择。

假设你是公司的财务经理,试采用作业成本法计算产品成本,为管理层提出合理的产品生产建议,以提高公司的整体盈利能力。公司发生的业务可以根据产品主要工序划分不同的作业成本库,公司发生的作业在各作业成本库中进行归集,根据作业量由资源追溯到作业中,再将作业成本追溯到散装产品成本中。公司产品相关资料如表 4-25、表 4-26 和表 4-27 所示。

表 4-25　宏达公司相关成本资料

项目	甲产品	乙产品	丙产品	合计
产量/件	20 000	40 000	8 000	—
直接材料/元	1 000 000	3 600 000	160 000	4 760 000
直接人工/元	1 160 000	3 200 000	320 000	4 680 000
制造费用/元	—	—	—	7 788 000
直接人工工时/时	30 000	80 000	8 000	118 000

表 4-26　宏达公司各作业成本库的作业成本　　　　　　　　　　　　　　　单位:元

制造费用	金额
材料采购作业	400 000
材料处理作业	1 200 000
生产准备作业	6 000
产品装配作业	2 425 000
产品检验作业	842 000
产品包装作业	500 000
工程处理作业	1 400 000
管理作业	1 014 800
合计	7 787 800

表 4-27　宏达公司各作业成本库的成本动因

制造费用	成本动因	甲产品作业量	乙产品作业量	丙产品作业量	合计作业量
材料采购作业 (产量级作业)	订单数量/张	240	960	2 800	4 000
材料处理作业 (批别级作业)	材料移动次数/次	140	600	1 260	2 000

续表

制造费用	成本动因	甲产品作业量	乙产品作业量	丙产品作业量	合计作业量
生产准备作业（批别级作业）	准备次数/次	200	800	2 000	3 000
产品装配作业（产量级作业）	机器工时/时	2 000	5 000	1 600	8 600
产品检验作业（批别级作业）	检验工时/时	800	1 600	1 600	4 000
产品包装作业（产量级作业）	包装次数/次	80	600	1 320	2 000
工程处理作业（设施级作业）	工程处理时间/时	2 000	3 600	2 400	8 000
管理作业（设施级作业）	直接人工工时/时	30 000	80 000	8 000	118 000

2．任务目标

（1）按照传统成本法以直接人工工时作为制造费用的分配标准，计算宏达公司甲、乙、丙三种产品应分配的制造费用及单位产品成本。

（2）按照作业成本法，计算宏达公司甲、乙、丙三种产品应分配的制造费用及单位产品成本。

（3）根据上述两种方法的计算结果，做出合理决策。

3．任务实施

第一步，按传统成本法，以直接人工工时作为制造费用的分配标准，计算甲、乙、丙三种产品应分配的制造费用及单位产品成本。

①分配制造费用。按直接人工工时比例分配制造费用，如表 4-28 所示。

表 4-28 甲、乙、丙产品分摊的制造费用

项目	甲产品	乙产品	丙产品	合计
直接人工工时/时				
分配率/(元/时)				
制造费用/元				

② 计算甲、乙、丙产品的总成本和单位成本，如表 4-29 所示。

表 4-29　传统成本法下的各产品成本

项目	甲产品	乙产品	丙产品	合计
产量/件				
直接材料/元				
直接人工/元				
制造费用/元				
产品成本/元				
单位产品成本/(元/件)				

第二步,按照作业成本法,计算甲、乙、丙三种产品应分配的制造费用及单位产品成本。

①各作业成本库归集的成本按照成本动因进行分配,计算各作业成本库的单位作业成本,如表 4-30 所示。

表 4-30　单位作业成本

制造费用	成本动因	年制造费用/元	年作业量	单位作业成本/元
材料采购作业(产量级作业)	订单数量/张			
材料处理作业(批别级作业)	材料移动次数/次			
生产准备作业(批别级作业)	准备次数/次			
产品装配作业(产量级作业)	机器工时/时			
产品检验作业(批别级作业)	检验工时/时			
产品包装作业(产量级作业)	包装次数/次			
工程处理作业(设施级作业)	工程处理时间/时			
管理作业(设施级作业)	直接人工工时/时			

②按照作业动因计算各作业成本库的消耗,即把各作业成本库的成本分配给甲产品、乙产品和丙产品,如表 4-31 所示。

表 4-31　各产品按照作业动因分配作业成本库成本

作业	单位作业成本	甲产品		乙产品		丙产品	
		作业量	作业成本/元	作业量	作业成本/元	作业量	作业成本/元
材料采购作业							

续表

作业	单位作业成本	甲产品		乙产品		丙产品	
		作业量	作业成本/元	作业量	作业成本/元	作业量	作业成本/元
材料处理作业							
生产准备作业							
产品装配作业							
产品检验作业							
产品包装作业							
工程处理作业							
管理作业							
合计	—		—		—		—

注：传统成本法按照生产部门归集的制造费用与作业成本法中的间接费用的数额可能是不同的，此表中相同，只是为了方便比较两种方法。

③间接费用采用作业成本法分配完成后，加上生产各产品直接耗用的材料费和直接耗用的人工费，计算甲、乙、丙产品的总成本和单位成本，如表4-32所示。

表4-32　甲、乙、丙产品的成本

项目	甲产品	乙产品	丙产品
直接材料/元			
直接人工/元			
材料采购作业/元			
材料处理作业/元			
生产准备作业/元			
产品装配作业/元			
产品检验作业/元			
产品包装作业/元			
工程处理作业/元			
管理作业/元			
总成本/元			
产量/件			
单位成本/(元/件)			

第三步,根据两种方法计算结果,做出相应决策。

企业应根据正确的成本计算结果,及时调整丙产品的定价策略,然后根据市场销售状况做进一步决策。决策比较如表 4-33 所示。

表 4-33　各产品在传统成本法下和作业成本法下的决策比较

产品	年销量/件	单价/(元/件)	销售状况	传统成本法		作业成本法	
				单位成本/(元/件)	决策	单位成本/(元/件)	决策
甲产品	20 000	260					
乙产品	40 000	320					
丙产品	8 000	250					

营运管理

知识目标

- ◆熟悉营运管理的内涵及管理会计工具方法
- ◆掌握本量利分析的基本公式
- ◆掌握保本分析和保利分析的原理及公式
- ◆掌握敏感分析
- ◆掌握安全边际的计算

能力目标

- ◆能够运用本量利分析,解决企业实际经营问题
- ◆能够运用保本分析和保利分析,解决企业实际经营问题
- ◆能够分析有关因素变动对利润的敏感程度
- ◆能够运用边际分析法,进行生产决策

素养目标

- ◆通过本量利分析的学习,培养学生的风险意识
- ◆通过敏感分析,提高学生识别和抓住主要矛盾的方法论水平
- ◆通过边际分析,培养学生向前看的决策思想

案例导入:小本生意中的本量利思维

小汪大学毕业后决定创业。他打算开一家时尚冰激凌店,为此他进行了市场调查,发现受市场欢迎的冰激凌有三种。其中"绿豆"进价 0.6 元/支,售价 1.0 元/支;"酸奶"进价 1.2 元/支,售价 2 元/支;"随便"进价 1.8 元/支,售价 3 元/支。这三种冰激凌零售额比例为 1∶3∶2。另外开店需投资冰柜一台,价格 1 500 元,申办执照费 50 元,租用一间

15 m^2 的店面，每月租金 2 000 元（含电费），店面装修 5 500 元，预计每月需缴纳税费 200 元。问：①该店一年必须完成多少销售额才能收回本钱？②假设小汪一年生活费需要 50 000 元，那么一年必须完成多少销售额才能满足开支需求？

任务一　营运管理认知

一、营运管理概述

（一）营运管理的概念

营运管理是指为了实现企业战略和营运目标，各级管理者通过计划、组织、指挥、协调控制、激励等活动，实现对企业生产经营过程中的物料供应、产品生产和销售等环节的价值增值管理。

企业进行营运管理，区分计划（Plan）、实施（Do）、检查（Check）、处理（Act）四个阶段（简称 PDCA 管理原则），形成闭环管理，使营运管理工作更加条理化、系统化、科学化。

（二）营运管理的工具方法及程序

营运管理领域应用的管理会计工具方法，一般包括本量利分析、敏感性分析、边际分析和标杆管理等。企业可根据自身业务特点和管理需要等，选择单独或综合运用营运管理工具方法，以便更好地实现营运管理目标。

企业应用营运管理工具方法，一般按照营运计划的制订、营运计划的执行、营运计划的调整、营运监控、营运绩效管理等程序进行。

二、营运计划的制订

（一）营运计划的概念及分类

1. 营运计划的概念

营运计划是指企业根据战略决策和营运目标的要求，从时间和空间上对营运过程中各种资源所做出的统筹安排，主要作用是分解营运目标、分配企业资源、安排营运过程中的各项活动。

2. 营运计划的分类

（1）按计划的时间长短，可分为长期营运计划、中期营运计划和短期营运计划。

（2）按计划内容的不同，可分为销售营运计划、生产营运计划、供应营运计划、财务营运计划、人力资源营运计划、产品开发营运计划、技术改造和设备投资营运计划等。

(二)营运计划制订的原则

1. 系统性原则

企业在制订计划时不仅应考虑营运的各个环节,还要从整个系统的角度出发,既要考虑大系统的利益,也要兼顾各个环节的利益。

2. 平衡性原则

企业应考虑内外部环境之间的矛盾,有效平衡可能对营运过程中的研发、生产、供应、销售等存在影响的各个方面,使其保持合理的比例关系。

3. 灵活性原则

企业应当充分考虑未来的不确定性,在制订计划时保持一定的灵活性和弹性。

三、营运计划的执行

经审批的营运计划应以正式文件的形式下达执行。企业应逐级分解营运计划,按照横向到边、纵向到底的要求分解落实至各所属企业、部门、岗位或员工,确保营运计划得到充分落实。

经审批的营运计划应分解到季度、月度,形成月度的营运计划,逐月下达和执行。各企业应根据月度的营运计划组织开展各项营运活动。

企业应建立配套的监督控制机制,及时记录营运计划执行情况,进行偏差分析与纠偏,持续优化业务流程,确保营运计划有效执行。

企业应在月度营运计划的基础上,开展月度和季度滚动预测,及时反映滚动营运计划所对应的实际营运状况,为企业资源配置的决策提供有效支持。

四、营运计划的调整

营运计划一旦批准下达,一般不予调整。如果宏观经济形势和市场竞争形势等发生重大变化,导致企业营运状况与预期出现较大偏差,企业可以适时对营运计划进行调整,使营运目标更加切合实际。

企业在营运计划执行过程中,应关注和识别存在的各种不确定因素,分析和评估其对企业营运的影响,适时启动调整原计划的有关工作,确保企业营运目标更加切合实际,更合理地进行资源配置。

企业在进行营运计划调整决策时,应分析和评估营运计划调整方案对企业营运的影响,包括对短期的资源配置、营运成本、营运效益等的影响以及对长期战略的影响。

企业应建立营运计划调整的流程和机制,规范营运计划的调整。营运计划的调整应由具体执行的所属企业或部门提出调整申请,经批准后下达正式文件。

五、营运监控

(一)营运监控的含义

为确保营运目标的顺利完成,企业应结合自身实际情况,按照日、周、月、季、年等频率建立营运监控体系;同时按照 PDCA 管理原则,不断优化营运监控体系的各项机制,做好营运监控分析工作。

企业营运监控的基本任务包括:
(1) 发现偏差
企业通过各类手段和方法,分析营运计划的执行情况,发现计划执行中的问题。
(2) 分析偏差
企业对营运计划执行过程中出现的问题和偏差原因进行研究,采取针对性的措施。
(3) 纠正偏差
企业根据偏差产生的原因采取针对性的纠偏对策,使企业营运过程中的活动按既定的营运计划进行,或者对营运计划进行必要的调整。

(二) 营运监控分析与报告

企业营运监控分析应至少包括发展能力、盈利能力、偿债能力等方面的财务指标,以及生产能力、管理能力等方面的非财务内容,并根据所处行业的营运特点,通过趋势分析和对标分析等工具方法,建立完善的营运监控分析指标体系。

企业营运分析一般包括以下四个步骤:
(1) 明确营运目的,确定有关营运活动的范围。
(2) 全面收集有关营运活动的资料,进行分类整理。
(3) 分析营运计划与执行的差异,追溯原因。
(4) 根据差异分析采取恰当的措施,并进行分析和报告。

企业应将营运监控分析的对象、目的、程序、评价和改进建议形成书面分析报告。

六、营运绩效管理

企业可以建立营运绩效管理委员会、营运绩效管理办公室等不同层级的绩效管理组织,以营运计划为基础,制定绩效管理指标体系,开展营运绩效管理,激励员工为实现营运管理目标作出贡献。

拓展阅读 管理会计工具在铁路旅客服务管理中的整合性应用

近年来航空及公路运输的不断发展,使得铁路企业面临的市场竞争形势日趋严峻。在这种形势下,铁路客运站若欲提升客运市场的竞争力,就必须改进旅客服务管理,提高服务品质和旅客满意度。

齐齐哈尔站将管理会计思维与方法引入铁路旅客服务管理领域,以营运管理 PDCA 四个阶段构成的管理闭环为依托,适应战略规划下的 PDCA 营运管理需要,对多种管理会计营运管理工具进行整合,形成依托 PDCA 营运管理循环的管理会计工具整合体系,进行以满足旅客需求、提高车站经济效益为目的的服务产品设计与服务项目开发,打造规范化、精细化、差异化的旅客服务品牌。在兼顾企业社会责任的同时,通过为顾客创造价值,实现企业竞争优势和经济效益的提升。齐齐哈尔站依托 PDCA 营运管理循环的管理会计工具整合性应用的概念模型如图 5-1 所示。

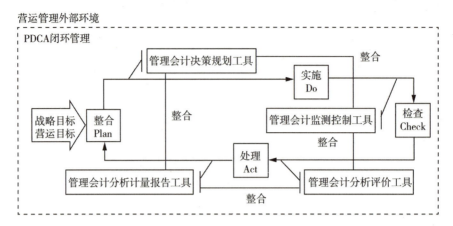

图 5-1　齐齐哈尔站依托 PDCA 营运管理循环的管理会计工具整合性应用模型

任务二　本量利分析

一、本量利分析的概念

本量利分析是指以成本性态分析和变动成本法为基础,运用数学和图示,对成本、利润、业务量与单价等因素之间的依存关系进行分析,发现变动的规律性,为企业进行预测、决策、计划和控制等活动提供支持的一种方法。其中"本"是指成本,包括固定成本和变动成本;"量"是指业务量,一般指销售量;"利"一般指营业利润。

本量利分析主要用于企业生产决策、成本决策和定价决策,也广泛用于投融资决策等领域。

二、本量利分析的基本假设

本量利分析基本模型是建立在一系列的假设基础之上的,它将企业日常具体而复杂的生产经营活动简单化,为揭示成本、业务量、利润三者之间内在的依存关系提供了理论基础和现实依据。本量利分析的基本假设如下:

(一)成本性态分析及变动成本计算

企业全部成本划分为变动成本和固定成本,产品成本只包括变动生产成本,固定成本全部作为期间成本处理,这是本量利分析的前提。

(二)单位售价和相关范围保持不变

根据成本性态分析,在一定的相关范围内,单位变动成本和固定成本总额均保持不变。在短期内,单价、单位变动成本和固定成本总额可以保持相对稳定,这三个因素是进行本量利分析的重要因素,预测结果具有一定的参考价值。

(三) 业务量是影响销售收入和总成本的唯一因素

由于一定时期内单价、单位变动成本和固定成本总额均保持不变,因此,业务量与销售收入、成本总额均保持线性相关关系,业务量成为影响销售收入和总成本的唯一因素。

(四) 产销平衡和产品品种结构不变

产销平衡是指业务量既是销量又是产量,各期生产的产品总能在市场上找到销路。同时,若企业生产多种产品,假设产销量的增减变化不会改变各产品销售的结构比例。

三、本量利分析模型

本量利分析是成本性态分析的延伸,建立本量利分析基本模型基于以下五个基本因素:销售量(x)、销售价格(p)、单位变动成本(b)、固定成本总额(a)、目标利润(P)。

(一) 本量利分析基本模型

$$目标利润 = 销售收入总额 - 变动成本总额 - 固定成本总额$$
$$目标利润 = 销售价格 \times 销售量 - 单位变动成本 \times 销售量 - 固定成本总额$$
$$P = px - bx - a$$

【工作实例 5-1】 某企业生产甲产品,预计销售量为 5 000 件,单位变动成本为 200 元/件,固定成本总额为 20 000 元,目标利润为 100 000 元,试计算甲产品的销售价格。

$$销售价格 = (20\,000 + 100\,000) \div 5\,000 + 200 = 224(元/件)$$

(二) 本量利分析基本模型的变形

1. 预测销售量

$$销售量 = \frac{固定成本总额 + 目标利润}{销售价格 - 单位变动成本}$$

【工作实例 5-2】 某企业生产乙产品,销售价格为 300 元/件,单位变动成本为 180 元/件,固定成本总额为 40 000 元,目标利润为 80 000 元,试计算乙产品的销售量和销售额。

$$销售量 = (40\,000 + 80\,000) \div (300 - 180) = 1\,000(件)$$
$$销售额 = 300 \times 1\,000 = 300\,000(元)$$

2. 预测单位变动成本

$$单位变动成本 = 销售价格 - \frac{固定成本总额 + 目标利润}{销售量}$$

【工作实例 5-3】 某企业生产丙产品,预计销售量为 500 件,销售价格为 400 元/件,固定成本总额为 20 000 元,目标利润为 100 000 元,试计算单位变动成本。

单位变动成本＝400－[(20 000＋100 000)÷500]＝160(元/件)

3. 预测固定成本总额

固定成本总额＝销售收入总额－变动成本总额－目标利润

【工作实例5-4】某企业生产丁产品,预计销售量为 500 件,销售价格为 400 元/件,企业单位变动成本最低为 180 元/件,目标利润为 80 000 元,试计算丁产品的固定成本总额。

固定成本总额＝400×500－180×500－80 000＝30 000(元)

(三) 多品种生产条件下的本量利模型

目标利润总额＝各种产品销售收入合计－各种产品变动成本合计－固定成本总额

四、边际贡献

边际贡献又称为边际利润或贡献毛益等,是指销售收入减去变动成本后的余额,边际贡献是运用盈亏分析原理进行产品生产决策的一个十分重要的指标。边际贡献一般可分为单位产品的边际贡献和全部产品的边际贡献。

(一) 单位边际贡献

单位边际贡献＝销售价格－单位变动成本

$cm = p - b$,其中 cm 为单位边际贡献

(二) 边际贡献总额

边际贡献总额＝销售收入总额－变动成本总额

$Tcm = px - bx$,其中 Tcm 为边际贡献总额

(三) 边际贡献率

边际贡献率是指产品的边际贡献总额占产品销售收入总额的比率,也是单位边际贡献占销售价格的百分比,它表明每增加 1 元的销售收入能够为企业提供的边际贡献,计算公式如下:

$$边际贡献率 = \frac{边际贡献总额}{销售收入总额} \times 100\%$$

$$边际贡献率 = \frac{单位边际贡献}{销售价格} \times 100\%$$

（四）变动成本率

变动成本率是指产品的变动成本总额与产品的销售收入总额的比率，也是单位变动成本占销售价格的百分比。它表明每增加1元的销售收入所增加的变动成本，计算公式如下：

$$变动成本率 = \frac{变动成本总额}{销售收入总额} \times 100\%$$

$$变动成本率 = \frac{单位变动成本}{销售价格} \times 100\%$$

（五）边际贡献率与变动成本率的关系

$$边际贡献率 + 变动成本率 = \frac{边际贡献总额}{销售收入总额} + \frac{变动成本总额}{销售收入总额} = 1$$

$$边际贡献率 + 变动成本率 = 1$$

根据上述公式，边际贡献率与变动成本率具有互补关系：企业变动成本率越低，则边际贡献率越高，企业的盈利能力越强；反之，变动成本率越高，则边际贡献率越低，企业的盈利能力越弱。

【工作实例 5-5】 某企业生产甲产品，销售价格为60元/件，单位变动成本为24元/件，固定成本总额为100 000元，当年产销量为20 000件。

要求：计算该企业甲产品的单位边际贡献、边际贡献总额、边际贡献率、变动成本率及目标利润。

解：单位边际贡献＝销售价格－单位变动成本＝60－24＝36（元）

边际贡献总额＝单位边际贡献×产销量＝36×20 000＝720 000（元）

边际贡献率＝单位边际贡献/销售价格＝36÷60×100％＝60％

边际贡献率＝边际贡献总额/销售收入总额＝720 000÷(60×20 000)×100％＝60％

变动成本率＝单位变动成本/销售价格＝24÷60×100％＝40％

或变动成本率＝1－边际贡献率＝1－60％＝40％

目标利润＝边际贡献总额－固定成本总额＝720 000－100 000＝620 000（元）

五、保本分析

保本分析也称盈亏平衡分析，是指分析、测定盈亏平衡点，以及有关因素变动对盈亏平衡点的影响等，是本量利分析的核心内容。盈亏平衡分析的原理是，通过计算企业在利润为零时处于盈亏平衡的业务量，分析项目对市场需求变化的适应能力等。盈亏平衡分析包括单一产品的盈亏平衡分析和产品组合的盈亏平衡分析。

（一）单一产品保本分析

保本分析的关键是保本点的确定。保本点又称盈亏临界点，是指企业达到保本状态的业务量或金额,即企业一定时期的总收入等于总成本、利润为零时的业务量或金额。单一产品的保本点有两种表现形式:一种是以实物量来表现的,称为保本销售量;另一种是以货币单位表示的,称为保本销售额。

根据本量利分析基本关系式:利润＝销售价格×销售量－单位变动成本×销售量－固定成本总额。当利润为零时,求出的销售量就是保本销售量,即 $P=px-bx-a=0$。

保本销售量＝固定成本总额÷(销售价格－单位变动成本)
　　　　　＝固定成本总额÷单位边际贡献

保本销售额＝销售价格×保本销售量

【工作实例 5-6】某企业只生产一种产品,销售价格为 500 元/件,单位变动成本为 300 元/件,固定成本总额为 100 000 元。要求:计算企业的保本销售量和保本销售额。

解:保本销售量＝100 000÷(500－300)＝500(件)

保本销售额＝500×500＝250 000(元)

(二) 多产品保本分析

在市场经济环境下,企业不可能只生产一种产品,大多数企业同时进行着多种产品的生产和经营。由于各种产品的销售价格、单位变动成本、固定成本不一样,所以各种产品的边际贡献或边际贡献率不一致。因此,对多种产品进行保本点分析,在单一产品的保本点分析的基础上,应根据不同情况采用相应的具体方法。

多产品的保本分析是在掌握每种单一产品的边际贡献率的基础上,按各种产品的销售额的比重进行加权平均,据此计算加权平均边际贡献率即综合边际贡献率,从而确定产品组合的保本点。计算公式如下:

$$加权平均边际贡献率＝\sum 某产品的边际贡献率 \times 该产品的销售比重$$

$$综合保本销售额＝\frac{固定成本}{加权平均边际贡献率}$$

某产品的保本销售额＝该产品的销售比重×综合保本销售额

$$某产品的保本销售量＝\frac{某产品的保本销售额}{该产品销售价格}$$

【工作实例 5-7】某企业计划生产 A、B、C 三种产品,计划年度预计固定成本总额为 270 000 元,产品有关资料如表 5-1 所示。

要求:根据加权平均边际贡献率法,计算企业三种产品各自的保本销售量和保本销售额。

表 5-1　A、B、C 三种产品相关资料

序号	项目	计算过程	A产品	B产品	C产品	合计
①	销售价格/(元/件)		200	300	500	—
②	单位变动成本/(元/件)		120	150	300	—

续表

序号	项目	计算过程	A产品	B产品	C产品	合计
③	单位边际贡献/(元/件)		80	150	200	—
④	边际贡献率/%	③÷①	40%	50%	40%	—
⑤	销售量/件		1 200	2 000	720	—
⑥	销售额/元	①×⑤	240 000	600 000	360 000	1 200 000
⑦	销售比重/%	⑥÷∑⑥	20%	50%	30%	100%
⑧	边际贡献/元	③×⑤	96 000	300 000	144 000	540 000

解:该企业的保本点计算如下:

综合边际贡献率=40%×20%+50%×50%+40%×30%=45%

综合保本销售额=270 000÷45%=600 000(元)

A产品的保本销售额=600 000×20%=120 000(元)

A产品的保本销售量=120 000÷200=600(件)

B产品的保本销售额=600 000×50%=300 000(元)

B产品的保本销售量=300 000÷300=1 000(件)

C产品的保本销售额=600 000×30%=180 000(元)

C产品的保本销售量=180 000÷500=360(件)

(三)保本作业率

保本作业率是指保本销售量(额)占正常销售量(额)的百分比,该比率表明企业在保本状态下生产经营能力的利用程度。该指标是一个反指标,指标越小说明企业经营越安全。

$$保本作业率=保本销售量÷正常销售量×100\%$$
$$=保本销售额÷正常销售额×100\%$$

正常销售量是指正常市场和正常开工条件下的销售量,正常销售额是指正常市场和正常开工条件下的销售收入。

【工作实例5-8】 某企业只生产一种产品,销售价格为500元/件,单位变动成本为300元/件,固定成本总额为100 000元,该企业的正常销售量为1 000件。要求:计算企业的保本作业率。

解:保本销售量=100 000÷(500-300)=500(件)

保本作业率=500÷1 000×100%=50%

(四)安全边际

安全边际指现有销售量(额)超过保本销售量(额)的差额,表明从现有销售水平到盈亏临界点有多大的差距,或者说,现有销售量(额)再降低多少,才会发生亏损。安全边际越大,发生亏损的风险就越小。安全边际如图 5-2 所示。

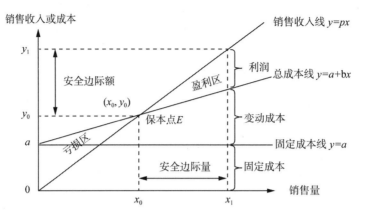

图 5-2　本量利模型下安全边际

表示安全边际的方法有三种:一是用实物数量来表示,即安全边际量;二是用货币金额来表示,即安全边际额;三是用对数来表示,即安全边际率。

1. 安全边际量

安全边际量从业务量的角度来反映安全边际,计算公式如下:

$$安全边际量=现有销售量-保本销售量$$

2. 安全边际额

安全边际额从销售额的角度来反映安全边际,计算公式如下:

$$安全边际额=现有销售额-保本销售额$$

3. 安全边际率

安全边际率是安全边际量(额)占现有销售量(额)的百分比,计算公式如下:

$$安全边际率=安全边际量\div 现有销售量\times 100\%$$
$$=安全边际额\div 现有销售额\times 100\%$$

4. 安全边际率与保本作业率的关系

$$安全边际量+保本销售量=现有销售量$$
$$安全边际额+保本销售额=现有销售额$$
$$安全边际率+保本作业率=1$$

根据上述公式,产销平衡的情况下,保本作业率与安全边际率具有互补的关系。一般来讲安全边际体现了企业在生产经营中的风险程度。由于保本点是下限,所以目标销售量(额)和实际销售量(额)二者与保本销售量(额)差距越大,安全边际或安全边际率越大,反映该企业经营风险越小;反之,目标销售量(额)和实际销售量(额)二者与保本销售量(额)差距越小,安全边际或安全边际率越小,反映该企业经营风险越大。

通常采用安全边际率这一指标来评价企业经营是否安全。表 5-2 为安全边际率与评价企业经营安全程度的一般性标准，该标准可以作为评价企业经营安全与否的参考。

表 5-2　企业经营安全性检验标准

安全边际率	40%以上	30%～40%	20%～30%	10%～20%	10%以下
经营安全程度	很安全	安全	较安全	值得注意	危险

只有安全边际才能为企业提供利润，而保本销售额扣除变动成本后只能为企业收回固定成本，安全边际销售额减去其自身变动成本后即为企业利润，即安全边际中的边际贡献等于企业利润。

拓展阅读　本量利分析法的局限性及解决对策

本量利分析法是推动业财深度融合的最佳结合方式，尤其应在制造型企业中大力推广。随着大数据、人工智能等新技术扩展，使得本量利分析法在行业企业的应用有了实现的条件，提升了产品边际贡献分析的准确性和数据的及时性，使得本量利分析更动态实际，发挥的价值也更准确客观。

但是同时我们也应看到，在不确定性时代，影响企业收入和成本的因素也是复杂多变的。比如，由于市场竞争加剧，可能会导致价格下降，使企业盈利区缩小亏损区扩大。

因此企业在运用本量利分析指导经营决策时，必须结合市场调查与预测，对各种因素做全面的考量，以提高分析的适用性和有效性，更好地指导企业开展经营管理决策。

任务三　敏感性分析

一、敏感性分析的概念

敏感性分析是指对影响目标实现的因素变化进行量化分析，以确定各因素变化对实现目标的影响及其敏感程度。在实践中，敏感性分析具有广泛适用性，有助于识别、控制和防范短期营运决策、长期投资决策等相关风险，也可以用于一般经营分析。

二、利润的敏感性分析

利润的敏感性分析是指专门研究制约利润的有关因素在特定条件下发生变化时对利润所产生影响的一种敏感性分析方法。进行利润敏感性分析的主要目的是计算有关因素的利润敏感性指标，揭示利润与有关因素之间的相对关系，并利用敏感性指标进行利润预测。

利润的敏感性分析通常在假定其他参数不变的情况下，分析某一个参数，如单价、销售量、单位变动成本、固定成本总额发生特定变化时对利润的影响。基于本量利关系的敏感性分析主要研究相关参数变化多大会使企业由盈利转为亏损、各参数变化对利润变化的敏感程度，以及各参数变化时为保障目标利润实现应如何调整销售量。具体方法有最大最小法和敏感程度法。

（一）最大最小法

敏感性分析的目的就是确定使企业由盈利转为亏损的各有关因素变化的极限值，分别是在保本状态下价格和销售量的最小允许值与单位变动成本和固定成本总额的最大允许值。与目标利润同方向变化的参数，计算出的是最小临界值；与目标利润反方向变化的参数计算出的是最大临界值。

由本量利的基本模型 $P=(p-b)x-a$，当目标利润为零时，即 $P=(p-b)x-a=0$，其余四个因素的最小、最大值分别如下：

销售量的最小允许值＝固定成本÷（单价－单位变动成本）
单价的最小允许值＝（单位变动成本×销售量＋固定成本）÷销售量
单位变动成本的最大允许值＝（单价×销售量－固定成本）÷销售量
固定成本的最大允许值＝（单价－单位变动成本）×销售量

【工作实例 5-9】 某企业产销甲产品 1 000 件，单价为 200 元/件，单位变动成本为 120 元/件，固定成本总额为 20 000 元，则甲产品的预计销售利润为 60 000 元。要求：计算销售量、单价、单位变动成本、固定成本总额等各因素变化的极限值。

解：(1) 销售量的最小值
$x=a/(p-b)=20\ 000÷(200-120)=250$（件）
销售量降低极限值＝1 000－250＝750（件）
最大降低率＝750÷1 000×100%＝75%

根据计算结果，产品销售量最低不能低于 250 件，即销售量的下降幅度不能超过 750 件或 75%，否则企业就会发生亏损。

(2) 单价的最小值
$p=a/x+b=20\ 000÷1\ 000+120=140$（元/件）
单价降低极限值＝200－140＝60（元/件）
最大降低率＝60÷200×100%＝30%

根据计算结果，产品单价最低不能低于 40 元/件，即单价的下降幅度不能超过 60 元或 30%，否则企业就会发生亏损。

(3) 单位变动成本的最大值
$b=p-a/x=200-20\ 000÷1\ 000=180$（元/件）
单位变动成本上升极限值＝180－120＝60（元/件）
最大上升率＝60÷120×100%＝50%

根据计算结果，产品单位变动成本最高不能高于 180 元/件，即单位变动成本的上升幅度不能超过 60 元或 50%，否则企业就会发生亏损。

（4）固定成本总额的最大值

$a=(p-b)x=(200-120)\times 1\,000=80\,000$（元）

固定成本总额上升极限值$=80\,000-20\,000=60\,000$（元）

最大上升率$=60\,000\div 20\,000\times 100\%=300\%$

根据计算结果，固定成本总额最高不能高于 80 000 元，即固定成本总额的上升幅度不能超过 60 000 元或 300%，否则企业就会发生亏损。

（二）敏感程度法

影响目标利润的各因素变化程度对目标利润的影响程度各不相同，有些因素发生微小的变化就会使利润发生较大的变化，即利润对这些因素的变化非常敏感，有些因素则相反。

1. 敏感系数

敏感系数反映的是因素值变化的百分比对目标值变化的百分比的影响程度，计算公式如下：

$$敏感系数=\frac{目标值变化的百分比}{因素值变化的百分比}$$

通常用敏感系数反映利润对各因素的敏感程度，计算公式如下：

$$敏感系数=\frac{利润变化的百分比}{因素变化的百分比}$$

2. 敏感系数的计算步骤

（1）根据给定参数的预期值计算息税前利润（假设没有利息和所得税）。

（2）假设其他参数不变，计算某个参数变化后的息税前利润。

（3）计算该参数的敏感系数，即敏感系数=息税前利润变动百分比/选定参数变动百分比。

【工作实例 5-10】某企业生产和销售乙产品，计划年度内有关数据预测如下：销售量 10 000 件，单价 300 元，单位变动成本 200 元，固定成本总额 200 000 元。假设销售量、单价、单位变动成本和固定成本总额均分别增长了 10%。要求：计算各因素的敏感系数。

解：预计的目标利润$=(300-200)\times 10\,000-200\,000=800\,000$（元）

（1）销售量上升 10%。

销售量$=10\,000\times(1+10\%)=11\,000$（件）

息税前利润$=(300-200)\times 11\,000-200\,000=900\,000$（元）

利润变动百分比$=(900\,000-800\,000)\div 800\,000\times 100\%=12.5\%$

销售量的敏感系数$=12.5\%\div 10\%=1.25$

（2）单价上升 10%。

单价$=300\times(1+10\%)=330$（元）

利润$=(330-200)\times 10\,000-200\,000=1100\,000$（元）

利润变化的百分比$=(1100\,000-800\,000)\div 800\,000\times 100\%=37.5\%$

单价的敏感系数＝37.5％÷10％＝3.75

（3）单位变动成本上升10％。

单位变动成本＝200×(1+10％)＝220（元）

利润＝(300－220)×10 000－200 000＝600 000（元）

利润变化的百分比＝(600 000－800 000)÷800 000×100％＝－25％

单位变动成本的敏感系数＝－25％÷10％＝－2.5

（4）固定成本总额上升10％。

固定成本总额＝200 000×(1+10％)＝220 000（元）

利润＝(300－200)×10 000－220 000＝780 000（元）

利润变化的百分比＝(780 000－800 000)÷800 000×100％＝－2.5％

固定成本总额的敏感系数＝－2.5％÷10％＝－0.25

敏感系数的正负反映因素变动与利润变动的方向：敏感系数为正，表示影响因素与利润同方向变动；敏感系数为负，表明影响因素与利润反方向变动。各因素敏感性的强弱取决于敏感性的绝对值大小，与正负无关，正负仅代表变动方向，绝对值越大，因素敏感性越强，反之越弱。

从【工作实例5-10】可以看出，影响利润的四个因素，单价最敏感（敏感系数3.75），其次是单位变动成本（敏感系数－2.5）和销售量（敏感系数1.25），固定成本总额的敏感性最低（敏感系数－0.25）。敏感系数的高低由目标利润模型和模型内各因素变量的赋值共同决定，一般而言，无论赋值如何变化，单价敏感性最强，固定成本总额敏感性最弱。

某一因素的敏感系数为负数，表明该因素的变动与利润的变动为反向关系；反之，若某一因素的敏感系数为正数，则表明其变动与利润的变动为正向关系。敏感系数的绝对值越大，说明息税前利润对该参数变化的敏感性越强。企业由盈利转为亏损，指息税前利润变化百分比为－100％。如果已知某个因素的敏感系数，则可计算该因素的变动百分比，并可计算该因素的最大值（或最小值）。

拓展阅读 蝴蝶效应

蝴蝶效应是一种描述动力系统中微小变化能引发长期且巨大连锁反应的现象，这一概念最初由气象学家爱德华·洛伦兹（Edward N. Lorenz）在1963年提出。

蝴蝶效应指的是在一个动力系统中，初始条件下微小的变化能带动整个系统长期的、巨大的连锁反应。这种效应揭示了事物发展的结果对初始条件具有极为敏感的依赖性，即初始条件的极小偏差，也会引起结果的极大差异。

1998年亚洲发生的金融危机和美国曾经发生的股市风暴实际上就是经济运作中的"蝴蝶效应"。

蝴蝶效应提醒我们，在复杂系统中，初始条件的微小变化都可能对最终结果产生巨大影响。因此，我们需要高度重视细节和初始条件的变化，以预防不利后果的发生，并善于利用微小的正面变化来推动系统的积极发展。同时，蝴蝶效应也揭示了事物发展的不确定性和难以预测性，要求我们在决策和规划时保持谨慎和灵活的态度。

任务四　边际分析

在经济学中,把研究一种可变因素的数量变动对其他可变因素的变动产生多大影响的方法,称为边际分析法。边际分析法的决策思路通常是把追加的支出和因此增加的收入相比较,二者相等时企业的目标利润最大,从而决定项目的取舍。

边际收入是每增加一个单位的产品所引起的收入增量。边际成本是每增加一个单位的产品所引起的成本增量。边际利润是每增加一个单位的产品所带来的利润(边际贡献)增量。

上述三者之间的关系为:边际利润＝边际收入－边际成本。

企业在经营决策时,将边际分析法应用于短期经营决策中,主要有差量分析法和边际贡献分析法等。

一、差量分析法

差量分析法是在将几种方案的收入、成本分别进行比较的基础上,从中选出最优方案的方法。差量一般包括差量收入和差量成本。差量收入指两个备选方案之间预期收入的差异数,差量成本指两个备选方案之间预期成本的差异数。

(一) 差量分析

在进行方案的比较时,只要差量收入大于差量成本,那么前一个方案为优,反之则后一个方案为优。

$$差量利润＝差量收入－差量成本$$

假设有 A、B 两种方案,差量收入＝R_1-R_2,差量成本＝C_1-C_2,差量利润＝P_1-P_2。差量分析法的决策标准如表 5-3 所示。

表 5-3　差量分析

	方案 A	方案 B	差异
R(预期收入)	R1	R2	R1－R2
C(预期成本)	C1	C2	C1－C2
P(预期利润)	P1＝R1－C1	P2＝R2－C2	P1－P2

差量利润＞0,选方案 A;差量利润＝0,A、B 方案一样;差量利润＜0,选方案 B。在计算差量收入和差量成本时,方案的前后排序必须保持一致,如果两个备选方案的相关预期收入相同,或不涉及收入,则只需比较其相关成本,并注意尽量省去发生额相同,不影响"差量"的部分,以简化计算。

由于差量分析法是在两个备选方案中选择较好方案,当存在多个备选方案时,可两两分别比较,从而选取最优方案。

(二)差量分析的步骤

差量分析的一般步骤为以下四步:
(1)计算备选方案的差量收入;
(2)计算备选方案的差量成本;
(3)计算备选方案的差量利润;
(4)比较选出最优方案。

【工作实例 5-11】乙企业面临生产新产品的投产决策。生产 A 产品的单位变动成本为 80 元,预计销售量为 1 000 件,预计销售单价为 110 元。生产 B 产品的单位变动成本为 220 元,预计销售量为 500 件,预计销售单价为 260 元。生产 A 产品、B 产品的固定成本相同。要求:运用差量分析法,进行 A 产品与 B 产品的生产决策。

解:A、B 产品的差量收入=(110×1 000)−(260×500)=−20 000(元)
A、B 产品的差量成本=(80×1 000)−(220×500)=−30 000(元)
A、B 产品的差量利润=(−20 000)−(−30 000)=10 000(元)

计算结果说明,生产 A 产品比生产 B 产品可多获利润 10 000 元,生产 A 产品对企业是有利的,因此可投产 A 产品。

二、边际贡献分析法

边际贡献分析法是在成本性态分析的基础上,通过比较各备选方案的边际贡献大小确定最优方案的决策方法。其理论前提是在生产经营决策中,如果生产能力不改变,固定成本总额通常不随业务量变动,即稳定不变。因此,收入减去变动成本后的边际贡献越大,边际贡献减去固定成本后的利润也越大,即备选方案边际贡献的大小反映了其对企业目标利润的贡献大小。当把利润作为价值标准进行决策分析时,只需要比较各方案能够提供的边际贡献。边际贡献指标通常有边际贡献总额、剩余边际贡献、单位资源边际贡献、单位产品边际贡献和边际贡献率等,在短期经营决策中经常比较的是边际贡献总额、剩余边际贡献和单位资源边际贡献。

(一)决策原则

1. 在各备选方案没有专属固定成本且资源不受制约的情况下,比较不同备选方案的边际贡献总额即可做出决策,优先选择边际贡献总额较大的方案。

边际贡献总额=销售收入−变动成本总额

2. 在备选方案资源不受制约但有专属固定成本的情况下,就要计算不同备选方案的边际贡献总额减去专属固定成本后的剩余边际贡献,根据剩余边际贡献数额大小进行决策,优先选择剩余边际贡献较大的方案。

剩余边际贡献=边际贡献总额−专属固定成本

3. 在备选方案资源受制约的情况下(如直接材料、直接人工或机器设备等受到制约时)需要根据各备选方案的单位资源边际贡献进行决策,优先选择单位资源边际贡献较大的方案。

(1) 不存在专属成本时,单位资源边际贡献计算公式如下:

$$单位资源边际贡献 = \frac{单位边际贡献}{单位产品资源消耗定额}$$

(2) 存在专属成本时,单位资源边际贡献计算公式如下:

$$单位资源边际贡献 = \frac{剩余边际贡献总额}{资源消耗定额}$$

专属成本是指可以明确归属于某种产品或某个部门的固定成本。

(二) 短期经营决策基本方法的应用

短期经营决策一般包括生产决策、定价决策和存货决策,与边际分析密切相关的是生产决策。生产决策涉及内容十分广泛,但归纳起来可以分为三大类:生产什么、生产多少、如何生产,即生产品种决策、生产数量决策和生产组织决策。

生产决策一般仅研究现有生产能力利用而不涉及新的投资决策,决策分析时非常重视产品形成规律、企业生产能力限制及利用程度等,基本不考虑货币时间价值因素。

【工作实例 5-12】A 企业准备利用剩余生产能力开发新产品,有甲、乙两种产品可供选择,生产甲产品的最大产量为 1 000 件,生产乙产品的最大产量为 1 500 件。甲产品单位售价为 60 元,单位变动成本为 40 元。乙产品单位售价为 40 元,单位变动成本为 25 元。要求:进行甲、乙产品的生产开发决策分析。

解:甲产品边际贡献总额=(60−40)×1 000=20 000(元)

乙产品边际贡献总额=(40−25)×1 500=22 500(元)

乙产品的边际贡献总额高于甲产品的边际贡献总额,因此,A 企业应开发生产乙产品。

边际分析方法的主要优点是可以有效地分析业务量、变动成本和利润之间的关系,通过定量分析,直观地反映企业营运风险,促进提高企业营运效益。边际分析方法的主要缺点是决策变量与相关结果之间关系较为复杂,所选取的变量直接影响边际分析的实际应用效果。

拓展阅读 边际分析法的重大意义

边际分析法在 1870 年代被提出后,首先应用于对效用的分析,由此建立了理论基础——边际效用价值论。这一分析方法的运用引起了西方经济学的革命,具体来说其意义表现为以下 5 个方面:

第一,边际分析的运用使西方经济学研究重心发生了转变。由原来带有一定"社会性、历史性"意义的政治经济学转为纯粹研究如何抉择把有限的稀缺资源分配给无限而又有竞争性的用途上,便于有效利用。

第二，边际分析开创了经济学"数量化"的时代。边际分析本身是一种数量分析，在这个基础上，使各种数量工具如线性代数、集合论、概率论、拓扑学、差分方程等，逐步渗入经济学。数量化分析已经成为西方经济学的主要特征。

第三，边际分析催生了微观经济学的形成。边际分析以个体经济活动为出发点，以需求和供给为重心，强调主观心理评价，导致了以"个量分析"为特征、以市场和价格机制为研究中心的微观经济学的诞生。微观经济学研究市场和价格机制如何解决三大基本经济问题，探索消费者如何得到最大满足，生产者如何得到最大利润，生产资源如何得到最优分配的规律。

第四，边际分析奠定了最优化理论的基础。在边际分析的基础上，西方经济学从理论上提出了所谓最优资源配置，最优收入分配，最大经济效率及整个社会达到最优的一系列条件和标准。

第五，边际分析使实证经济学得到重大发展。人们在研究变量变动时，对整个经济发生了什么变动也了解得更多，这为研究事物本来面目、回答经济现象"是什么"问题的实证经济学提供了方法论基础。

岗课赛证融通训练

一、本量利分析

1. 业务资源

某公司 M 分部主要针对当地个人客户提供智能电子血糖血压计销售和家庭医疗服务。保利分析任务中，假定保持两种产品销售量比例及其他条件不变，营业利润合计要到达 850 万元，分别计算两种产品应该达到的销售量。

以完整小数位引用计算。标％项目结果四舍五入保留％前两位小数填制答案（如 3.25％），销售量四舍五入保留整数作答，其余结果四舍五入保留两位小数填制答案。

2024 年两类产品经营情况如表 5-4 所示。

表 5-4 M 分部经营情况说明

项目	单位	智能电子血压计	家庭医疗服务
销售量	台、套	26 000	9 000
单位售价	元/台、元/套	1 000	1 600
单位变动营业成本	元/台、元/套	600	800
单位变动期间费用	元/台、元/套	60	90
固定成本	元	4 800 000	2 600 000

2. 任务目标

根据本节所学本量利分析相关知识，并结合任务资源，填制该公司 M 分部 2024 年保本分析(表 5-5)和 2024 年保利分析(表 5-6)。

3. 业务实施

表 5-5　2024 年保本分析表

项目	单位	智能电子血压计	家庭医疗服务
销售量	台、套		
单位售价	元/台、元/套		
销售收入	元		
单位变动营业成本	元/台、元/套		
单位变动期间费用	元/台、元/套		
单位变动成本小计	元/台、元/套		
变动成本	元		
边际贡献	元		
边际贡献率	%		
固定成本	元		
营业利润	元		
保本销售额	元		
保本销售量	台/套		

表 5-6　2024 年保利分析表

项目	单位	智能电子血压计	家庭医疗服务
销售量	台、套		
单位售价	元/台、元/套		
销售收入	元		
单位变动营业成本	元/台、元/套		
单位变动期间费用	元/台、元/套		
单位变动成本小计	元/台、元/套		
变动成本	元		
边际贡献	元		
边际贡献率	%		
固定成本	元		
营业利润	元		

二、敏感性分析

1. 任务资源

深圳××科技有限公司为了更好地研究本量利分析中各因素对息税前利润的影响方向和程度，现对公司生产的产品智能手机 P11 和智能手机 P21 进行敏感性分析，如表5-7 所示。

表 5-7　2024 年产品相关资料

项目		智能手机 P11	智能手机 P21
产量/台		34 585	28 790
单价/(元/台)		1 250.00	1 120.00
变动成本	直接材料/元	22 213 322.97	17 870 808.06
	直接人工/元	10 307 675.20	5 269 555.72
	变动制造费用/元	5 836 834.80	3 265 293.46

公司生产智能手机 P11 和智能手机 P21 的固定成本分别为 1 217 927.12 元和 889 046.66 元。固定成本包括固定制造费用和固定期间费用。除上述成本外，不考虑其他成本费用。

销量和安全边际量向上保留整数填制答案并以此结果进行后续计算，其余数据以完整小数位数引用计算，结果四舍五入保留两位小数填制答案。

2. 任务目标

（1）根据所学敏感性分析相关知识，结合任务资源，计算单价、单位变动成本、销量各因素对蓝鲸智能手机 P11 的息税前利润的敏感系数（表5-8）。

（2）根据计算得出的敏感系数分析，当其他因素不变时，单价、销量和单位变动成本各因素中单一因素变动到多少时才能使息税前利润上涨10%或20%（表5-9）。

3. 任务实施

表 5-8　智能手机 P11 敏感性分析

项目	单位	基期	单价上涨 10%	销量上涨 10%	单位变动成本上涨 10%	固定成本上涨 10%
单价	元/台					
销量	台					
单位变动成本	元/台					
固定成本	元					
息税前利润	元					
敏感系数	1					

表 5-9　息税前利润变动时各因素分析

项目	单位	息税前利润上涨 10%	息税前利润上涨 20%
单价	元/台		
销量	台		
单位变动成本	元/台		

三、边际分析

1. 任务资源

某企业生产 A、B 两种产品，需要用同一项机器设备加工，该机器设备属于企业最紧缺的资源。根据目前市场情况，企业每月生产销售 A 产品 4 000 件，每件需要该设备加工 2 分钟；每月生产销售 B 产品 7 000 件，每件需要该设备加工 1 分钟，现在企业生产需要每月该设备加工时间为 15 000 分钟。该机器设备每月能提供的最大加工时间为 12 000 分钟，无法完全满足生产需要。

2. 任务目标

根据所学边际分析相关知识，结合任务资源，分析该企业如何安排生产，才能最有效利用该项机器设备，并填制表 5-10、表 5-11。

3. 任务实施

表 5-10　A、B 产品数据表

项目	A 产品	B 产品
销售单价/元		
单位变动成本/元		
单位边际贡献/元		
边际贡献率/%		

表 5-11　A、B 两种产品的单位约束资源边际贡献表

项目	A 产品	B 产品
单位产品边际贡献/元		
每件产品需要加工时间/分钟		
单位约束资源边际贡献/元		

投融资管理

📋 知识目标

- ◆ 熟悉投融资概念、投融资分类、投融资管理原则
- ◆ 掌握投融资管理的程序
- ◆ 认识投融资管理的重要性
- ◆ 掌握投融资管理的主要方法

能力目标

- ◆ 能够根据实际情况,应用贴现现金流法对企业投资进行分析决策
- ◆ 能够灵活进行项目选优决策
- ◆ 能够运用销售百分比法和回归分析法预测资金需求量
- ◆ 能够根据实际情况,为企业进行融资决策

素养目标

- ◆ 培养学生的全局意识,积极履行社会责任
- ◆ 培养学生的长期主义精神

案例导入:外包还是自购?

云端有限公司成立于2022年,主要从事电脑动画设计和互联网技术的研发与应用。自创立至今,公司一直将VR服务外包给其他公司。最近,公司准备利用3D全息投影技术,构建了一个集数字化展示和全息互动投影于一体的多媒体展厅,以便自己能承接VR和数字视觉服务。目前,公司每年支付的VR服务外包费用为200万元。

公司经调查发现,3D全息投影多媒体展厅需购置5台全息投影机,每台100万元;配备全息投影膜的投影墙及场地装修需150万元。3D全息投影多媒体展厅投入使用后,公司每年可额外增加收入 80 万元,每年额外支付成本 10 万元。公司设备、装修款以直线法计提折旧和摊销,使用年限为 8 年且无残值。公司所得税税率为 25%,项目资本成本为 10%。亲爱的同学,请问该公司是否应该投资建设 3D 全息投影展厅?

任务一　投融资管理认知

一、企业投融资管理的概念

投融资管理顾名思义就是投资管理和融资管理的简称。

投资管理是指企业根据自身战略发展规划,以企业价值最大化为目标,对资金投入营运进行的管理活动。

融资管理是指企业为实现既定的战略目标,在风险匹配的原则下,对通过一定的融资方式和渠道筹集资金进行的管理活动。

企业融资的规模、期限、结构等应与经营活动、投资活动的需要相匹配。

二、企业投融资的分类

(一) 企业投资的分类

将企业投资的类型进行科学的分类,有利于分清投资的性质,按不同的特点和要求进行投资决策,加强投资管理。

1. 项目投资与证券投资

根据投资对象的存在形态和性质,企业投资可以划分为项目投资和证券投资。

企业可以通过投资,购买具有实质内涵的经营资产,包括有形资产和无形资产,形成具体的生产经营能力,开展实质性的生产经营活动,谋取经营利润。这类投资称为项目投资。项目投资的目的在于改善生产条件、扩大生产能力、获取更多的经营利润。项目投资属于直接投资。

企业可以通过投资购买具有权益性的证券资产,通过证券资产所赋予的权利,间接控制被投资企业的生产经营活动,获取投资收益。这种投资称为证券投资,即购买属于综合生产要素的权益性权利资产的投资。

2. 独立投资与互斥投资

根据投资项目之间的相互关联关系,企业投资可以划分为独立投资和互斥投资。

独立投资是相容性投资,各个投资项目之间互不关联、互不影响,可以同时并存。独立投资项目决策考虑的是方案本身是否满足某种决策标准。

互斥投资是非相容性投资,各个投资项目之间相互关联、相互替代,不能同时并存。互斥投资项目决策考虑的是各方案之间的排斥性,互斥决策需要从每个可行方案中选择最优方案。

(二)企业融资的分类

企业采用不同方式所筹集的资金,按照不同的分类标准,可分为不同的融资类别。

1. 股权融资、债务融资和混合融资

按企业所取得资金的权益特性不同,企业融资分为股权融资、债务融资和混合融资三类。

股权投资包括内部股权投资和外部股权投资,反映在资产负债表上,前者是指留存收益的增加,后者则体现为股本或实收资本的增加。股本是股东投入的资本,企业依法长期拥有并能够自主调配运用。股本在企业持续经营期间,投资者不得抽回,因而也称之为企业的自有资本、主权资本或权益资本。股本是企业从事生产经营活动和偿还债务的基本保证,也是代表企业基本资信状况的一个主要指标。企业的股权资本通过吸收直接投资和发行股票内部积累等方式取得。股权资本由于一般不用偿还本金,形成了企业的永久性资本,因而财务风险小,但付出的资本成本相对较高。

债券融资是指通过负债筹集资金。负债是企业一项重要的资金来源,很少有一家企业是只靠自有资本,而不运用负债就能满足资金需要的。债券融资相对于股权融资来说,筹集的资金具有使用上的时间性,需到期偿还,不论经营好坏,需支付固定的债券利息。

混合融资兼具股权与债权融资性质。我国上市公司目前最常见的混合融资方式是发行可转换债券和发行认股权证。

2. 内部融资与外部融资

按资金的来源范围不同,企业融资分为内部融资和外部融资两种类型。

内部融资是指企业通过利润留存而形成的融资来源。内部融资的数额大小主要取决于企业可分配利润的多少和利润分配政策,一般无须花费融资费用,从而降低了资本成本。

外部融资是指企业向外部筹措资金而形成的融资来源。处于初创期的企业,内部融资的可能性是有限的;处于成长期的企业,内部融资往往难以满足需要,这就需要企业广泛地开展外部融资,如发行股票和债券,取得商业信用和银行借款等。企业向外部融资大多需要花费一定的融资费用,从而提高了融资成本。

三、投融资管理的原则

企业进行投融资管理,一般应遵循以下原则:

(一)价值创造原则

投融资管理应以持续创造企业价值为核心。

(二)战略导向原则

投融资管理应符合企业发展战略与规划,与企业战略布局和结构调整方向相一致。

（三）风险匹配原则

投融资管理应确保投融资对象的风险状况与企业的风险综合承受能力相匹配。

四、企业投融资管理的程序

（一）投资管理程序

企业应建立和健全投资管理的制度体系，根据组织架构特点，设置能够满足投资管理活动所需的，由业务、财务、法律及审计等相关人员组成的投资委员会或类似决策机构，对重大投资事项和投资制度建设等进行审核。有条件的企业可以设置投资管理机构，组织开展投资管理工作。

企业一般按照投资计划制订、投资可行性分析、投资管理的实施过程控制和投资后评价等程序进行。

1. 投资计划制订

企业投资管理机构应根据战略需要，定期编制中长期投资规划，并据此编制年度投资计划。

（1）中长期投资规划一般应明确指导思想、战略目标、投资规模、投资结构等。

（2）年度投资计划一般包括编制依据、年度投资任务、年度投资任务执行计划、投资项目的类别及名称、各项目投资额的估算及资金来源构成等，并纳入企业预算管理。

2. 投资可行性分析

投资可行性分析的内容一般包括该投资在技术和经济上的可行性、可能产生的经济效益和社会效益、可以预测的投资风险、投资落实的各项保障条件等。

3. 投资管理的实施过程控制

企业进行投资管理，应当将投资控制贯穿于投资实施的全过程。投资控制的主要内容一般包括进度控制、财务控制、变更控制等。

进度控制是指对投资实际执行进度方面的规范与控制，主要由投资执行部门负责。财务控制是指对投资过程中资金使用、成本控制等方面的规范与控制，主要由财务部门负责。变更控制是指对投资变更方面的规范与控制，主要由投资管理部门负责。

4. 投资后评价

投资项目实施完成后，企业应该对照项目可行性分析和投资计划组织开展投资后评价。投资后评价的主要内容一般包括投资过程回顾、投资绩效和影响评价、投资目标实现程度和持续能力评价、经验教训和对策建议等。

投资报告应根据投资管理的情况和执行结果编制，反映企业投资管理的实施情况。投资报告主要包括以下两部分内容：

（1）投资管理的情况说明，一般包括投资对象、投资额度、投资结构、投资风险、投资进度、投资效益及需要说明的其他重大事项等。

（2）投资管理建议，可以根据需要以附件形式提供支持性文档。

投资报告是重要的管理会计报告，应确保内容真实、数据可靠、分析客观、结论清楚，为报告使用者提供满足决策需要的信息。企业可定期编制投资报告,反映一定期间内投资管理的总体情况,一般至少应于每个会计年度编制一份,也可根据需要编制不定期投资报告,主要用于反映重要项目节点、特殊事项和特定项目的投资管理情况。

企业应及时进行回顾和分析,检查和评估投资管理的实施效果,不断优化投资管理流程,改进投资管理工作。

(二)融资管理程序

企业应建立健全融资管理的制度体系。融资管理一般采取审批制。

企业应设置满足融资管理所需的,由业务、财务、法律及审计等相关人员组成的融资委员会或类似决策机构,对重大融资事项和融资管理制度等进行审批,并设置专门归口管理部门牵头负责融资管理工作。

企业应用融资管理工具方法,一般按照融资计划制订、融资决策分析、融资方案的实施与调整、融资管理分析等程序进行。

1. 融资计划制订

企业对融资安排应实行年度统筹、季度平衡、月度执行的管理方式,根据战略需要、业务计划和经营状况,预测现金流量,统筹各项收支,编制年度融资计划并据此分解至季度和月度融资计划。必要时根据特定项目的需要,编制专项融资计划。

年度融资计划的内容一般包括编制依据、融资规模、融资方式、资本成本等计划。季度和月度融资计划的内容一般包括年度经营计划、企业经营情况和项目进展水平、资金周转水平、融资方式、资本成本等。企业融资计划可作为预算管理的一部分,纳入企业预算管理。

2. 融资决策分析

企业应根据融资决策分析的结果编制融资方案,融资决策分析的内容一般包括资本结构、资本成本、融资用途、融资规模、融资方式、融资机构的选择依据、偿付能力、融资潜在风险和应对措施、还款计划等。

3. 融资方案的实施与调整

融资方案经审批通过后,进入实施阶段,一般由归口管理部门具体负责落实。如果融资活动受阻或者融资量无法达到融资需求目标,归口管理部门应及时对融资方案进行调整,数额较大时应按照融资管理程序重新报请融资委员会或类似决策机构审批。

4. 融资管理分析

企业融资完成后,应对融资进行统一管理,必要时应建立融资管理台账。企业应定期进行融资管理分析,内容一般包括还款计划、还款期限、资本成本、偿付能力、融资潜在风险和应对措施等。还款计划应纳入预算管理,以确保按期偿还融资。

融资报告应根据融资管理的执行结果编制,反映企业融资管理的情况和执行结果。融资报告主要包括以下两部分内容:

(1)融资管理的情况说明,一般包括融资需求测算、融资渠道、融资方式、融资成本、融资程序、融资风险及应对措施、需要说明的重大事项等。

(2)融资管理建议,可以根据需要以附件形式提供支持性文档。融资报告是重要的管理会计报告,应确保内容真实、数据可靠、分析客观、结论清楚,为报告使用者提供满足决策需要的信息。企业可定期编制融资报告,反映一定期间内融资管理的总体情况,一般至少应于每个会计年度出具一份,也可根据需要编制不定期报告,主要用于反映特殊事项和特定项目的融资管理情况。

企业应及时进行融资管理回顾和分析,检查和评估融资管理的实施效果,不断优化融资管理流程,改进融资管理工作。

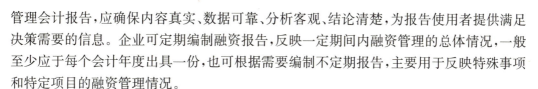

拓展阅读 我国工业领域全面推动设备更新和技术改造

党的十八大以来,在以习近平同志为核心的党中央坚强领导下,我国工业发展取得历史性成就,体系全、品种多、规模大的独特优势更加明显,创新力、竞争力、抗风险能力显著提升。推动大规模设备更新和消费品以旧换新,是党中央、国务院着眼于高质量发展大局作出的重大部署。推动工业领域设备更新和技术改造,有利于扩大有效投资,有利于提升先进产能比重,既利当前,又利长远。2023年,全国工业领域设备投资规模达4.4万亿元,同比增长8.7%,占全社会设备投资的70%以上,设备更新空间大、潜力足。

工业和信息化部认真贯彻落实党中央、国务院决策部署,联合六部门印发了《推动工业领域设备更新实施方案》。将围绕推进新型工业化,以大规模设备更新为抓手,实施制造业技术改造升级工程,以数字化转型、绿色化升级为重点,坚持市场化推进、标准化引领、软硬件一体化更新,推动制造业高端化、智能化、绿色化发展。到2027年,力争实现工业领域设备投资规模较2023年增长25%以上。

任务二　贴现现金流法

一、贴现现金流法的概念

贴现现金流法是以明确的假设为基础,选择恰当的贴现率对预期的各期现金流入、流出进行贴现,通过贴现值的计算和比较,为财务合理性提供判断依据的价值评估方法。

贴现现金流法一般适用于在企业日常经营过程中,与投融资管理相关的资产价值评估、企业价值评估和项目投资决策等。贴现现金流法也适用于其他价值评估方法不适用的企业,包括正在经历重大变化的企业,如债务重组、重大转型、战略性重新定位、亏损或者处于开办期的企业。

二、贴现现金流法的应用环境

企业应用贴现现金流法,应先对企业战略、行业特征、外部信息等进行充分了解。

企业应用贴现现金流法,应从战略层面明确贴现现金流法应用的可行性,并据实际情况,建立适合贴现现金流法开展的沟通协调程序和操作制度,明确信息提供的责任主体、基本程序和方式,确保信息提供的充分性和可靠性。同时,企业应考虑评估标的未来将采取的会计政策和评估基准日所采用的会计政策是否基本一致。

企业应用贴现现金流法,应确认内外部环境对贴现现金流法的应用可提供充分支持,如现金流入和现金流出的可预测性、贴现率的可获取性,以及所有数据的可计量特征。通常需要考虑以下内容:

(1) 国家现行的有关法律法规及政策、国家宏观经济形势有无重大变化,各方所处地区的政治、经济和社会环境有无重大变化。

(2) 有关利率、汇率、税基及税率等是否发生重大变化。

(3) 评估标的的所有者和使用者是否严格遵守有关法律法规,并确认其在现有的管理方式和管理水平的基础上,经营范围和方式与目前方向是否保持一致。

(4) 有无其他不可抗拒因素及不可预见因素对企业造成重大不利影响。

此外,企业应用贴现现金流法时,应当说明和反映影响现金流入和现金流出的事项和因素,既要反映现金流的变化总趋势,也要反映某些重要项目的具体趋势。

三、贴现现金流法的应用程序

企业应用贴现现金流法,一般按以下程序进行。

(一) 估计贴现现金流法的三个要素,即贴现期、现金流、贴现率

企业应充分考虑标的特点、所处市场因素波动的影响以及有关法律法规的规定等,合理确定贴现期限,确保贴现期与现金流发生期间相匹配。

贴现期可采用项目已有限期,也可采用分段式,如 5 年作为一个期间段。企业在进行资产价值评估时,尤其要注意标的资产的技术寿命期限对合同约定期限或者法定使用期限的影响。

现金流指企业在一定会计期间按照收付实现制,通过一定经济活动(经营活动、投资活动、筹资活动等)产生的现金流入、现金流出及其总量情况的总称。

贴现率是反映当前市场货币时间价值和标的风险的回报率。贴现率的设定要充分体现标的特点,通常应当反映评估基准日类似地区同类标的平均回报水平和评估对象的特定风险。

(二) 在贴现期内,采用合理的贴现率对现金流进行贴现

贴现率应当与贴现期和现金流相匹配,当使用非年度的时间间隔(比如按月或按日)进行分析时,年度名义贴现率应调整为相应期间的实际贴现率。

1. 资产价值评估贴现率

资产价值评估采用的贴现率,通常根据与资产使用寿命相匹配的无风险报酬率进行风险调整后确定。无风险报酬率通常选择对应期限的国债利率,风险调整因素有政治风险、市场风险、技术风险、经营风险和财务风险等。

2. 企业价值评估贴现率

进行企业价值评估采用的贴现率,需要区分其是以企业整体还是以所有者权益作为

价值评估的基础的。通常，企业整体价值评估采用股权资本成本和债务资本成本的加权平均资本成本作为贴现率的确定依据；企业所有者权益价值评估采用股权资本成本作为贴现率的确定依据。

资本成本是指筹集和使用资金的成本率，或进行投资时所要求的必要报酬率，一般用相对数即资本成本率表示。企业的股权资本成本通常以资本资产定价模型为基础进行估计，综合考虑控制权程度、股权流动性、企业经营情况、历史业绩、发展前景和影响标的企业生产经营的宏观经济、标的企业所在行业发展状况与前景等调整因素。

3. 项目投资决策贴现率

项目投资决策采用的贴现率，应根据市场回报率和标的项目本身的预期风险来确定。一般可以按照标的项目本身的特点，适用资产价值评估和企业价值评估的贴现率确定方法，但要注意区分标的项目与其他项目，或者作为企业组成部分所产生的风险影响，对贴现率进行调整。

（三）形成分析报告

贴现现金流法分析报告的形式可以根据业务的性质和服务对象的需求等确定，也可在资产评估报告中整体呈现。当企业需要单独提供贴现现金流法分析报告时，应确保内容的客观与翔实。贴现现金流法分析报告一般包括以下内容：

1. 假设条件

贴现现金流法分析报告应当对贴现现金流法应用过程中的所有假设进行披露。

2. 数据来源

贴现现金流法分析报告应当清楚地说明并提供分析中所使用的有关数据及来源。

3. 实施程序

编制贴现现金流法分析报告一般按照以下程序进行：合理选择评估方法；评估方法的运用和逻辑推理；主要参数的来源、分析、比较和测算；对评估结论进行分析，形成评估结论。

4. 评估者身份

当以内部评估人员身份开展评估工作时，评估人员与控制资产的实体之间的关系应当在评估报告中披露；当以外部评估人员身份开展评估工作且以盈利为目的为委托方工作时，评估人员应当对这种关系予以披露。

四、贴现现金流法在投资决策中的应用

（一）投资项目的现金流量

投资项目的现金流量是指投资项目从筹建、设计、施工、正式投产使用至报废为止的整个期间内引起的现金流入和现金流出的数量。项目周期内现金流入量和现金流出量的差额称为项目投资的净现金流量。

1. 现金流入量现金

现金流入量是指项目投资方案引起的企业现金收入的增加额，主要包括以下四个

方面：

(1) 营业收入

营业收入应按照项目在经营期内有关产品(产出物)的各年预计单价(不含增值税)和预测销售量进行估算。为了简化计算,假定在正常生产经营年度内,每期生产的赊销额与回收的应收账款大致相等。根据时点假设,生产经营期发生的营业收入均在每期期末。营业收入是生产经营期的主要现金流入量项目。

(2) 回收的固定资产残值

回收的固定资产残值是指投资项目的固定资产在报废清理时的残值收入或中途转让时的变价收入。此现金流入一般发生在项目计算期的终结点。

(3) 回收流动资金

假定在经营期不发生提前回收流动资金,则在终结点一次回收的流动资金应等于各年垫支的流动资金投资额的合计数。

(4) 其他现金流入量

其他现金流入量是指以上三项指标以外的现金流入量项目。

2. 现金流出量

现金流出量一般包括建设投资、流动资金、付现成本,以及所得税支出等。

(1) 建设投资

建设投资是指在建设期内发生的固定资产投资、无形资产投资和开办费投资等的总和。建设投资是建设期发生的主要现金流出量,其计算公式如下：

$$建设投资 = 固定资产投资 + 无形资产投资 + 其他投资$$

(2) 垫付的流动资金

垫付的流动资金是指投资项目建成投产后,为开展正常生产经营活动而投放在流动资产上的投资增加额。流动资金一般在项目开始投产时一次或分次投入,项目终结点回收。

(3) 付现的营运成本

付现的营运成本是指在投资项目生产经营期内为满足正常生产经营活动而发生的用现金支付的成本。这是经营期内最主要的现金流出量。

$$付现成本 = 当年的总成本 - 该年折旧额 - 该年无形资产摊销额 - 开办费摊销额等$$

(4) 所得税支出

对企业来说,只有税后的现金流量才可真正支配使用,而所得税支出是一种现金流出。

3. 现金净流量

现金净流量是在项目计算期内现金流入量与现金流出量的差额。当现金流入量大于现金流出量时,现金净流量为正数;当现金流入量小于现金流出量时,现金净流量为负数。项目计算期内由每年现金流入量与同年现金流出量之间的差额所形成的序列指标,是计算项目投资决策评价指标的重要依据。现金净流量的计算公式如下：

现金净流量＝现金流入量－现金流出量

(二) 现金净流量的估算

项目投资决策中的现金净流量的估算,一般分三个阶段进行。具体情况如下:

1. 建设期现金净流量的估算

建设期某年的现金净流量＝－该年发生的原始(或固定资产)投资额

【工作实例6-1】 假定某公司拟购建一项固定资产,需投资200万元,垫支流动资金50万元。试计算项目的建设期的现金净流量。

解:建设期现金净流量＝－投资支出－垫支流动资金
　　　　　　　　　＝－200－50＝－250(万元)

2. 经营期现金净流量的估算

经营期某年的现金净流量＝营业收入－付现成本－所得税
　　　　　　　　　　　＝营业收入－(销货成本－折旧额)－所得税
　　　　　　　　　　　＝净利润＋折旧额

【工作实例6-2】 某固定资产项目预计投产后可使用8年,每年为企业创造增量收入100万元,发生付现成本60万元。固定资产按直线法折旧,每年折旧额为20万元,期末无残值,所得税税率为25％。要求:计算该项固定资产经营期的净现金流量。

解:调整所得税＝(收入－总成本)×所得税税率
　　　　　　　＝(100－60－20)×25％＝5(万元)
NCF_{1-8}＝100－60－5＝35(万元)

3. 终结期的现金净流量估算

终结期的净现金流量＝固定资产的残值变现收入＋垫支流动资金的收回

【工作实例6-3】 假定某个5年的投资项目经营期的现金流量均为18万元,报废时的变价收入为0.8万元,原投入该项目的流动资金为50万元。要求:计算该项目终结现金流量和第5年的现金流量。

解:终结现金流量＝固定资产的残值变现收入＋垫支流动资金的收回
　　　　　　　＝0.8＋50＝50.8(万元)
NCF_5＝18＋50.8＝68.8(万元)

(三) 项目投资决策的评价指标及其运用

投资决策中对投资项目进行评价时所用的指标通常分为两类:一类是静态投资指标,指的是没有考虑资金时间价值因素的指标,所以也称非贴现指标,主要包括投资回收期和投资报酬率等;另一类是动态投资指标,指的是考虑了资金时间价值因素的指标,故也称贴现指标,主要包括净现值、净现值率、内含报酬率等。

1. 静态投资回收期

静态投资回收期是指不考虑资金时间价值情况下,以项目投资的未来现金净流量来回收该项目的初始投资额所需的时间(通常用年数来表示),即当累计净现金流量等于初始投资额时所需要的时间。该方法是从收回投资所需要的时间长短角度评价项目的经济可行性。一般投资回收期越短,收回投资的速度越快,投资承受的风险也就越小。投资回收期的计算方法分以下两种情况。

(1) 如果各年现金流量相等或前若干年现金流量相等时,一般采用公式法计算。其计算公式如下:

$$静态投资回收期=\frac{投资总额}{营业现金净流量}+项目建设期$$

(2) 如果每年的经营净现金流量不相等,一般采用列表法计算。其计算公式如下:

$$静态投资回收期=累计现金净流量出现正值的年份-1+\frac{上年累计现金净流量的绝对值}{出现正值年份的现金净流量}$$

【工作实例6-4】投资项目 A 的初始投资额为 24 000 元,第 1 年至第 10 年的预计净现金流量每年均为 5 000 元。要求:计算 A 项目的静态投资回收期。

解:A 项目投资回收期=24 000÷5 000=4.8(年)

【工作实例6-5】投资项目的现金流量预测资料如表 6-1 所示。要求:计算项目的静态投资回收期。

表 6-1　项目现金流量预测　　　　　　　　　　　　　　　单位:元

项目	0	1	2	3	4	5
NCF	-75 000	19 760	18 560	17 360	16 160	37 960
累计 NCF	-75 000	-55 240	-36 680	-19 320	-3 160	34 800

解:该项目的静态投资回收期=$(5-1)+\frac{|-3\ 160|}{37\ 960}\approx 4.08$(年)

静态投资回收期指标的决策标准如下:对于独立方案,如果投资回收期小于等于基准回收期(公司自行确定或根据行业标准确定),可接受该项目;反之,则应放弃。在实务分析中,一般认为投资回收期小于项目周期一半时方为可行;如果投资回收期大于项目周期的一半,则认为项目不可行。对于互斥方案,应以回收期最短的方案作为中选方案。

静态投资回收期的优点是计算简便、易于理解;缺点是没有考虑资金时间价值,完全忽视了回收期以后的现金流量状况,可能导致决策者优先考虑能在短期内获利的投资项目。

2. 投资报酬率

投资报酬率又称投资利润率,是指生产经营期内正常生产年份的净收益(年度利润总额、年利税总额或年平均利润)占投资总额的百分比。其计算公式如下:

$$投资报酬率=\frac{正常年份的净收益}{投资总额}\times 100\%$$

【工作实例6-6】某投资项目的初始投资额为 24 000 元,在生产经营期内年平均利润能实现 3 000 元,该行业的基准投资报酬率为 10%。要求:计算该项目的投资报酬率。

解:投资报酬率=3 000÷24 000×100%=12.5%

投资报酬率指标的决策标准为:投资报酬率≥基准投资报酬率,方案可行;投资报酬率<基准投资报酬率,方案不可行。在多个投资方案的互斥性决策中,方案的投资报酬率越高,说明该方案的投资效果越好,应该选择投资报酬率最高的方案。

投资报酬率与投资回收期一样计算简明和易于理解,同时又克服了投资回收期时由于投资期没有考虑全部现金净流量的缺点;但其没有考虑资金时间价值,也不能说明投资项目的可能风险。

3. 净现值

净现值是指在项目计算期内,按行业基准收益率或其他设定折现率将投资项各年净现金流量折算成现值后减去初始投资的余额,其计算公式如下:

$$NPV = \sum NCF \times (P/F, i, t)$$

其中,NPV 是净现值,i 是基准折现率。

【工作实例6-7】某投资项目的现金流量预测资料如表6-2所示,假设资本成本为10%。要求:计算该项目的NPV。

表6-2 某项目现金流量预测   单位:元

项目	0	1	2	3	4	5
NCF	-170 000	39 800	50 110	67 117	62 782	78 972

解:NPV=-170 000+39800(P/F,10%,1)+50 110(P/F,10%,2)+67 117(P/F,10%,3)+62 782(P/F,10%,4)+78 972(P/F,10%,5)=-170 000+219 932=49 932(元)

净现值指标的决策标准如下:当净现值≥0时,项目可行;当净现值<0时,项目不可行。进行多个投资方案的互斥性决策时,净现值越大的方案相对越优。

净现值的优点是充分考虑了资金时间价值和项目计算期内全部现金流量,并且考虑了投资风险(可以通过提高贴现率加以控制)。其缺点是净现值是一个绝对数,不能从动态的角度直接反映投资项目的实际收益率,在进行互斥性投资决策时,若投资额不等,仅用净现值有时无法确定投资项目的优劣;净现值计算比较复杂,较难理解和掌握。

4. 净现值率(NPVR)

净现值率是指投资项目的净现值与原始投资额的比率。

$$NPVR = \frac{投资项目净现值}{原始投资现值} \times 100\%$$

【工作实例6-8】承【工作实例6-7】,计算该项目的$NPVR$。

解:$NPVR$=49 932÷170 000×100%=29.37%

净现值率指标的决策标准如下:当净现值率>0时,投资方案可行;当净现值率<0时,投资方案不可行。对于多个互斥方案,应选择净现值率最大的方案。

净现值率指标的优点在于它考虑了资金时间价值,是一个相对数,可以从动态的角度反映项目投资的资金投入与净产出之间的关系,其动态相对数指标更容易计算,可用于不同投资规模的方案比较。其缺点是无法直接反映投资项目的实际收益率。

5. 现值指数(PI)

现值指数又称获利指数,是指投资项目未来现金流入量现值与现金流出量现值的比率。它表明单位投资的现值可以获得的现金流入量现值,一般以行业基准收益率或资本成本为折现率。

$$现值指数 = \frac{\sum 营业期各年现金净流量现值}{原始投资现值}$$

通过计算公式不难发现,现值指数与前面介绍的净现值率存在以下关系:

$$PI = 1 + NPVR$$

【工作实例6-9】承【工作实例6-8】,计算该项目的现值指数。

解:PI = [39 800(P/F,10%,1) + 50 110(P/F,10%,2) + 67 117(P/F,10%,3) + 62 782(P/F,10%,4) + 78 972(P/F,10%,5)]/170 000
= 219 932/170 000
= 1.29

这种指标的决策标准如下:针对独立方案,接受现值指数为1的项目,放弃现值指数<1的项目;针对互斥方案,在现值指数>1的情况下,取大者。

6. 内含报酬率(IRR)

内含报酬率指的是投资项目在使用期内各期净现金流入量现值总和与投资额现值总和(或初始投资)相等时的贴现率。

$$NPV = \sum NCF \times (P/F, IRR, t) = 0$$

运用内含报酬率进行投资方案决策时,应设基准贴现率:当内含报酬率≥目标收益率时,方案可行;当内含报酬率<目标收益率时,方案不可行。在多个投资方案的互斥性决策中,应选内含报酬率高的方案。

一般来说IRR的计算步骤如下:

(1) 估计一个贴现率,用它来计算净现值。如果净现值为正数,说明方案的实际内含报酬率大于预计的贴现率,应提高贴现率再进一步测试;如果净现值为负值,说明方案本身的内含报酬率小于估计的贴现率,应降低贴现率再进行测算。如此反复测试,寻找出使净现值由正到负或由负到正且接近零的两个贴现率。

(2) 根据上述相邻的两个贴现率用插入法求出该方案的内含报酬率。由于逐步测试法是一种近似方法,因此相邻的两个贴现率不能相差太大,否则误差会很大。用插值法可以近似计算出内含报酬率,直线插值法计算公式如下:

$$y = y_0 + \frac{x_0 - x}{x_0 - x_i} \times (y_1 - y_0)$$

对于单项方案决策,如果计算出的内含报酬率大于或等于企业的资本成本或必要报酬率就采纳;反之,则拒绝。多个备选方案的互斥决策中,应选用内含报酬率超过资本成本或必要报酬率最多的投资项目。如公司甲、乙两个方案的内含报酬率皆大于资本成本10%,但甲方案的内含报酬率更高,则甲方案更优。

内含报酬率指标的优点在于考虑了货币时间价值,反映了投资项目可能达到的真实报酬率,有利于对原始投资额不同的项目进行决策。

内含报酬率指标的缺点如下:

(1) 计算过程比较复杂,尤其是每年 NCF 不等的投资项目,一般要经过多次测试才能算出;当经营期大量追加投资时,有可能导致多个内含报酬率出现,或偏高或偏低,缺乏实际意义。

(2) 在互斥投资方案决策时,如果各方案的原始投资额不相等,有时无法进行正确的决策。某一方案的原始投资额低,净现值小,但内含报酬率可能较高;而另一方案原始投资额高,但净现值大,但内含报酬率可能较低。

【工作实例 6-10】云裳服装公司准备购入一项设备以扩大公司的生产能力。该设备需投资 12 000 元,采用直线法计提折旧,使用寿命为 5 年,5 年后有残值收入 2 000 元。5 年中每年的销售收入为 8 000 元,付现成本第一年为 3 000 元,以后随着设备陈旧,将逐年增加修理费 400 元,另需垫支营运资金 4 000 元,该公司所得税率为 25%,资本成本率为 10%。根据以上业务资料,填制云裳服装公司该项目的内含报酬率测试表并运用插值法计算内含报酬率(表 6-3)。

表 6-3 项目内含报酬率测试表

年度	每年 NCF	测试 12%		测试 13%	
		复利现值系数	现值	复利现值系数	现值
0	−16 000	1.000 0	−16 000	1.000 0	−16 000
1	4 250	0.885 0	3 761.25	0.877 2	3 728.10
2	3 950	0.783 1	3 093.25	0.769 5	3 039.53
3	3 650	0.693 1	2 529.82	0.675 0	2 463.75
4	3 350	0.613 3	2 054.55	0.592 1	1 983.54
5	8 050	0.542 8	4 369.54	0.519 4	4 181.17
NPV	—	—	238.33	—	−192.04

插值法计算内含报酬率:

$$IRR = 12\% + \frac{238.33 - 0}{238.33 - (-192.04)} \times (13\% - 12\%) = 12.55\%$$

拓展阅读 时代中国构建数字化大运营系统助力投资目标达成

时代中国控股有限公司作为中国民营企业500强、中国财富500强、中国房地产50强、香港联合交易所上市企业，于1999年成立，现已成为中国领先的城市发展服务商。它持续深耕粤港澳大湾区，同步布局长三角、长江中游、成渝城市群等高增长潜力区域，目前投资的项目已覆盖近20个经济发达城市，共拥有200多个处于不同开发阶段的项目。但随着项目管理规模的不断扩大，协同工作激增，运营和决策效率低下的问题凸显，再叠加行业利润空间下滑，公司原有大运营管理模式已不适合现阶段的发展要求。

时代中国搭建的数字化大运营体系，通过投前投后模型上线，实现投资到运营的全面贯通，实现全周期经营监控和预警，通过归因分析和敏感性分析实现经营差异的快速分析和策略推演，完善考核激励机制，推动数字化大运营系统的有效应用，促进了项目经营预期目标的达成。其价值主要表现如下：在组织层面，解决了房企各专业不交圈、协同性差、效率低的问题；在业务层面，实现了对项目多专业策略协同；在经营层面，实现了公司财务经营状态的动态管理，以及项目全周期利润和现金流的有效管控，同时前置性控制了项目的经营风险和公司的整体经营风险。

任务三　长期投资决策方法的具体运用

本节对生产设备是否需要更新的决策、生产设备最优更新期的决策、固定资产大修理或更新的决策、购置固定资产分期付款或一次性付款的决策、在资本定量情况下投资项目最优组合的决策等典型案例加以介绍。

一、生产设备是否需要更新的决策分析

生产设备是否需要更新的决策是长期投资决策分析中的重要内容。由于科学技术的迅速发展，生产设备的寿命周期越来越短。在竞争日益激烈的社会中，及时地淘汰旧设备启用先进的新设备，不仅可以提高效率、保证产品质量，而且可以大大降低设备的使用成本，进而提高经济效益。

如果拟购置的新设备的使用年限与旧设备的剩余年限相同，可采用净现值法结合差量分析来计算继续使用旧设备与更新设备现金流量的差额，以便确定更新旧设备是否有利。

【工作实例6-11】假设东方公司有一套生产设备系四年前购入，原购入成本400 000元，估计尚可使用6年，期满无残值，已提折旧（按直线法计提）160 000元，账面折余价值为240 000元。如果继续使用旧设备每年可获得销售收入596 000元，每年付现的营业成本为452 000元。现拟更换一套计算机自动控制的新设备，估计需要价款600 000元，估计可使用6年，期满估计有残值30 000元。购入新设备时，旧设备可作价140 000元。使用新设备后，每年可增加销售收入100 000元，同时，每年可节约付现营业

成本 20 000 元。假定东方公司的资本成本为 12%。要求:采用净现值法为东方公司做出是否更新设备的决策分析。

(1) 计算购置新设备所带来的现金净流量的增加额。由于这两个方案的使用年限相同,所以可以使用差量分析法来计算购置新设备所带来的现金净流量增加的差额。

$$\begin{pmatrix}\text{购置新设备每}\\\text{年增加的 NCF}\end{pmatrix}=\begin{pmatrix}\text{购置新设备}\\\text{每年的 NCF}\end{pmatrix}-\begin{pmatrix}\text{继续使用旧设}\\\text{备每年的 NCP}\end{pmatrix}$$

$$=\left\{\begin{pmatrix}\text{购置新设备}\\\text{每年的销售收入}\end{pmatrix}-\begin{pmatrix}\text{购置新设备}\\\text{每年的付现成本}\end{pmatrix}\right\}-$$

$$\left\{\begin{pmatrix}\text{继续使用旧设备}\\\text{备的销售收入}\end{pmatrix}-\begin{pmatrix}\text{继续使用旧设}\\\text{备的付现成本}\end{pmatrix}\right\}$$

$$=\{(596\ 000+100\ 000)-(452\ 000-20\ 000)\}-(596\ 000-452\ 000)$$

$$=(696\ 000-432\ 000)-(596\ 000-452\ 000)$$

$$=264\ 000-144\ 000=120\ 000(\text{元})$$

(2) 计算购置新设备能增加的净现值。

$$\begin{pmatrix}\text{购置新设备}\\\text{增加的净现值}\end{pmatrix}=\begin{pmatrix}\text{购置新设备增加的}\\\text{未来报酬的总现值}\end{pmatrix}-\begin{pmatrix}\text{购置新设备需要}\\\text{增加的投资额}\end{pmatrix}$$

$$=\left\{\begin{pmatrix}\text{购置新设备每}\\\text{年增加的 NCF}\end{pmatrix}\times(P/A,12\%,6)+\begin{pmatrix}\text{新设备第 6}\\\text{年末的残值}\end{pmatrix}\times(P/F,12\%,6)\right\}-$$

$$\left\{\begin{pmatrix}\text{购置新设}\\\text{备的价款}\end{pmatrix}-\begin{pmatrix}\text{旧设备的}\\\text{作价款}\end{pmatrix}\right\}$$

$$=(120\ 000\times4.111+30\ 000\times0.507)-(600\ 000-140\ 000)$$

$$=508\ 530-460\ 000$$

$$=48\ 530(\text{元})$$

由此可见,购置新设备能增加净现值 48 530 元,所以设备更新方案是可行的。

二、生产设备最优更新期的决策分析

生产设备及时进行更新无疑是必要的。现在的问题是何时对生产设备进行更新才是最佳选择,也就是说应当如何来确定生产设备的最优更新期。要解决这个问题就需要计算生产设备的经济寿命及其相应的最低年均总成本。

(一) 生产设备的经济寿命与年均总成本的内容

经济寿命是指生产设备能够提供经济效益的期限,也是可使生产设备的年均成本达到最低水平的使用期限。因此,经济寿命也称为最优更新期或低年均成本期。一般来讲,生产设备的经济寿命要短于自然寿命。决定生产设备经济寿命的成本因素主要包括如下两个部分:

1. 资产成本

资产成本是指用于生产设备投资的成本。在不考虑资本成本的条件下,资产本就是各年的生产设备的折旧额。生产设备的使用年限越长,每年的折旧额就越低。所以资产成本是随着使用年限的增加而逐年降低的。

2. 劣势成本

劣势成本是指生产设备由于逐年使用和自然损耗而导致原材料和能源消耗及维修费用逐渐增加以及因质量下降而增加的残废品损失所付出的代价。生产设备的劣势成本总是随着使用年限的延长而逐步增加。为了计算的方便,我们假定劣势成本每年增加幅度相等(当然实际情况未必如此)。

由此可见,使用生产设备的年均成本就是年均资产成本与年均劣势成本之和。前者随着使用年限的增加而递减,后者则随着使用年限的延长而递增。正因为如此必定存在着某一时点,使得年均总成本达到最低水平,而超过这一时点,年均总成本就会逐年增加。这个时点就是生产设备的经济寿命。

(二) 生产设备经济寿命和年均最低总成本的计算

因为生产设备经济寿命一般来说比较长,因此在计算分析生产设备经济寿命和年均最低总成本时,需要考虑货币时间价值,采用折现计算法。

折现计算法要求将发生在不同时点的成本按照资本成本折算成现值来计算,同时它还要求考虑生产设备残值随使用年限变动而变动的影响。

考虑了货币时间价值和残值变动因素后,经济寿命和年均最低总成本的计算公式如下:

$$设备年均总成本 = \frac{(设备原始投资额 - 设备余值现值) + \sum_{t=1}^{n} 劣势成本各年发生额的现值}{年金现值系数}$$

从理论上讲,确定生产设备的经济寿命及其年均最低总成本的折现计算法,由于不仅考虑了货币的时间价值,而且也考虑了残值在不同使用年限会发生变动的影响,所以其结果最为准确。但是,这种方法计算复杂,而且式中的基础性数据的确定具有一定的主观随意性,这使它在实际工作中的应用效果大打折扣。

【工作实例6-12】公司计划采购一套设备,设备采购原值为300万元,使用寿命为8年,残值率为5%,更新年度设备变现价值和账面价值,采用年数总和法计提折旧。第1年到第4年运行成本为15万元,第5年以后每年运行成本在上年的基础上增加3万元。如果设备重置时各项条件保持不变,试分析固定资产最佳更新年份(即计算设备最佳经济寿命),如表6-4所示。公司适用的企业所得税税率为25%,资本成本率为10%。

表6-4 设备最佳更新时间决策   单位:万元

更新年限	0	第1年	第2年	第3年	第4年	第5年	第6年	第7年	第8年
复利现值系数	1	0.909 1	0.826 4	0.751 3	0.683 0	0.620 9	0.564 5	0.513 2	0.466 5

续表

更新年限	0	第1年	第2年	第3年	第4年	第5年	第6年	第7年	第8年
年金现值系数	—	0.909 1	1.735 5	2.486 9	3.169 9	3.790 8	4.355 3	4.868 4	5.334 9
设备原值	300	300	300	300	300	300	300	300	300
年折旧额	0	63.33	55.42	47.50	39.58	31.67	23.75	15.83	7.92
折旧抵税	—	15.83	13.85	11.88	9.90	7.92	5.94	3.96	1.98
累计折旧抵税	—	15.83	29.69	41.56	51.46	59.38	65.31	69.27	71.25
更新年度累计折旧抵税现值	—	14.39	25.84	34.76	41.52	46.44	49.79	51.82	52.75
设备余值	—	236.67	181.25	133.75	94.17	62.50	38.75	22.92	15.00
设备余值现值	—	215.15	149.79	100.49	64.32	38.81	21.87	11.76	7.00
税后运行成本	—	11.25	11.25	11.25	11.25	13.50	15.75	18.00	20.25
税后运行成本现值	—	10.23	9.30	8.45	7.68	8.38	8.89	9.24	9.45
更新年度累计税后运行成本现值	—	10.23	19.52	27.98	35.66	44.04	52.93	62.17	71.62
更新年度现值总成本	—	80.68	143.90	192.73	229.82	258.80	281.27	298.59	311.87
年平均成本	—	88.75	82.91	77.50	72.50	68.27	64.58	61.33	58.46
最佳更新年度	第(8)年								

三、固定资产大修理或更新的决策分析

固定资产大修理是对旧固定资产的主要组成部分或零部件进行拆修或更换,其目的是恢复原有使用价值。而更新则是重新构建新的固定资产。在进行固定资产大修理或更新的决策分析时,必须分析它们的相关收入和相关成本。所谓相关收入是指大修理和更新的销售收入差异,而所谓相关成本则是指大修理的成本与更新设备的投资和新设备应用所带来的成本节约额。如果它们的销售收入相同,那么只需要比较两者的相关成本。如果它们的使用年限也相同,那么可采用净现值法结合差量分析来进行它们的决策分析。

【工作实例 6-13】假定东方公司有一台设备已经陈旧,如现在进行大修理,需要支付大修费用 40 000 元,并在第五年末还需大修一次,预计大修成本 16 000 元。如果及时大修,该设备尚可使用 10 年,期满有残值 10 000 元。继续使用该设备预计付现的营业成本为 36 000 元。如果购买新设备,成本为 120 000 元,亦可使用 10 年。同时可将旧设备出售,取得价款 14 000 元。预计购入新设备后第五年末需大修一次,估计大修费用 5 000 元。使用期满,亦有残值 10 000 元。新设备每年付现营业成本为 20 000 元,假设该

公司资本成本为10%。要求：采用净现值法为该公司做出旧设备是大修理还是更新的决策分析。

（1）计算购置新设备增加的现金流量的总现值。因为新旧设备的使用年限相同，且期末残值相等，故属无关成本，在此无需考虑。

$$\text{购置新设备增加的现金流量的总现值} = \text{营业成本节约额} \times (P/A, 10\%, 10) + \text{大修成本节约额} \times (P/F, 10\%, 5)$$

$$= (36\,000 - 20\,000) \times 6.145 + (16\,000 - 5\,000) \times 0.621$$

$$= 98\,320 + 6\,831 = 105\,151(元)$$

（2）计算更新比大修理增加的净现值。

$$\text{购置新设备增加的净现值} = \text{购置新设备增加的现金流量的总现值} - \text{购置新设备增加的投资额}$$

$$= 105\,151 - (120\,000 - 40\,000 - 14\,000)$$

$$= 39\,151(元)$$

以上计算结果表明，购置新设备比对旧设备大修理能增加净现值39 151元，故购置新设备方案较好。

如果大修设备和更新设备使用年限不同，那么就应该先按资本成本将各年相关的现金流量折算成相关的年均现金流量，并计算出年均成本，然后选择年均成本较低者作为最优方案。

有关年均成本的计算说明如下：计算大修年均成本要将未来预计的大修费用按资本成本折算成决策时的现值，然后再用资本回收系数（年金现值系数的倒数）折算成未来使用期间的年均成本。此外还应考虑大修费用所引起的所得税减少的影响。

更新设备的年均成本包括资产成本的年均成本和残值净额（残值减去清理费用）的年均成本，就前者而言，只需将资产成本乘以资本回收系数，而后者则要将残值额乘以资本系数。此外，新设备会增加折旧费用，从而减少所得税。还应考虑由于料、工、费的节约所带来的成本降低额。如果各年成本降低额相等，以降低额乘以（1－所得税率）即为更新设备年均成本降低额；如果各年成本降低额不等，那么，就需要将成本降低额折算成决策时的现值，再乘以资本回收系数。如果采用新设备能够增加销售收入，那么可视同成本降低额处理。

四、购置固定资产分期付款或一次性付款的决策分析

购置固定资产分期付款或一次性付款的决策分析，只需要将分期付款折成现值与一次性付款比较，就可以得出结论。

【工作实例6-14】假设朝阳公司拟购置一台生产设备，如果一次性付款，需要支付420 000元，如果分6期付款，需要在每年末支付100 000元。假定该公司的资本成本为12%。要求：为朝阳公司购置生产设备是一次性付款还是分期付款做出决策分析。

分期付款的年金现值：$P = A \times (P/A, 12\%, 6) = 100\,000 \times 4.111 = 411\,100(元)$

由此可见，分期付款折成现值后，实际支付的款项比一次性付款要少付8 900元，所

以分期付款方案较优。

五、在资本定量情况下投资项目最优组合的决策分析

通过决策分析，我们确定了一些可行的独立方案和互斥方案中的一些较优方案，如果资本充足，那么这些可行方案均可付诸实施。但是，如果企业的资本总量有限，无法满足全部可行方案的资金需要，就出现了如何在可行方案中进一步选优，安排投资项目的最优组合，以便充分利用资源，实现经济效益最大化的问题。那么，究竟应该如何安排投资组合呢？一般来说，安排投资组合要充分体现经济效益最大化原则，实际上也就是要求净现值最大。具体操作时可根据现值指数或净现值率的大小进行排序和选优，结合净现值进行各种组合排序，这样才能实现定量资本的最优组合，即 $\sum NPV$ 最大的最优组合。以下举例说明。

【工作实例 6-15】旭日公司计划的投资总额为 120 万元，资本成本为 10%，现有 D1、D2、D3、D4、D5、D6 六个项目可供选择，各项目的有关数据如表 6-5 所示。要求：编制投资项目最优组合计算表（表 6-6），为该公司安排投资最优组合，实现经济效益最大化。

表 6-5　各种评价指标计算表

投资项目	原始投资额/万元	未来报酬总现值/万元	NPV/万元	PV	IRR
D1	30	39.0	9.0	1.30	35
D2	30	36.6	6.6	1.22	19
D3	30	34.2	4.2	1.14	17
D4	30	33.6	3.6	1.12	22
D5	60	90.0	30	1.5	40
D6	60	78.0	12	1.2	21

从表 6-6 可以看出，按现值指数大小排列顺序所选出的投资组合才是最优组合。它提供了最大的净现值。

表 6-6　投资项目最优组合计算表　　　　　　　　　　　　　　单位：万元

大小顺序	按 NPV 排列	按现值指数排列	按 IRR 排列
1	D5	D5	D5
2	D6	D1	D1
3		D2	D4
4	D1		
5	D2	D6	D6
6	D3	D3	D2
	D4	D4	D3

续表

大小顺序	按 NPV 排列	按现值指数排列	按 IRR 排列
最优投资组合中各项目的 NPV	D5 项目 30 D6 项目 12	D5 项目 30 D1 项目 9.0 D2 项目 6.6	D5 项目 30 D1 项目 9.0 D4 项目 3.6
最优投资组合的 NPV 合计	42	45.6	42.6

拓展阅读 ICT(信息与通信技术)投资撬动数字经济发展

2023 年 2 月,华为携手经济学人集团等机构发布《ICT 投资撬动数字经济发展》报告。该报告根据全球数字经济发展的趋势,对 ICT 投资与全球数字经济发展关系进行定量和定性评估,旨在为新形势下 ICT 行业促进全球数字经济发展提供可供借鉴的价值样本。

报告显示,到 2023 年,数字经济对于全球 GDP 的贡献将占一半以上。东南亚被投资者认为是未来 10 年数字经济增长最迅速的区域,紧随其后的是北美和西欧。

报告研究发现,ICT 基础设施和关联的行业数字化将推动第四次工业革命。就像三个世纪前蒸汽动力和生产机械化推动了工业革命一样,ICT 基础设施赋能千行百业数字化带来的收益将推动第四次工业革命。

报告显示,5G 移动技术无疑是现在全球的趋势。到 2030 年,全球将有 98 亿个移动连接,其中 53 亿个将是 5G。2G、3G 和 4G 移动连接占比都将下降,5G 将成为核心主流。研究成果显示,在过去相当长时间内,移动采用率增长 10%,GDP 相应平均增长 1%,当连接从一种移动网络技术升级到更高阶移动网络技术时,效益额外提升了约 15%,网络的代际演进将为 GDP 增长贡献关键力量。

当前,全球 5G 时代商业蓬勃发展,已经成为推动数字经济增长的重要引擎。《ICT 投资撬动数字经济发展》报告适时推出,其中的关键数据与结论既印证了 ICT 基础设施对数字经济的贡献,也洞见了全球运营商从繁荣的 5G 时代进一步迈向更加繁荣的 5.5G 时代的期待。

项目六 投融资管理

任务四 资金需求量预测

资金预测是会计预测的一项重要内容。保证资金供应,合理组织资金运用,提高资金利用效果,既是企业正常经营的前提,又是企业的奋斗目标之一。资金需求量及来源预测、现金流量预测、资金运动状况预测和投资效果的预测,构成资金预测的重要内容。

关于资金需求量预测,我国财务管理已形成了一套方法体系,现着重介绍销售百分比法和回归分析法。

一、销售百分比法

销售百分比法是根据资产负债表中各个项目与销售收入总额之间的依存关系,按照计划期销售额的增长情况预测资金需求量的一种方法。使用这一方法的前提是必须假设报表项目与销售指标的比率已知且固定不变,其计算的步骤如下:

第一步,分析基期资产负债表各个项目与销售收入总额之间的依存关系,并计算各敏感项目的销售百分比。在资产负债表中,有一些项目会因销售额的增长而相应地增加,通常将这些项目称为敏感项目,包括货币资金、应收账款、存货、应付账款、预收账款和其他应收款等等。而其他如固定资产净值、长期股权投资、实收资本等项目,一般不会随销售额的增长而增加,因此将其称为非敏感项目。

第二步,计算预测期各项目预计数并填入预计资产负债表,确定需要增加的资金额。某敏感项目预计数=预计销售额×某项目销售百分比。

第三步,确定对外界资金需要的数量。

【工作实例6-16】兴华企业2024年12月31日的资产负债表如表6-7所示。

表6-7　2024年12月31日资产负债表　　　　　　　　　单位:元

资产	金额	负债与所有者权益	金额
货币资金	100 000	预收账款	120 000
应收账款	240 000	应付账款	200 000
存货	500 000	短期借款	800 000
预付账款	40 000	长期借款	500 000
固定资产净值	2 240 000	实收资本	1 000 000
累计折旧	120 000	留用利润	380 000
资产总额	3 000 000	负债与所有者权益总额	3 000 000

该企业2024年的销售收入为2 000 000元,税后的净利为200 000元,销售净利率为

10%,已经按50%的比例发放普通股股利100 000元。目前企业尚有剩余生产能力,即增加收入不需要进行固定资产方面的投资。假定销售净利率仍保持上年的水平,预计2025年销售收入将提高到2 400 000元,年末普通股利发放的比例将增加至70%,预测2025年需要增加资金的数量。

第一步,根据2024年的资产负债表编制2025年预计资产负债表如表6-8所示。

第二步,确定需要增加的资金。首先,可根据预计资产负债表直接确认需要追加的资金额;表中预计的资产总额为3 176 000元,而负债与所用者权益为3 064 000元,资金占用大于资金来源,则需要增加资金112 000元;其次,也可以分析测算需追加的资金额。销售收入每增加100元,需增加44元的资金占用,但同时自动产生了16元的资金来源。因此,每增加100元的销售收入,必须取得28元的资金来源。在本例中,销售收入从2 000 000元,增加到2 400 000元,增加400 000元,按照28%的比例可以预测算出增加112 000元的资金需求。

第三步,确定对外界的资金需求量。

上述112 000元的资金需求量可以通过企业内部筹集和外部筹集两种方式解决,2025年预计净利润为240 000元,如果公司的利润分配给投资者的比率为70%,则将有30%的利润即72 000元被留存下来,从112 000元中减去72 000元的留存收益,则还有40 000元的资金必须从外界筹资。

此外,也可以根据表6-8资料采用公式得出对外界资金的需求量:

对外筹集资金额=44%×400 000-16%×400 000-30%×240 000=40 000(元)

表6-8 2025年12月31日预计资产负债表

资产			负债与所有者权益		
项目	销售百分比	预计数/元	项目	销售百分比	预计数/元
货币资金	5%	120 000	预收账款	6%	144 000
应收账款	12%	288 000	应付账款	10%	240 000
存货	25%	600 000	短期借款	—	800 000
预付账款	2%	48 000	长期借款	—	500 000
固定资产净值	—	2 240 000	实收资本	—	1 000 000
累计折旧	—	120 000	留用利润	—	380 000
			追加资金	—	112 000
资产总额	44%	3 176 000	负债与所有者权益总额	16%	3 176 000

二、回归分析法

回归分析法就是应用最小平方法的原理,对过去若干期间的销售额及资金总量(即资金占有量)的历史资料进行分析,按 $y=a+bx$ 的公式来确定反映销售收入总额(x)和资金总量(y)之间的回归直线,并据以预测计划期间资金需求量的一种方法。该方法是在资金变动与产量变动关系的基础上,将企业资金划分为不变资金和变动资金,然后结合预计的产销量来预计资金需求量。其基本模型如下:

$$资金总量=不变资金+变动资金$$
$$=不变资金+单位产销量所需的变动资金\times 产销量$$

即
$$y=a+bx$$

根据历史资料求出 a 和 b 并代入上式,建立预测模型,只要测定出产销量 x,就可以预测出资金占有量 y。a 和 b 的计算公式如下:

$$a=\frac{\sum y-b\sum x}{n}$$

$$b=\frac{n\sum xy-\sum x\sum y}{n\sum x^2-(\sum x)^2}$$

【工作实例 6-17】兴华企业产品甲的产销量和资金变化情况如表 6-9 所示。

表 6-9　产销量和资金变化情况(一)

年份	产销量(x)(万件)	资金占有量(y)(万元)
2019	15	2 000
2020	20	2 100
2021	25	2 200
2022	40	2 500
2023	35	2 400
2024	55	2 800

预计 2025 年产品甲产销量为 60 万件,试计算 2025 年产品甲的资金需求量。

第一步,根据表 6-9 编制表 6-10。

表 6-10　产销量和资金变化情况(二)

年份	产销量(x)	资金占有量(y)	xy	x^2
2019	15	2 000	30 000	225
2020	20	2 100	42 000	400
2021	25	2 200	55 000	625
2022	40	2 500	100 000	1 600

续表

年份	产销量(x)	资金占有量(y)	xy	x^2
2023	35	2 400	84 000	1 225
2024	55	2 800	154 000	3 025
$n=6$	$\sum x = 190$	$\sum y = 14\ 000$	$\sum xy = 465\ 000$	$\sum x^2 = 7\ 100$

第二步，把表 6-10 的资料代入公式，解得：$a=1\ 700$(万元)，$b=20$(元)。

第三步，代入 $y=a+bx=20x+1\ 700$。

第四步，将 2025 年预计销售量为 60 万件代入上式，得出：

$$y=1\ 700+20\times 60=2\ 900(万元)$$

即 2025 年预计销售量为 60 万件，企业资金需求量预计为 2 900 万元。

拓展阅读 华为的流动性风险管理

2023 年，华为持续优化资本架构和短期流动性规划及预算和预测体系，用于评估公司中长期资金需求及短期资金缺口。同时采取多种稳健的财务措施保障公司业务发展的资金需求，包括保持稳健的资本架构和财务弹性、持有合理的资金存量、获取充分且有承诺的信贷额度、进行有效的资金计划和资金的集中管理等。2023 年底，现金与短期投资余额合计人民币 475 317 百万元，有效控制了流动性风险，如表 6-11 所示。

表 6-11 2023 年底华为流动性相关资料

项目	2023 年/百万元	2022 年/百万元	同比变动
经营活动现金流	69 807	17 797	292.2%
现金与短期投资	475 317	373 452	27.3%
长短期借款	308 414	197 144	56.4%

任务五 融资决策分析

在企业的融资管理中，确定资金需求量是基础。在此基础上，企业需对不同融资方式进行决策，并优化资本结构。资本成本是衡量资本结构优化程度的关键指标，也是企业投资获得经济效益的最低要求。

一、资本成本概述

（一）资本成本的含义

资本成本是指企业为筹集和使用资本而付出的代价，是资本所有权与使用权分离的结果，包括融资费用和资金占用费用。出资者让渡资本使用权，须取得一定的补偿。融资者取得了资本使用权，须支付一定的代价。

1. 融资费用

融资费用指企业在资本筹措过程中为获取资本而付出的代价，如向银行支付的借款手续费，发行股票、公司债券支付的发行费等。融资费用通常在资本筹集时一次性支出，可视为融资数额的扣除。

2. 资金占用费用

资金占用费用指企业在资本使用过程中因占用资本而付出的代价，如向银行等债权人支付的利息和向股东支付的股利等。

（二）资本成本的作用

公司的资本成本的作用非常广泛，主要体现在以下四个方面。

1. 比较与评价融资方式和选择融资方案的依据

在其他条件相同时，企业筹资应选择资本成本最低的方案。

2. 衡量资本结构是否合理的重要依据

企业财务管理目标是企业价值最大化。企业价值是企业资产带来的未来现金流量的贴现值。计算企业价值时，经常采用企业的加权平均资本成本作为贴现率。当加权平均资本成本最小时，企业价值最大，此时的资本结构是企业理想的资本结构。

3. 评价投资项目可行性的主要标准

任何投资项目，只有其预期的投资收益率超过使用资金的资本成本，该项目在经济上才是可行的。

4. 评价企业整体业绩的重要依据

企业生产经营活动是所筹集资本经过投放后形成资产的营运，企业的总资产税后收益率只有高于其加权平均资本成本，才能带来剩余收益。

（三）影响资本成本的因素

在市场经济环境中，多方面因素的综合作用决定着企业资本成本的高低，其中主要有总体经济环境、资本市场条件、企业经营状况和融资状况、企业对融资规模和时限的要求。这些因素发生变化时，就需要调整资本成本。

1. 总体经济环境

总体经济环境状况会对企业筹资的资本成本产生影响。如果国民经济持续稳定增长，融资的资本成本就低。反之，如果经济过热，通货膨胀持续居高不下，投资者投资的风险大，融资的资本成本就高。

2. 资本市场条件

资本市场条件包括资本市场的效率和风险。如果资本市场缺乏效率且证券的流动性不足,投资者将面临更高的投资风险,并要求更高的预期收益,这将导致通过资本市场融通的资本成本相应提高。

3. 企业经营状况和融资状况

企业的经营风险和财务风险共同构成企业总体风险,如果企业总体风险水平高,投资者要求的预期收益高,则企业融资的资本成本就高。

4. 企业对融资规模和时限的要求

一定时期内国民经济体系中资金供给总量是有限的,企业一次性需要筹集的资金规模大且占用资金时限长,资本成本就高。

二、资本成本的计算分析

(一) 资本成本的计算

1. 资本成本的基本模式

(1) 一般模式

一般模式下计算资本成本,通常不考虑货币时间价值,将初期的筹资费用作为筹资额的一项扣除,计算公式如下:

$$资本成本率 = \frac{资金占用费}{融资总额 - 融资费用} = \frac{资金占用费}{融资总额 \times (1 - 融资费用率)}$$

(2) 贴现模式

对于金额大且时间超过 1 年的长期资本,更为准确的资本成本计算方式是采用贴现模式,即将债务未来还本付息或股权未来股利分红的贴现值与目前融资净额相等时的贴现率作为资本成本率,即:

$$融资净额现值 - 未来资本清偿额现金流量现值 = 0$$
$$资本成本率 = 所采用的贴现率$$

(二) 个别资本成本的计算

个别资本成本是指单一融资方式的资本成本,涉及银行借款资本成本、公司债券资本成本、优先股资本成本、普通股资本成本和留存收益资本成本等。

1. 银行借款的资本成本

银行借款的成本是借款利息和融资费用。由于借款利息计入税前成本费用,可以起到抵税的作用。银行借款的资本成本率计算公式如下:

$$K_L = \frac{I_L(1-T)}{1-F_L}$$

式中: K_L——银行借款资本成本;

I_L——银行借款年利率;

T——企业所得税税率;

F_L——银行借款融资费用率。

【工作实例6-18】兴华企业从银行取得5年期长期借款1 000万元,年利率10%,每年付息一次,到期一次还本,筹资费用率0.5%,企业所得税税率25%。试计算该项借款一般模式下的资本成本率。

$$K_L = \frac{10\% \times (1-25\%)}{1-0.5\%} = 7.54\%$$

若考虑货币时间价值,该项长期借款在贴现模式下的资本成本计算如下:

$$1\,000 \times (1-0.5\%) = 1\,000 \times 10\% \times (l-25\%) \times (P/A, i, 5) + 1\,000 \times (P/F, i, 5)$$

可用插值法,计算得出 $i = 7.62\%$。

2. 公司债券的资本成本

发行债券的成本主要是债券利息和融资费用。债券利息的处理与银行借款利息的处理相同,应以税后的债券成本为计算依据。其计算公式如下:

$$K_b = \frac{I_b(1-T)}{1-F_b}$$

式中:K_b——债券资本成本;

I_b——债券年利率;

T——企业所得税税率;

F_b——发行债券融资费用率。

【工作实例6-19】兴华企业发行总面值为1 000万元10年期债券,票面利率为10%,融资费用率为3%,企业所得税税率为25%。试计算该项债券一般模式下的资本成本率。

$$K_b = \frac{10\% \times (1-25\%)}{1-3\%} = 7.73\%$$

【工作实例6-20】兴华企业发行总面值为1 000万元10年期债券,票面利率为10%,溢价100万元,筹资费用率为3%,企业适用的企业所得税税率为25%。试计算该项债券一般模式下的资本成本率。

$$K_b = \frac{1\,000 \times 10\% \times (1-25\%)}{1\,100 \times (1-3\%)} = 7.03\%$$

若考虑时间价值,该项公司债券的资本成本计算如下:

$$1\,000 \times (1+10\%) \times (1-3\%) = 1\,000 \times 10\% \times (1-25\%) \times (P/A, i.5) + 1\,000 \times (P/F, i.5)$$
$$i = 5.91\%$$

3. 优先股的资本成本

优先股属于权益资本成本,其占用的费用是向股东分配的股利,股利是税后支付,不能抵减所得税。权益资本与前两种债务资本的显著不同是不扣除所得税。企业发行优先股,需要花费筹资费用,并定期支付股利。其计算公式如下:

$$K_p = \frac{D_p}{P_s(1-F_p)}$$

式中:K_p——优先股资金成本;

D_p——优先股每年股利;

P_s——优先股发行总额;

F_p——发行优先股筹资费用率。

【工作实例6-21】兴华企业发行总面值为1 000万元的优先股股票,每年支付10%的股利,筹资费用率为3%,企业的所得税税率为25%。试计算该项优先股一般模式下的资金成本。

$$K_p = \frac{1\,000 \times 10\%}{1\,000 \times (1-3\%)} = 10.31\%$$

【工作实例6-22】大华公司上市公司发行总面值为1 000万元的优先股股票,该优先股溢价发行,发行价格为1 100,每年支付10%的股利,筹资费用率为3%,企业的所得税税率为25%。试计算该优先股的税前资本成本率。

$$K_P = \frac{1\,000 \times 10\%}{1\,100 \times (1-3\%)} = 9.37\%$$

由本例可见,该优先股票面股息率为10%,但实际资本成本率只有9.37%,主要原因是该优先股溢价1.1倍发行。

4. 普通股的资本成本

普通股资本成本主要是向股东支付的各期股利。由于各期股利并不固定,随企业各期收益波动,因此普通股的资本成本只能按贴现模式计算,并假定各期股利的变化呈一定规律性。

(1)股利增涨模型法

假定某股票本期支付的股利为D_1,未来各期股利按一个固定的速度增长,则普通股资本成本率计算公式如下:

$$K_c = \frac{D_1}{P_c(1-F_c)} + G$$

式中:K_c——普通股资本成本;

D_1——预期第一年股利;

P_c——普通股发行总额;

G——普通股利年增长率;

F_c——发行普通股筹资费用率。

【工作实例6-23】兴华公司发行普通股股票,每股发行价格25元,共6 000万股,筹资费用率为5%,预计第一年年末每股发放股利1.2元,以后按照每年增长4%,企业的所得税税率为25%。试计算该项普通股的资本成本。

$$K_c = \frac{1.2}{25 \times (1-5\%)} + 4\% = 9.05\%$$

（2）资本资产定价模型法

实质是将股东预期投资收益率作为企业资本成本的方法。股东的预期投资收益率分为无风险收益率和风险收益率，则普通股资本成本为：

$$K_c = R_c = R_f + \beta \times (R_m - R_f)$$

式中：K_c——普通股资本成本；

R_c——普通股预期投资收益；

R_m——股票市场平均的必要报酬率；

R_f——无风险报酬率；

β——某种股票风险程度的指数。

【工作实例6-24】某公司普通股的β系数为1.5，此时长期国债到期收益率为5%，市场平均收益率12%。试计算该普通股资本成本率。

$$Kc = 5\% + 1.5 \times (12\% - 5\%) = 15.5\%$$

5. 留存收益的资本成本

留存收益是所得税后形成的，其所有权属于股东，实质上相当于股东对公司的追加投资。股东将留存收益用于公司，是想从中获取投资报酬，所以留存收益也有资金成本。它的资金成本是股东失去向外投资获得收益的机会成本，因此与普通股成本计算基本相同，只是不用考虑筹资费用。其计算公式如下：

$$K_r = \frac{D_c}{P_c} + G$$

式中：K_r——留存收益资金成本；

D_c——预期每年股利；

P_c——普通股发行总额；

G——普通股利年增长率。

【工作实例6-25】兴华公司发行普通股股票，每股发行价格25元，共6 000万股，筹资费用率为5%，预计第一年年末每股发放股利1.2元，以后按照每年增长4%，企业的所得税税率为25%。试计算该公司留存收益资本成本。

$$K_r = \frac{1.2}{25} + 4\% = 8\%$$

（三）加权平均资本成本的计算

企业往往从多种渠道、采用多种方式来筹集资金，其融资成本各不相同，而企业的资金往往不可能是单一形式的，需要将各种融资方式进行组合。为了正确进行融资和投资决策,就必须计算企业的加权平均资本成本。加权平均资本成本用于衡量企业资本成本水平,确立企业理想的资本结构。加权平均资本成本是以各种资金所占的比重为权数,对各种资本成本进行加权平均计算出来的。其计算公式如下:

$$K_w = \sum_{j=1}^{n} W_j K_j$$

式中:K_w——综合资本成本率;

W_j——第 j 种资金占总资金的比重;

K_j——第 j 种资本的成本;

n——表示企业资金的种类。

加权平均资本成本率的计算,存在着权数价值的选择问题,即各项个别资本按什么权数来确定资本比例。通常,可供选择的价值形式有账面价值、市场价值、目标价值等。

【工作实例6-26】兴华企业账面反映的长期资金共500万元,其中,长期借款100万元,应付长期债券50万元,普通股250万元,保留盈余资金100万元;其资金成本分别为6.7％、9.17％、11.26％、11％。则企业按账面价值计算的综合资金成本如下:

$$K_w = 6.7\% \times \frac{100}{500} + 9.17\% \times \frac{50}{500} + 11.26\% \times \frac{250}{500} + 11\% \times \frac{100}{500}$$
$$= 10.09\%$$

三、资本结构优化

(一) 资本结构概述

资本结构及其管理是企业融资管理的核心问题。如果企业现有资本结构不合理,应通过融资活动优化调整资本结构,使其趋于科学合理。在融资管理中,资本结构有广义和狭义之分。广义资本结构是指全部债务与股东权益的构成比例;狭义的资本结构则是指长期负债与股东权益的构成比例。本书讨论的是狭义的资本结构。

资本结构是在企业多种筹资方式下筹集资金形成的,企业筹资方式总体分为债务资本和权益资本两大类。权益资本是企业必备的基础资本,因此资本结构问题实际上也就是债务资本的比例问题,即债务资金在企业全部资本中所占的比重。企业利用债务资本可发挥财务杠杆效应,也可能带来财务风险。因此须权衡财务风险和资本成本的关系,确定最佳的资本结构。评价企业资本结构最佳状态的标准应该是既能够提高股权收益或降低资本成本,又能控制财务风险,最终目的是提升企业价值。

最佳资本结构指在一定条件下使企业综合资本成本率最低且企业价值最大的资本结构。资本结构优化的目标,是降低综合资本成本率或提高普通股每股收益。从理论上讲,最佳资本结构是存在的,但由于企业内部条件和外部环境的经常性变化,动态地保持最佳资本结构十分困难。因此在实践中,目标资本结构通常是企业结合自身实际进行适度负债经营所确立的资本结构,是根据满意化原则确定的资本结构。

(二) 资本结构优化

资本结构优化,要求企业权衡负债的低资本成本和高财务风险的关系,确定合理的资本结构。资本结构优化的目标是降低加权平均资本成本率或提高企业价值。

1. 平均资本成本比较法

通过计算和比较各种可能的融资组合方案的加权平均资本成本,选择加权平均资本成本率最低的方案作为最佳资本结构方案。这种方法侧重于从资本投入的角度对融资方案和资本结构进行优化分析。

【工作实例 6-27】公司需筹集 10 亿元长期资本,可以通过贷款、发行债券、发行普通股三种方式筹集,按照不同比例构成 A、B、C 三种融资方案,其个别资本成本率已分别测定,有关资料如表 6-12 所示。

表 6-12 资本结构和资本成本

资本种类	资本结构			个别资本成本
	A	B	C	
银行借款	40%	40%	30%	6%
发行债券	20%	10%	30%	7%
发行普通股	40%	50%	40%	10%
合计	100%	100%	100%	

第一步,分别计算三个方案的加权平均资本成本。

A 方案:$K = 40\% \times 6\% + 20\% \times 7\% + 40\% \times 9\% = 7.4\%$

B 方案:$K = 40\% \times 6\% + 10\% \times 7\% + 50\% \times 9\% = 7.6\%$

C 方案:$K = 30\% \times 6\% + 30\% \times 7\% + 40\% \times 9\% = 7.5\%$

第二步,根据企业筹资评价的其他标准,考虑企业的其他因素,对各个方案进行修正。

第三步,选择其中成本最低的方案。

本例中,我们假设其他因素对方案选择的影响甚小,则 A 方案的综合资本成本最低。这样,该公司筹资的资本结构为贷款 4 亿元,发行债券 2 亿元,发行普通股 4 亿元。

2. 每股收益分析法

企业在确定合理的资本结构时,应当注意其对企业的盈利能力和股东财富的影响。息税前利润(EBIT)和每股收益(EPS)是分析确定企业资本结构的两大要素。每股收益分析法就是将息税前利润和每股收益这两大要素结合起来,分析资本结构和每股收益之间的关系,进而确定最佳资本结构的方法。

【工作实例 6-28】KM 投资集团公司欲筹集资金 200 亿元扩大企业规模。筹集资金可以用增发普通股或长期借款的方式。若增发普通股,则计划以每股 10 元的价格增发 20 亿股;若采用长期借款,则以 10% 的年利率借入 200 亿元。已知该公司现有资产总额为 1 000 亿元,负债比率为 40%,年利率为 8%,普通股 30 亿股。假定增加资金后预期息税前利润为 220 亿元,企业所得税税率为 25%,采用每股收益分析法计算筹资方式,如表 6-13 所示。

表 6-13　每股收益分析法计算表　　　　　　　　　　　　单位:亿元

项目	增发股票	增加长期借款
预计息税前利润(EBIT)	140	140
减:利息	32	32+20
税前利润	108	88
减:所得税	27	22
税后利润	81	66
普通股股数/亿股	50	30
每股收益(EPS)	1.62	2.2

由上表计算可知,预期息税前利润为 140 亿元时,追加负债筹资的每股收益较高(2.2 元＞1.62 元),应选择负债的方式融资。

3. 无差异点分析法

无差异点分析法实际上是每股收益分析法的一种,原理上是相同的,只不过无差异点分析法侧重于图形分析。所谓每股收益无差别点,是指不同筹资方式下每股收益都相等时的息税前利润。其决策程序如下:

第一步,计算每股收益无差异点;

第二步,绘制 EBIT-EPS 分析图;

第三步,分析选择最佳筹资方式。

计算每股收益无差异点的公式如下:

$$\frac{(EBIT-I_1)(1-T)-D_1}{N_1}=\frac{(EBIT-I_2)(1-T)-D_2}{N_2}$$

式中:EBIT——每股收益无差异点处的息税前利润;

I_1、I_2——两种融资方式下的年利息;

T——企业所得税税率;

D_1、D_2——两种融资方式下的优先股股息;

N_1、N_2——两种融资方式下的流通在外的普通股股数。

【工作实例 6-29】承【工作实例 6-28】采用每股收益无差异点分析法计算选择何种筹资方式。

第一步,计算每股收益无差异点。根据资料计算过程如下:

$$\frac{(EBIT-32)\times(1-25\%)}{30+20}=\frac{(EBIT-32-20)\times(1-25\%)}{30}$$

$$EBIT=82(亿元)$$

则无差异点的每股收益(EPS)为 0.75 元。

第二步,绘制 EBIT-EPS 分析图,如图 6-1 所示。

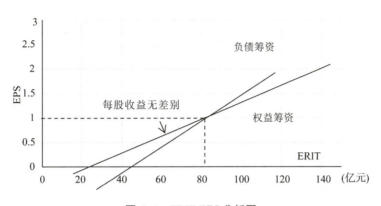

图 6-1　EBIT-EPS 分析图

从图中可以看出,当 EBIT 为 82 亿元时,两种融资方式的 EPS 相等;当 EBIT 大于 82 万元时,采用负债融资方式的 EPS 大于普通股融资方式的 EPS,故应采用负债融资方式;当 EBIT 小于 82 亿元时,采用普通股融资方式的 EPS 大于负债融资方式的 EPS,故应采用普通股融资方式。

拓展阅读　企业社会责任和股权成本

大量关于企业社会责任与股权成本之间的关系的研究结果表明,在投资者法律保护程度高的国家中,企业社会责任可以大幅降低企业的股权成本,而在投资者保护程度较低的国家,这种关系可能会逆转。此外,研究还发现,国家其他层面的特征(比如利益相关者导向和股票市场发展程度),会进一步强化这种差异。企业社会责任与股权成本间的负向关系在具有高投资者保护程度的国家中更为显著。二者之间的负向关系在具有高水平投资者保护程度的国家受到环境责任的驱动,而在低水平投资者保护国家中二者之间的正向关系是由社会活动引发的,其更容易受到机会主义管理行为的影响。

岗课赛证融通训练

一、投资决策分析

1. 业务资源

2024 年 12 月 31 日某公司计划增加一套不需要安装的生产经营设备,预计该设备使用期为 7 年。请根据以下相关资料,确定是自购还是租赁该设备,完成表 6-1~表 6-16。

(1) 自行购置:购置成本为 300 万元,税法折旧年限为 6 年,折旧期满预计净残值率为 5%,6 年后该设备变现价值预计为 18 万元,该设备维护保养修理费用预计每年 1 万元,假设现金流量均发生在年末。

(2)租赁取得:甲租赁公司可以为该公司提供设备租赁服务,租赁期6年,年租赁费用为60万元,在每年年初支付。租赁公司负责设备的维修、维护及保养,不再收取其他费用。租赁期内不得撤销。租赁期届满时,租赁资产所有权不转让。

(3)公司适用的所得税税率为25%,税后借款(有担保)利率为8%。

有关租赁的解释说明如下:

①经测算,租赁期占租赁资产可使用年限的80%,符合融资租赁的认定标准。

②由于合同约定了承租人的付款总额,租赁费用是取得租赁资产的成本,全部构成其计税基础,即租赁资产的计税基础为60×6=360(万元)。

③根据税法和相关规定,租入资产应按同类资产的折旧年限和净残值率进行折旧计提。

④计算结果保留到小数点后两位。

2. 任务目标

根据上述资料,并结合贴现现金流相关知识,填制自行购置方案的净现值计算分析(表6-15)和租赁取得方案的净现值计算分析(表6-16),并判断该公司应该选择哪种方式取得该设备,如表6-16所示。

3. 业务实施

表6-14 自行购置方案的净现值计算分析表　　　　单位:万元

项目	时间(年末)						
	2024	2025	2026	2027	2028	2029	2030
购置设备							
折旧							
折旧抵税							
维修费用							
维修费用抵税							
税后维修费用							
期末资产变现流入							
账面价值							
变现损益							
期末资产变现损益抵税/纳税							
各年现金流量							
复利现值系数							
各年现金流量现值							
购买流出总现值							

表 6-15　租赁取得方案的净现值计算分析表　　　　　　　　　单位:万元

项目	时间(年末)						
	2024	2025	2026	2027	2028	2029	2030
租金支付							
计税基础							
折旧							
折旧抵税							
期末资产变现流入							
账面价值							
变现损益							
期末资产变现损益抵税/纳税							
各年现金流量							
复利现值系数							
各年现金流量现值							
自行租赁流出总现值							

表 6-16　方案决策分析表

方案	现金流出总现值	决策及理由
自行购置		
租赁取得		

二、固定资产更新决策分析

1. 任务资源

××家具销售有限公司计划于 2025 年底采购一套设备,设备采购原值为 400 万元,使用寿命(折旧年限)为 8 年,残值率为 5%,每年设备变现价值与设备余值相等,到期变现价值同预计残值,直线法折旧。各年运行成本如表 6-17 所示。

表 6-17　各年运行成本　　　　　　　　　单位:万元

第1年	第2年	第3年	第4年	第5年	第6年	第7年	第8年
50	52	56	62	70	80	92	106

公司资本成本率为 10%,不考虑增值税和所得税因素影响。如果设备重置时各项条件保持不变,采用考虑货币时间价值的平均年成本法分析固定资产最佳更新年份(即计算

设备最佳经济寿命)。运行成本均在发生当年付现。

2. 任务目标

根据任务资源,并结合固定资产更新决策相关知识,填制表6-18。现值系数四舍五入保留4位小数填制答案并以此结果进行后续计算,其他数据以完整小数位数引用计算,结果四舍五入保留2位小数填制答案,结果均以正数作答。

3. 任务实施

表6-18　固定资产最佳更新年限决策表　　　　　　　　　　　单位:万元

更新年限	0	1	2	3	4	5	6	7	8
复利现值系数									
年金现值系数									
设备原值		—	—	—	—	—	—	—	—
设备余值	—								
设备余值现值	—								
运行成本	—								
运行成本现值	—								
更新年度累计运行成本现值	—								
更新年度现值总成本									
年平均成本									
最佳更新年度					第(　)年				

三、资金需求量预测

1. 任务资源

2024年12月31日××乳业公司简要资产负债表及相关信息表如表6-19所示。假定公司2022年销售额10 000万元,销售净利率为10%,股利支付率为60%。2023年销售额预计增长20%,公司销售净利率和利润分配政策保持不变。公司有足够的生产能力,无须追加固定资产投资。要求:通过填制该公司2025年12月31日预计资产负债表(表6-20)和2025年资金需求量来源计算分析表(表6-21),预测2022年需要追加资金的数量,计算结果保留到小数点后两位。

表6-19　2024年12月31日简要资产负债表　　　　　　　　　　　单位:万元

资产	金额	负债与权益	金额
货币资金	800	短期借款	1 500
应收账款	1 200	应付账款	4 000
存货	7 000	应付票据	1 000

续表

资产	金额	负债与权益	金额
固定资产	32 800	实收资本	11 600
		留存收益	23 700
合计	41 800	合计	41 800

2. 任务目标

（1）确定有关项目及其与销售额的关系百分比。

（2）确定需要增加的资金量。

（3）确定外部融资需求的数量。

3. 任务实施

表 6-20　2025 年 12 月 31 日预计资产负债表

资产	金额/万元	销售百分比/%	负债与权益	金额/万元	销售百分比/%
货币资金			短期借款		N
应收账款			应付账款		
存货			应付票据		
固定资产		N	实收资本		N
			留存收益		N
			追加资金		
合计			合计		

注："N"表示该项目不随销售的变化而变化。

表 6-21　2025 年资金需求量来源计算分析表　　　　　　　单位：万元

资金来源	计算过程	金额
内部融资增加额		
外部融资需求量		

四、资本成本决策分析

1. 任务资源

东方珠宝股份有限公司的资本成本计算资料如下：

（1）债务资本成本

公司以 10 年期银行同期贷款利率作为税前债务资本成本，该利率为 9.60%。

（2）权益资本成本

参考与该公司相似的可比上市公司的权益资本成本作为该公司的资本成本。

可比上市公司的权益资本成本采用债券收益率风险调整模型计算：

权益资本成本＝税后债务资本成本＋股权相对债务的风险溢价

可比上市公司的债务筹资只有公开发行的长期债券，剩余年限20年，面值1 000元，票面利率6％，每年末付息一次，到期按面值偿还本金，该债券（刚完成付息）当前市价为990元。股权相对债务的风险溢价为4.5％。

（3）加权平均资本成本

公司的目标资本结构为债务占比45％，权益占比55％。公司未来准备向目标资本结构发展，因此，用目标资本结构权重作为计算加权平均资本成本的基础。

2. 任务目标

根据任务资源，填制××珠宝股份有限公司加权平均资本成本计算表（表6-22），以完整小数位引用计算，结果四舍五入保留％前两位小数作答。

3. 任务实施

表6-22 ××珠宝股份有限公司加权平均资本成本计算表

项目	目标资本结构/％	税后资本成本/％
负债		
所有者权益		
加权平均资本成本/％		

五、融资方式决策分析

1. 任务资源

××珠宝股份有限公司华东区打算购买某股票作为证券投资，对上市公司、证券市场和金融市场做了相应的信息收集。

（1）10年期的国库券不含通货膨胀率的利率为4％，国家统计局发布的通货膨胀率为2％。

（2）拟投资的上市公司股票报酬率与市场组合报酬率的协方差为6，市场组合报酬率方差为5（贝塔系数为上市公司股票报酬率与市场组合报酬率的协方差与市场组合报酬率方差之比）。

（3）市场组合（含通货膨胀）的平均收益率为9.28％。

经过前期研究，华东区有5个可供选择的投资项目，分别为A、B、C、D、E，可供投资的最大资金量为5 000万元。项目评价以组合投资净现值最大化为标准。经测算，各投资项目的初始投资、净现值以及现值指数如表6-23所示。

表6-23 各投资项目基本数据

项目	投资额/万元	净现值/万元	现值指数
A	1 350	360	1.27

续表

项目	投资额/万元	净现值/万元	现值指数
B	1 450	595	1.41
C	3 000	141	1.05
D	1 400	205	1.15
E	2 100	180	1.09

公司为扩大经营,2025年拟筹资8 000万元,有两种筹资方式可供选择。企业适用所得税税率为25%。

方式1:长期借款。2025年末取得5年期长期借款8 000万元,利率为6.5%,自2023年起每年末付息,到期一次归还本金。

方式2:发行债券。2025年末按面值发行长期债券8 000万元,票面利率为6%,筹资费率为2%(不得税前列支),自2026年起每年末付息,到期按面值赎回。

2. 任务目标

根据任务资源,填制表6-24。以完整小数位数引用计算,标%项目计算结果四舍五入保留%前两位小数填制答案,其他计算结果四舍五入保留两位小数填制答案,选择何种方式以"借款/债券"作答。现金流量流入为正,流出为负,非付现费用以非负数表示。

3. 任务实施

表6-24 融资方式决策分析表　　　　　　　　　　　　单位:万元

时间(年末)	2025年	2026年	2027年	2028年	2029年	2030年
方式1:长期借款						
取得本金						
支付利息	—					
利息抵税	—					
归还本金	—	—	—	—	—	
各期税后现金流量						
税后资金成本率/%						
方式2:发行债券						
发行债券收取资金		—	—	—	—	—
发行费用支出		—	—	—	—	—
支付利息	—					
利息抵税	—					

续表

时间（年末）	2025 年	2026 年	2027 年	2028 年	2029 年	2030 年
赎回债券支出资金	—	—	—	—	—	
各期税后现金流量						
税后资金成本率/%						
选择何种方式（借款/债券）						

六、资本结构决策分析

1. 任务资源

××珠宝股份有限公司当前股本情况如表 6-25 所示。

表 6-25　××珠宝股份有限公司当前股本情况

项目	金额/元
普通股	500 000 000.00

注：普通股股价 10 元/股。

2024 年，公司拟进军有色金属采选、冶炼行业，以实现纵向一体化，公司管理层拟筹集 50 000 万元的长期资本。现有以下四种筹资方案可供选择：

方案 1：全部通过年利率为 6%的长期借款筹资；

方案 2：全部通过年利率为 5.5%的长期债券融资；

方案 3：全部通过优先股股利率为 8%的优先股筹资；

方案 4：全部依靠发行普通股股票筹资，按照目前的股价，需增发 5 000 万股新股。

不考虑各种方案下的发行费用。公司预期 2024 年的息税前利润为 10 800 万元，企业所得税按照税前收益的 25%计算。

公司 2023 年底无借款、无债券。2024 年无除以上各方案筹资之外的其他筹资。

2. 任务目标

根据任务资源，填制表 6-26，运用每股收益无差别点法做出筹资方式决策。以完整小数位引用计算，结果四舍五入保留两位小数填制答案。应选择哪种方案以"1/2/3/4"作答。

3. 任务实施

表 6-26　××珠宝股份有限公司长期融资决策计算分析表　　　单位：万元

项目	EPS 无差别点时的 EBIT
方案 1 与方案 4	
方案 2 与方案 4	
方案 3 与方案 4	

续表

项目	EPS 无差别点时的 EBIT
当 EBIT 为 10 800 万元时,应采取哪种筹资方案(1/2/3/4)	
当 EBIT 为 5 000 万元时,应采取哪种筹资方案(1/2/3/4)	

绩效管理

知识目标
- ◆理解绩效管理的概念,对绩效管理有一个全面的认识
- ◆掌握关键绩效指标法的计算和应用
- ◆掌握经济增加值的基本原理和具体应用
- ◆掌握平衡记分卡的基本原理、指标体系及具体应用

能力目标
- ◆通过学习绩效管理,充分认识绩效管理对企业发展的重要意义
- ◆通过学习关键绩效指标法,能够运用指标体系考核企业绩效
- ◆通过学习经济增加值法,能够运用经济增加值考核企业绩效管理
- ◆通过学习平衡记分卡,能够运用平衡记分卡进行绩效考核的设计与管理

素养目标
- ◆通过学习绩效管理,增强公平、公正等社会主义核心价值观
- ◆通过学习平衡记分卡,增强全局意识,学会用系统思维方式分析问题和解决问题

案例导入:互联网时代创新绩效管理

在互联网时代,创新是推动企业发展的最为关键的因素。技术、工具以及先进理念的不断出现,颠覆了传统企业的生产、销售等模式,也推动了企业管理创新的实践,互联网时代的顾客需求日益多样化,转移成本不断降低,在这种背景下,企业仅仅追求规模优势无法保持竞争地位。这意味着企业必须创新管理理念,通过流程再造和供应链管理等,建立以顾客为导向的商业模式,提高顾客满意度,赢得市场。在互联网时代,信息与技术蓬勃发展,员工成为企业的首要生产要素,而员工与企业、上级下级之间的关系更多体现为平

等协作。因此,建立有效的绩效考核评价激励机制和客观真实的评价体系至关重要。通过对员工工作表现进行科学的考核和评估,奖优罚劣,激发员工的内在潜能和工作热情,实现员工在企业内部的优化调整,从而确保公司战略目标的实现。

任务一　绩效管理认知

随着世界经济一体化和经济全球化步伐的加快,以及信息技术、网络技术的飞速发展,企业面临着来自全球的市场竞争,企业的战略、管理方式、管理方法等也随着企业内外部环境的变化而不断变化。绩效管理是现代企业管理的重要内容,正确运用企业绩效评价方法评判企业经营效绩,对于促进企业健康发展、提升企业管理水平、增强竞争力,具有重要的现实意义。

一、绩效管理的概念

绩效管理是指企业与所属单位(部门)、员工之间就绩效目标及如何实现绩效目标达成共识,并帮助和激励员工取得优异绩效,从而实现企业目标的管理过程。绩效管理的核心是绩效评价和激励管理。

绩效评价又称绩效考核或绩效评估,是指运用一定的评价方法,选择特定的定性或定量评价指标,对照既定的评价标准,遵循特定的程序,对组织为实现其职能所确定的绩效目标的实现程度以及为实现这一目标所安排预算的执行结果做出客观和公正的综合评判。绩效评价是企业实施激励管理的重要依据。

激励管理是指企业运用系统的工具方法,调动企业员工的积极性、主动性和创造性,激发企业员工工作动力的管理活动。激励管理是促进企业绩效提升的重要手段。

二、绩效管理的工具方法

绩效管理领域应用的管理会计工具方法,一般包括关键绩效指标法、经济增加值法、平衡计分卡、股权激励等。企业可根据自身战略目标、业务特点和管理需要,结合不同工具方法的特征及适用范围,选择一种适合的绩效管理工具方法单独使用,也可选择两种或两种以上的工具方法综合运用。绩效管理工具方法主要包括以下几种:

(1) 关键绩效指标法

关键绩效指标法是指基于企业战略目标,通过建立关键绩效指标体系,将价值创造活动与战略规划目标有效联系,并据此进行绩效管理的方法。关键绩效指标是对企业绩效产生关键影响力的指标,是通过对企业战略目标、关键成果领域和绩效特征进行分析、识别和提炼,得出的最能有效驱动企业价值创造的指标。

(2) 经济增加值法

经济增加值法是指以经济增加值为核心,建立绩效指标体系,引导企业注重价值创造,并据此进行绩效管理的方法。经济增加值是指将税后净营业利润扣除全部投入资本的成本(股权和债务成本)后的剩余收益。经济增加值及其改善值是全面评价经营者有效使用资本和为企业创造价值的重要指标。经济增加值为正,表明经营者在为企业创造价值;经济增加值为负,表明经营者在损毁企业价值。

(3) 平衡计分卡

平衡计分卡是一种基于企业战略的绩效管理方法。它从财务、客户、内部业务流程、学习与成长四个维度,将企业的战略目标逐层分解转化为具体的、相互平衡的绩效指标体系,并据此进行绩效管理的方法。

(4) 股权激励

股权激励也称期权激励,是企业为了激励和留住核心人才而推行的一种长期激励机制,是目前最常用的激励员工的方法之一。股权激励主要是通过附条件给予员工部分股东权益,使其具有主人翁意识,从而与企业形成利益共同体,促进企业与员工共同成长,帮助企业实现稳定发展的长期目标。众所周知,高科技企业面临着激烈的市场竞争和技术挑战,如何吸引和留住顶尖人才成为企业发展的关键。华为作为全球领先的通信设备制造商,通过实施股权激励计划,有效提升了员工的积极性和公司竞争力,实现了企业的可持续发展。

三、企业实施绩效管理需要的环境

(一) 机构设置

企业进行绩效管理时,应设立薪酬与考核委员会或类似机构,主要负责审核绩效管理的政策和制度、绩效计划与激励计划、绩效评价结果与激励实施方案、绩效评价与激励管理报告等,协调解决绩效管理工作中的重大问题。

薪酬与考核委员会或类似机构下设绩效管理工作机构,主要负责制定绩效管理的政策和制度、绩效计划与激励计划,组织绩效计划与激励计划的执行与实施,编制绩效评价与激励管理报告等,协调解决绩效管理工作中的日常问题。

(二) 管理制度和流程

企业应建立健全绩效管理的制度体系,明确绩效管理的工作目标、职责分工、工作程序、工具方法、信息报告等内容。

(三) 信息系统

企业应建立有助于绩效管理实施的信息系统,规范信息的收集、整理、传递和使用等,为绩效管理工作提供信息支持。

四、绩效计划与激励计划的制定

(一) 一般程序

企业应用绩效管理工具方法,一般按照制订绩效计划与激励计划、执行绩效计划与激励计划、实施绩效评价与激励、编制绩效评价与激励管理报告等程序进行。

企业应根据战略目标，综合考虑绩效评价期间宏观经济政策、外部市场环境、内部管理需要等因素，结合业务计划与预算，按照上下结合、分级编制、逐级分解的程序，在沟通反馈的基础上，编制各层级的绩效计划与激励计划。

（二）绩效计划落实的顺序

绩效计划是企业开展绩效评价工作的行动方案，包括构建指标体系、分配指标权重、确定绩效目标值、选择计分方法和评价周期、拟定绩效责任书等一系列管理活动。制订绩效计划通常从企业层面开始，逐层分解到所属单位（部门），最终落实到具体岗位和员工。

（三）绩效评定方法及指标的选择

企业可单独或综合运用关键绩效指标法、经济增加值法、平衡计分卡等工具方法构建指标体系。指标体系应反映企业战略目标实现的关键成功因素，具体指标应含义明确、可度量。

指标权重的确定可选择运用主观赋权法和客观赋权法，也可综合运用这两种方法。主观赋权法是利用专家或个人的知识与经验来确定指标权重的方法，如德尔菲法和层次分析法等。客观赋权法是从指标的统计性质入手，由调查数据确定指标权重的方法，如主成分分析法和均方差法等。

绩效目标值的确定可参考内部标准与外部标准。内部标准有预算标准、历史标准、经验标准等；外部标准有行业标准、竞争对手标准、标杆标准等。

（四）绩效评价的计分方法

绩效评价计分方法可分为定量法和定性法。定量法主要有功效系数法和综合指数法等；定性法主要有素质法和行为法等。功效系数法又称功效函数法，是根据多目标规划原理，给每一项评价指标确定一个满意值和不允许值，以满意值为上限，以不允许值为下限，计算各指标实现满意值的程度，并以此确定各指标的分数，再经过加权平均进行综合，从而评价被研究对象的综合状况。运用功效系数法进行业绩评价，企业中不同的业绩因素得以综合，包括财务的和非财务的、定量的和非定量的。功效系数法的具体操作流程如下：

首先设置五档标准值，各项指标的评价档次分别为优秀（A）、良好（B）、合格（C）、较低（D）、较差（E）五档。然后对应五档标准值赋予五个标准系数：1、0.8、0.6、0.4、0.2。最后，按以下方法对每个指标计分：

本档基础分＝指标权重×本档标准系数×100

上档基础分＝指标权重×上档标准系数×100

功效系数＝（实际值－本档标准值）/（上档标准值－本档标准值）

调整分＝功效系数×（上档基础分－本档基础分）

单项指标得分＝本档基础分＋调整分

业绩指标总得分＝$\sum$ 单项指标得分

综合指数法是指根据指数分析的基本原理计算各项业绩指标的单项评价指数和加权评价指数,并据此进行综合评价的方法。其计算公式如下:

业绩指标总得分 = $\sum$(单项指标评价指数得分 × 该项评价指数的权重)

(五)确定绩效评价的周期

绩效评价周期一般可分为月度、季度、半年度、年度、任期。月度、季度的绩效评价一般适用于企业基层员工和管理人员;半年度绩效评价一般适用于企业中高层管理人员;年度绩效评价适用于企业所有被评价对象;任期绩效评价主要适用于企业负责人。

(六)制订激励计划

绩效计划制订后,评价主体与被评价对象一般应签订绩效责任书,明确各自的权利和义务,并作为绩效评价与激励管理的依据。绩效责任书的主要内容包括绩效指标、目标值及权重、评价计分方法、特别约定事项、有效期限、签订日期等。绩效责任书一般按年度或任期签订。

激励计划是企业为激励被评价对象而采取的行动方案,包括激励对象、激励形式、激励条件、激励周期等内容。激励计划按激励形式可分为薪酬激励计划、能力开发激励计划、职业发展激励计划和其他激励计划。

薪酬激励计划按期限可分为短期薪酬激励计划和中长期薪酬激励计划。短期薪酬激励计划主要包括绩效工资、绩效奖金、绩效福利等。中长期薪酬激励计划主要包括股票期权、股票增值权、限制性股票和虚拟股票等。

能力开发激励计划主要包括对员工知识和技能等方面的提升计划。

职业发展激励计划主要是对员工职业发展做出的规划。

其他激励计划涉及良好的工作环境、晋升与降职、表扬与批评等。

激励计划的制订应以绩效计划为基础,采用多元化的激励形式,兼顾内在激励与外在激励、短期激励与长期激励、现金激励与非现金激励、个人激励与团队激励、正向激励与负向激励,充分发挥各种激励形式的综合作用。

绩效计划与激励计划制订完成后,应经薪酬与考核委员会或类似机构审核,报董事会或类似机构审批。经审批的绩效计划与激励计划应保持稳定,一般不予调整,若受国家政策、市场环境、不可抗力等客观因素影响,确需调整的,应严格履行规定的审批程序。

五、绩效计划与激励计划的执行

审批后的绩效计划与激励计划,应以正式文件的形式下达执行,确保与计划相关的被评价对象能够了解计划的具体内容和要求。

绩效计划与激励计划下达后,各计划执行单位(部门)应认真组织实施,从横向和纵向两方面落实到各所属单位(部门)、各岗位员工,形成全方位的绩效计划与激励计划执行责任体系。

在绩效计划与激励计划的执行过程中,企业应建立配套的监督控制机制,及时记录执行情况进行差异分析与纠偏,持续优化业务流程,确保绩效计划与激励计划的有效执行。

（一）监控与记录

企业可借助信息系统或其他信息支持手段，监控和记录指标完成情况、重大事项、员工的工作表现、激励措施执行情况等内容。收集信息的方法主要有观察法、工作记录法、他人反馈法等。

（二）分析与纠偏

根据监控与记录的结果，重点分析指标完成值与目标值的偏差、激励效果与预期目标的偏差，提出相应整改建议并采取必要的改进措施。

（三）编制分析报告

分析报告主要反映绩效计划与激励计划的执行情况及分析结果，其频率可以是月度、季度、年度，也可根据需要编制。

在绩效计划与激励计划的执行过程中，绩效管理工作机构应通过会议、培训、网络、公告栏等形式，进行多渠道、多样化、持续不断的沟通与辅导，使绩效计划与激励计划得到充分理解和有效执行。

六、绩效评价与激励的实施

（1）绩效管理工作机构应根据计划的执行情况定期实施绩效评价与激励，按照绩效计划与激励计划的约定，对被评价对象的绩效表现进行系统、全面、公正、客观的评价，并根据评价主体应按照绩效计划收集相关信息，获取被评价对象的绩效指标实际值，对照评价结果实施相应的激励。根据设定的目标值，应用选定的计分方法计算评价分值，并据此形成对被评价对象的综合评价结果。

（2）绩效评价过程和结果应有完整的记录，结果应得到评价主体和被评价对象的确认并进行公开发布或非公开告知。公开发布的主要方式有召开绩效发布会、企业网站发布绩效公告等；非公开发布一般采用一对一书面、电子邮件函告或面谈告知等方式进行。

（3）评价主体应及时向被评价对象进行绩效反馈。反馈内容包括评价结果、差距分析、改进建议及措施等。可采取反馈报告、反馈面谈、反馈报告会等形式进行。

（4）绩效结果发布后，企业应依据绩效评价的结果，组织兑现激励计划，综合运用绩效薪酬激励、能力开发激励、职业发展激励等多种方式，逐级兑现激励承诺。

拓展阅读 Y公司兼具稳定性和灵活性的战略绩效评价体系

Y公司是一家跨国企业，主要从事金属和矿产的勘探、开采、冶炼、加工和贸易，长期以来都是中国金属和矿产进出口领域的重要企业之一。

Y公司的战略绩效评价标准反映了国有企业必须满足政府、市场的不同需求，该公司在全部战略业务单元的绩效评价中都采用了财务收益、运营效率、战略项目、制约因素、组织愿景五个维度。与此同时，随着外部环境变化和公司的战略地位提升，Y公司管理者需要在战略绩效评价中关注不同战略业务单元之间的差异性,并在实际的考核实践中通过以下两种策略保证考核的稳定性和灵活性:①综合运用客观指标和主观指标;②在绩效考核中采用相同的五个维度,但对不同的战略业务单元考核时的五个维度赋予不同的权重。此外,Y公司战略绩效评价中五个维度的指标权重会随着时间推移不断调整,用以平衡竞争性需求和适应外部环境的变化。

任务二 关键绩效指标法

一、关键绩效指标法的概念

关键绩效指标法,是指基于企业战略目标,通过建立关键绩效指标(Key Performance Indicator,简称 KPI)体系,将价值创造活动与战略规划目标有效联系起来,并据此进行绩效管理的方法。

关键绩效指标是对企业绩效产生关键影响力的指标,它通过对企业战略目标和关键成果领域的绩效特征分析,识别和提炼出最能有效驱动企业价值创造的指标。关键绩效指标法可以单独使用,也可以与经济增加值法、平衡计分卡等其他方法结合使用。关键绩效指标法的应用对象可以是企业,也可以是企业所属的单位(部门)和员工。

二、关键绩效指标

企业的关键绩效指标一般可分为结果类和动因类两类指标。结果类指标是反映企业绩效的价值指标,主要包括投资资本回报率、净资产收益率、经济增加值、息税前利润、自由现金流等综合指标。动因类指标是反映企业价值关键驱动因素的指标,主要包括资本性支出单位生产成本、产量、销量、客户满意度、员工满意度等。

(一) 结果类指标

1. 投资资本回报率

投资资本回报率是指企业在一定会计期间内取得的息前税后利润占其所使用的全部投资资本的比例。该指标反映了企业在该会计期间内有效利用投资资本创造回报的能力。一般计算公式如下:

$$投资资本回报率=\frac{税前利润\times(1-所得税税率)+利息支出}{投资资本平均余额}\times100\%$$

$$投资资本平均余额=\frac{期初投资资本+期末投资资本}{2}$$

$$投资资本=有息债务+所有者(股东)权益$$

2. 净资产收益率(也称权益净利率)

净资产收益率是指企业在一定会计期间内取得的净利润占所使用的净资产平均数的

比例。该指标反映了企业全部资产的获利能力。一般计算公式如下：

$$净资产收益率 = \frac{净利润}{平均净资产} \times 100\%$$

3. 经济增加值

经济增加值是指税后净营业利润扣除全部投入资本的成本后的剩余收益。一般计算公式如下：

$$经济增加值 = 税后净营业利润 - 平均资本占用 \times 加权平均资本成本$$

4. 息税前利润

息税前利润是指企业当年实现税前利润与利息支出的合计数。一般计算公式如下：

$$息税前利润 = 税前利润 + 利息支出$$

5. 自由现金流

自由现金流是指企业在一定会计期间内经营活动产生的净现金流超过付现资本性支出的金额。该指标反映了企业可动用的现金额。一般计算公式如下：

$$自由现金流 = 经营活动净现金流 - 付现资本性支出$$

6. 资产负债率

资产负债率是指企业负债总额与资产总额的比值，反映企业整体财务风险程度。一般计算公式如下：

$$资产负债率 = 负债总额 / 资产总额$$

【工作实例 7-1】某企业 2024 年有关资料如表 7-1。企业所得税税率为 25%。企业 2024 年税前利润总额 420 万元，其中财务费用利息支出 48 万元。试计算投资资本回报率、净资产收益率、息税前利润、资产负债率等结果类指标值如表 7-1 所示。

表 7-1 财务指标资料　　　　　　　　　　　单位：万元

项目名称	年初数	年末数
无息债务	200	300
有息债务	450	550
所有者权益	1 200	1 300

解：投资资本平均余额 =（1 200＋450＋1 300＋550）÷2＝1 750(万元)
投资资本回报率 =[420×(1－25%)＋48]÷1 750＝20.74%
净资产收益率 =420×(1－25%)÷[(1200＋1 300)÷2]＝25.20%
息税前利润 =420＋48＝468(万元)
年初资产负债率 =（200＋450）÷(200＋450＋1 200)＝35.14%
年末资产负债率 =（300＋550）÷(300＋550＋1 300)＝39.53%

（二）动因类指标

1. 资本性支出

资本性支出是指企业发生的、其效益涉及两个或两个以上会计年度的各项支出。

2. 单位生产成本

单位生产成本是指生产单位产品平均耗费的成本。

3. 产量

产量是指企业在一定时期内生产出来的产品数量。

4. 销量

销量是指企业在一定时期内销售商品的数量。

5. 客户满意度

客户满意度是指客户期望值与客户体验的匹配程度，即客户通过对某项产品或服务的实际感知与期望值相比较后得出的指数。客户满意度收集渠道主要包括问卷调查、客户投诉、与客户的直接沟通、消费者组织的报告、各种媒体的报告和行业研究的结果等。

6. 员工满意度

员工满意度是指员工对企业的实际感知与其期望值相比较后得出的指数，主要通过问卷调查、访谈调查等方式，从工作环境、工作关系、工作内容、薪酬福利、职业发展等方面进行衡量。

三、关键绩效指标法的应用

企业应用关键绩效指标法，一般包括的程序有制订以关键绩效指标为核心的绩效计划、制订激励计划、执行绩效计划与激励计划、实施绩效评价与激励、编制绩效评价报告与激励管理报告等。与其他业绩评价方法的关键不同在于，以关键绩效指标为核心的绩效计划的制订与实施。制订绩效计划主要包括构建关键绩效指标体系、分配指标权重以及确定绩效目标值等环节。

（一）构建关键绩效指标体系

对于一个企业，可以分三个层次来制订关键绩效指标体系：

第一，企业级关键绩效指标。企业应根据战略目标，结合价值创造模式，综合考虑企业内外部经营环境等因素，设定企业级关键绩效指标。

第二，所属单位（部门）级关键绩效指标。根据企业级关键绩效指标，结合所属单位（部门）关键业务流程，按照上下结合、分级编制、逐级分解的程序，在沟通反馈的基础上，设定所属单位（部门）级关键绩效指标。

第三，岗位（员工）级关键绩效指标。根据所属单位（部门）级关键绩效指标，结合员工岗位职责和关键工作价值贡献，设定岗位（员工）级关键绩效指标。

关键绩效指标应含义明确、可度量、与战略目标高度相关。指标的数量不宜过多，每一层级关键绩效指标一般不超过 10 个。

（二）设定关键指标权重

1. 指标权重确定方法

（1）德尔菲法（也称专家调查法），是指邀请专家对各项指标进行权重设置，将汇总平均后的结果反馈给专家进行再次评估，经过多次反复，逐步达成较为一致结果的方法。

（2）层次分析法是一种系统化的决策分析方法。它通过下层元素对于上层元素相对重要性进行两两比较，构建判断矩阵，求出判断矩阵最大特征值所对应的特征向量，以此作为指标权重值。

（3）主成分分析法是一种将多个变量重新组合成一组新的相互无关的综合变量的方法。它根据实际需要挑选出尽可能多地反映原来变量信息的少数综合变量，并求出各变量的方差贡献率，以确定指标权重。

（4）均方差法是将各项指标定为随机变量，其在不同方案下的数值作为随机变量的取值，通过计算各指标的均方差，并根据其离散程度确定指标权重的方法。

2. 指标权重的设定和关键绩效指标的权重设定

指标权重的设定和关键绩效指标的权重分配应以企业战略目标为导向，反映被评价对象对企业价值贡献或支持的程度，以及各指标之间的相对重要性。单项关键绩效指标权重一般设定在 5% ～ 30%，对特别重要的指标可适当提高权重。对特别关键、影响企业整体价值的指标可设立"一票否决"制度，即如果某项关键绩效指标未完成，无论其他指标是否完成，均视为未完成绩效目标。

（三）确定关键绩效指标目标值

企业确定关键绩效指标目标值，一般参考如下标准：

1. 参考国家有关部门或权威机构发布的行业标准或参考竞争对手标准，如国务院国资委考核分配局编制并每年更新出版的《企业绩效评价标准值》。

2. 参照企业内部标准，包括企业战略目标、年度生产经营计划目标、年度预算目标、历年指标水平等。

3. 如果不能按照前面两种方法确定，可以根据企业历史经验值确定。

关键绩效指标的目标值确定后，应规定因内外部环境发生重大变化、自然灾害等不可抗力因素对绩效完成结果产生重大影响时，对目标值进行调整的办法和程序。一般情况下，由被评价对象或评价主体测算确定影响额度，向相应的绩效管理工作机构提出调整申请，报薪酬与考核委员会或类似机构审批。

（四）其他程序

绩效评价计分方法与周期的选择，绩效责任书的签订，激励计划的制订，绩效计划与激励计划的执行、实施及编制报告等程序可参照任务相关说明予以办理。

四、关键绩效指标法的优点和缺点

关键绩效指标法的主要优点如下：①使企业业绩评价与企业战略目标密切相关，有利于企业战略目标的实现;②通过识别价值创造模式把握关键价值驱动因素,能够更有效地实现企业价值增值目标;③评价指标数量相对较少,易于理解和使用,实施成本相对较低,有利于推广实施。

关键绩效指标法的主要缺点如下:①关键绩效指标法应用要求较高;②关键绩效指标的选取需要透彻理解企业价值创造模式和战略目标,有效识别企业核心业务流程和关键价值驱动因素;③指标体系设计不当将导致错误的价值导向和管理缺失。

拓展阅读 企业绩效评价标准值

企业绩效评价标准值由国务院国有资产管理委员会考核分配局根据《中央企业综合绩效评价管理暂行办法》等有关规定,依据全国国有企业有关财务数据、国家统计部门有关统计资料、各行业协会有关运行材料等,结合对年度国民经济各行业运行情况的客观分析,运用数理统计方法测算编制。企业绩效评价标准值的行业划分共包括10个大类、52个中类和110个小类。除测算编制了22个评价指标的标准值外,还对每个行业以补充资料的形式提供了6类指标数据,该标准给出了各个行业企业绩效水平的参考值(优秀值、良好值、平均值、较低值、较差值)的同时,还收录了18个行业20个指标的国际标准值。这是国内最权威、最全面的衡量企业管理运营水平的评价标准。

任务三 经济增加值

一、经济增加值的相关概念

(一)经济增加值法的含义

经济增加值法,是指以经济增加值(Economic Value Added,简称EVA)为核心,建立绩效指标体系,引导企业注重价值创造,并据此进行绩效管理的方法。经济增加值是美国思腾思特管理咨询公司开发并于20世纪90年代中后期推广的一种价值评价指标。我国国务院国有资产管理委员会从2010年开始对中央企业负责人实行经济增加值考核并不断完善。根据《中央企业负责人经营业绩考核办法》,2023年度中央企业负责人经营业绩考核A级企业包括中国移动通信集团有限公司、招商局集团有限公司、国家电网有限公司、中国石油天然气集团有限公司等49家央企。

(二)经济增加值的概念

经济增加值又称经济附加值,是指税后净营业利润扣除全部投入资本成本后的剩余收益。经济增加值为正,表明经营者在为企业创造价值;经济增加值为负,表明经营者在损毁企业价值。其计算公式如下:

经济增加值＝税后净营业利润－平均资本占用×加权平均资本成本

其中：

(1) 税后净营业利润衡量的是企业的经营盈利情况，税后净营业利润等于会计上的税后净利润加上利息支出等会计调整项目后得到的税后利润。

(2) 平均资本占用反映的是企业持续投入的各种债务资本和股权资本，其中债务资本包括融资活动产生的各类有息负债，不包括经营活动产生的无息流动负债。股权资本中包含少数股东权益。

(3) 加权平均资本成本是企业各种资本的平均成本率，反映了投资者所要求的必要报酬率。

二、经济增加值的计算

(一) 经济增加值的一般计算

【工作实例7-2】新华公司税后营业净利润810 000元，资产平均余额9 000 000元，负债平均余额500 000元(假定全部为无息负债)。假设加权平均税前资本成本为11%，且没有需要调整的项目。试计算该公司的经济增加值。

解：经济增加值＝税后净营业利润－平均资本占用×加权平均资本成本
　　　　　　　＝810 000－(9 000 000－500 000)×11%×(1－25%)
　　　　　　　＝108 750(元)

(二) 税后净营业利润的调整对经济增加值的影响

如前所述，税后净营业利润等于会计上的税后净利润加上利息支出等会计调整项目后得到的税后利润。这里的会计调整项目涉及以下内容：

(1) 研究开发费、大型广告费等一次性支出但收益期较长的费用，应予以资本化处理。

(2) 反映付息债务成本的利息支出，不作为期间费用扣除，计算税后净营业利润时扣除不计入当期费用。

(3) 营业外收入、营业外支出。其具有偶发性，不具有持续性，将当期发生的营业外收支从税后营业净利润中扣除所得税影响后扣除或加回，相应调整平均资本成本。

(4) 将当期减值损失扣除所得税影响后予以加回，并在计算资本占用时相应调整资产中扣除。

(5) 递延税金不反映实际支付的税款情况，将递延所得税资产及递延所得税负债变动影响的企业所得税从税后营业净利润中扣除，相应调整资本占用。

(6) 其他非经常性损益调整项目，如股权转让收益。

经过调整后的税后净营业利润如下：

税后净营业利润＝净利润＋(利息支出±其他调整项)×(1－25%)

【工作实例7-3】已知北海公司计算EVA的相关基础数据如表7-2所示，试计算各年经济增加值。

表 7-2　EVA 相关基础数据表

项目	2020 年	2021 年	2022 年	2023 年	2024 年
调整后的净营业利润/万元	122 330	106 702	144 256	147 063	135 358
调整后的资本总额/万元	904 925	936 721	1 080 837	1 218 477	1 420 325
加权平均资本成本/%	7.0	7.6	8.19	8.75	9.6
经济增加值/万元	58 985	35 511	55 735	40 446	−993

（三）平均资本占用的调整对经济增加值的影响

平均资本占用是所有投资者投入企业经营的全部资本，包括债务资本和股权资本。

（1）债务资本包括融资活动产生的各类有息负债，不包括经营活动产生的无息流动负债。无息流动负债是指企业财务报表中"应付票据""应付账款""预收款项""应交税费""应付职工薪酬""其他应付款"和"其他流动负债（不含其他带息流动负债）"。"专项应付款"可视同无息流动负债予以扣除。

（2）股权资本中应包含少数股东权益。

（3）资本占用除根据经济业务实质相应调整资产减值损失、递延所得税等，还可根据管理需要调减研发支出和在建工程等项目，引导企业注重长期价值创造。

三、采用经济增加值评价的优点和缺点

（一）采用经济增加值评价的优点

经济增加值考虑了所有资本的成本，更真实地反映了企业的价值创造能力；该值统一了企业利益、经营者利益和员工利益，激励经营者和所有员工为企业创造更多价值；该值能有效遏制企业盲目扩张规模以追求利润总量和增长率的倾向，引导企业注重长期价值创造。

经济增加值不仅仅是一种业绩评价指标，还是一种全面财务管理和薪酬激励框架。经济增加值的吸引力主要在于它把资本预算、业绩评价和激励报酬结合起来了。过去，人们使用净现值和内部报酬率来评价资本预算，用权益资本报酬率或每股收益评价公司业绩，用另外的一些效益指标作为发放奖金的依据。经理人员在进行决策时，常常要考虑一堆杂乱无章相互矛盾或互不联系的财务指标。经理们的奖金计划不断变更，使他们无所适从，只好盲目地应对眼前的变化。以经济增加值为依据的管理，其经营目标是经济增加值的提升。资本预算的决策基础是以适当折现率折现的经济增加值。衡量生产经营效益的指标是经济增加值，奖金根据适当的目标单位经济增加值来确定。这种利用经济增加值的管理更为简单、直接、统一与和谐。经济增加值框架下的综合财务管理系统，可以指导公司的每一个决策，包括营业预算、年度资本预算、战略规划、公司收购和公司出售等。经济增加值是培训员工的简单有效的方法。经济增加值是一个独特的薪金激励制度的关键变量。它真正把管理者的利益和股东利益统一起来，使管理者像股东那样思考和行动。

采用经济增加值评价是一种治理公司的内部控制制度。在这种控制制度下,所有员工可以协同工作,积极地追求最好的业绩。

在经济增加值的框架下,公司可以向投资人宣传他们的目标和成就,投资人也可以参考经济增加值选择最有前景的公司。经济增加值还是股票分析的一个强有力的工具。

(二) 采用经济增加值评价的缺点

第一,经济增加值仅对企业当期或未来 1~3 年价值创造情况进行衡量和预判,无法衡量企业长远发展战略的价值创造情况;第二,经济增加值计算主要基于财务指标,无法对企业的营运效率与效果进行综合评价;第三,不同行业、不同发展阶段、不同规模的企业,其会计调整项和加权平均资本成本各不相同,计算比较复杂,影响指标的可比性;最后,由于经济增加值是绝对数指标,不便于比较不同规模公司的业绩。

经济增加值也有许多和投资报酬率一样误导使用人的缺点,例如,处于成长阶段的公司经济增加值往往较少,而处于衰退阶段的公司有时经济增加值反而可能较高。

在计算经济增加值时,对于净收益应进行哪些调整以及资本成本如何确定等问题,尚存在许多争议。这些争议不利于建立一个统一的规范。而缺乏统一性的业绩评价指标,只能在一个公司的历史分析以及内部评价中使用。

拓展阅读 A 银行以 EVA 为核心的多维业绩核算体系

A 银行以 EVA 为核心的多维业绩核算体系,涵盖总行、一级分行、二级分行、支行和网点五个层级,覆盖资金、费用、风险、税务、资本五大核心经营要素,包含资产负债类、科目类、效益类、业务量类、销售类、客户类、账户协议类、风险类等类型的指标,打通了上游各系统,将财务和业务类指标融合聚类,形成了覆盖境内各级机构(含网点)、产品、部门、客户和员工的数据中台,实时形成部门以 EVA 为核心的损益表和资产负债表,为财务和业务管理人员提供了丰富的数据资源,实现了数据资源共享和实时风险监控。

任务四　平衡记分卡

一、平衡计分卡的基本概念

平衡计分卡是指基于企业战略,从财务、客户、内部业务流程、学习与成长四个维度,将战略目标逐层分解转化为具体的、相互平衡的绩效指标体系,并据此进行绩效管理的模式。

平衡计分卡打破了传统的只注重财务指标的业绩评价模式。传统的财务指标属于滞后性指标,在指导和评价企业如何通过投资于客户、供应商、员工、生产程序、技术和创新等来创造未来的价值方面有待提高,因而需要在传统财务指标的基础上,增加用于评估企业未来投资价值好坏的具有前瞻性的先行指标。另外,《财富》杂志指出,事实上只有不到10%的企业战略被有效地执行,真正的问题不是战略不好,而是执行能力不够。战略无效的原因至少有70%是战略执行的失败,而非战略本身的错误。战略执行失败是由沟通障碍、管理障碍、资源障碍和人员障碍造成的。为了有效地解决业绩评价和战略实施问题,平衡计分卡应运而生,它是由哈佛商学院的会计教授罗伯特·卡普兰(Robert D. Kaplan)和战略复兴集团总裁戴维·诺顿(David P. Norton)倡导和提出的。

二、平衡计分卡的框架

平衡计分卡通过将财务指标与非财务指标相结合,将企业的业绩评价同企业战略发展联系起来,设计出一套能使企业高管迅速且全面了解企业经营状况的指标体系,用来表达企业进行战略性发展所必须达到的目标,把任务和决策转化成目标和指标。平衡计分卡的目标和指标来源于企业的愿景和战略,这些目标和指标从四个维度来考察企业的业绩,即财务、顾客、内部业务流程、学习与成长维度,这四个维度组成了平衡计分卡的基本框架,如图7-1所示。

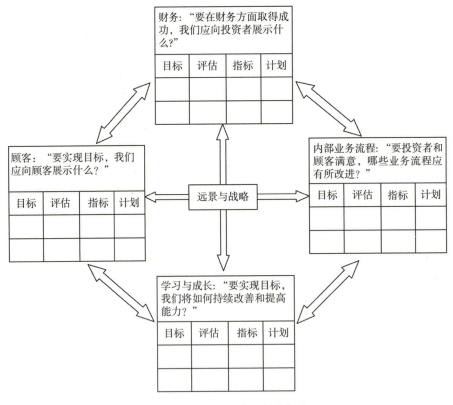

图7-1 平衡记分卡的基本框架

(一)财务维度

这一维度的目标是解决"股东如何看待我们"的问题。这类问题可探求企业的努力是否最终对企业的经济收益产生了积极的作用。众所周知,现代企业财务管理目标是企业价值最大化,而对企业价值目标的计算是离不开相关财务指标的。财务维度指标通常包括投资报酬率、权益净利率、经济增加值、息税前利润、自由现金流量、资产负债率、总资产周转率等。

(二) 顾客维度

这一维度回答"顾客如何看待我们"的问题。顾客是现代企业的利润来源,顾客感受理应成为企业关注的焦点。应当从时间、质量、服务效率以及成本等方面了解市场份额、顾客需求和顾客满意程度。常用的顾客维度指标有市场份额、客户满意度、客户获得率、客户保持率、客户获利率、战略客户数量等。

(三) 内部业务流程维度

这一维度着眼于企业的核心竞争力,解决"我们的优势是什么"的问题。企业要想按时向顾客交货,满足现在和未来顾客的需要,必须以优化企业的内部业务流程为前提。因此企业应当遴选出那些对顾客满意度影响最大的业务流程,明确自身的核心竞争能力,并把它们转化成具体的测评指标。反映内部业务流程维度的常用指标有交货及时率、生产率、产品合格率、存货周转率、单位生产成本等。

(四) 学习和成长维度

这一维度的目标是解决"我们是否能继续提高并创造价值"的问题。只有持续不断地开发新产品,为客户创造更多价值并提高经营效率,企业才能打开新市场,才能赢得顾客的信任,从而增加股东价值。企业的学习与成长来自员工、信息系统和企业程序等。根据经营环境和利润增长点的差异,企业可以确定不同的产品创新、过程创新和生产水平提高的指标,如新产品开发周期、员工满意度、员工保持率、员工生产率、培训计划完成率。传统的业绩评价系统仅仅将指标提供给管理者,无论涉及财务的还是非财务的,很少看到彼此间的关联以及对企业最终目标的影响。但是,平衡计分卡则不同,它的各个组成部分是以一种集成的方式来设计的,公司现在的努力与未来的前景之间存在着一种因果关系,在企业目标与业绩指标之间存在着一条"因果关系链"。从平衡计分卡中,管理者能够看到并分析影响企业整体目标的各种关键因素,而不单单是短期的财务结果。它有助于管理者对整个业务活动的发展过程始终保持关注,并确保现在的实际经营业绩与公司的长期战略保持一致。

三、平衡计分卡框架的特征

平衡计分卡模型之所以"平衡",就在于它突破了传统财务绩效评价方法的局限,综合考虑影响组织绩效的各个方面后从整体上对企业进行评价。在平衡计分卡指标体系构建时注重短期目标与长期目标的平衡、财务指标与非财务指标的平衡,结果性指标与动因性指标的平衡、企业内部利益与外部利益的平衡。

(一) 短期目标与长期目标的平衡

权益净利率和经济增加值等单一财务评价指标往往会导致企业追求短期利益，忽视长远发展。平衡计分卡模型则利用财务指标与非财务指标的结合，从利润等短期目标的实现与客户满意度、员工的培训与提升等长期目标的实现两个方面共同评价和考核企业，从而实现了对企业长、短期绩效的全方位评价，能够推动企业明确自己的发展方向与位置，并在经营过程中自觉保持短期目标与长期目标的均衡，在获取眼前利益的同时，注重追求未来的长远发展。

(二) 财务指标与非财务指标的平衡

传统的企业绩效评价方法一般只注重财务方面的绩效，这对工业时代的企业来说已足够。然而，随着内外部环境的日益复杂化和企业竞争程度的加剧，改进企业内部业务流程，学习与创新，改善与股东、顾客的关系，对于企业获得长期的竞争优势和实现价值创造变得至关重要。平衡计分卡模型不仅有效保留了财务指标中的有益成分，而且还把非财务指标补充进来，使企业绩效评价指标体系更加完整，进而实现了对企业的全面评价。

(三) 结果性指标与动因性指标的平衡

企业应清晰界定其期望达成的成果，识别出推动这些成果的关键因素，即动因，并建立相应的指标体系以衡量这些因素的表现。只有找到正确的动因，才能采取有效措施来实现目标，才能建立科学的评价指标体系对企业的绩效进行合理评估。

(四) 企业内部利益与外部利益的平衡

传统的绩效评价往往只注重企业内部财务评价，平衡计分卡模型则将评价的视线由企业内部扩大到企业外部，如股东和顾客，实现了对企业经营的全方位评价，以不断获取和保持竞争优势。同时，平衡计分卡模型以全新的目光重新认识企业内部，将以往只看重最终结果扩展到既看重结果又重视内部流程及创新学习，重视企业运营的效率，以适应知识经济和现代企业发展的要求，促进企业持续发展。

平衡计分卡在对企业的战略目标进行指标描述的基础上，将此目标进行分解，进而细化到事业部、作业中心等各个层面甚至个人。这一方式不仅可以确保企业内部所有员工了解企业的战略目标，也有助于把企业和部门的目标传达给每一位员工，促使其把这些目标转化为自己的任务和具体目标，并采取实际行动，确保企业战略和目标的完成。

平衡计分卡模型通过分析确定实现战略目标的动因以及能够代表该动因的指标等，在指标与指标之间建立一种驱动关系。比如，员工素质是内部流程方面的指标，顾客满意度是顾客方面的指标，两者之间就存在着驱动关系。员工素质高，服务质量就高，顾客满意度也会相应提高，而顾客满意度的提高又可以促使产品销售利润率的提高，从而提高企业投入资本的回报率，进而产生良性循环，实现公司长远的和可持续发展的目标。

四、平衡计分卡的指标体系

(一) 平衡计分卡指标体系的具体构建

构建平衡计分卡指标体系时,企业应以财务维度为核心,把其他维度的指标都与核心维度的一个或多个指标相联系。通过梳理核心维度目标的实现过程,确定每个维度的关键驱动因素,结合战略主题,选取关键绩效指标。平衡计分卡每个维度的指标通常为4～7个,总数量一般不超过25个。

1. 财务维度指标体系的构建

财务维度以财务术语描述了战略目标的有形成果。财务绩效指标可以显示企业的战略及其实施和执行是否对改善企业盈利有贡献。财务指标通常与获利能力有关。企业常用指标有投资资本回报率、净资产收益率、经济增加值回报率、息税前利润、自由现金流、资产负债率、总资产周转率、资本周转率等。对前文已述的投资资本回报率、净资产收益率、资产负债率等指标此处不再赘述,这里仅介绍如下指标:

(1) 经济增加值回报率

经济增加值回报率是反映企业在一定会计期间内经济增加值与平均资本占用的比值。一般计算公式如下:

$$经济增加值回报率 = \frac{经济增加值}{平均资本占用} \times 100\%$$

(2) 总资产周转率

总资产周转率是指企业营业收入与总资产平均余额的比值,反映总资产在一定会计期间内周转的次数。一般计算公式如下:

$$总资产周转率 = \frac{营业收入}{总资产平均余额} \times 100\%$$

(3) 资本周转率

资本周转率是指企业在一定会计期间内营业收入与平均资本占用的比值。一般计算公式如下:

$$资本周转率 = \frac{营业收入}{平均资本占用} \times 100\%$$

2. 客户维度指标体系的构建

客户维度界定了目标客户的价值主张。企业常用指标有市场份额、客户满意度、客户获得率、客户保持率、客户获利率、战略客户数量等。

(1) 市场份额

市场份额是指一个企业的销售量(或销售额)在市场同类产品中所占的比重。

(2) 客户满意度

客户满意度是指客户期望值与客户体验的匹配程度,即客户通过对某项产品或服务的实际感知与其期望值相比较后得出的指数。客户满意度收集渠道主要包括问卷调查、客户投诉、与客户的直接沟通、消费者组织的报告、各种媒体的报告和行业研究的结果等。

(3) 客户获得率

客户获得率是指企业在争取新客户时获得成功部分的比例。该指标可用客户数量增长率或客户交易额增长率来描述。一般计算公式如下：

$$客户数量增长率 = \frac{本期客户数量 - 上期客户数量}{上期客户数量} \times 100\%$$

$$客户交易额增长率 = \frac{本期客户交易额 - 上期客户交易额}{上期客户交易额} \times 100\%$$

(4) 客户保持率

客户保持率是指企业继续保持与老客户交易关系的比例。该指标可用老客户交易额增长率来描述。一般计算公式如下：

$$老客户交易额增长率 = \frac{老客户本期交易额 - 老客户上期交易额}{老客户上期交易额} \times 100\%$$

(5) 客户获利率

客户获利率是指企业从单一客户得到的净利润与付出的总成本的比率。一般计算公式如下：

$$单一客户获利率 = \frac{单一客户净利润}{单一客户总成本} \times 100\%$$

(6) 战略客户数量

战略客户数量是指对企业战略目标实现有重要作用的客户的数量。

3. 内部业务流程维度指标体系的构建

内部业务流程维度确定了对战略目标产生影响的关键流程。企业常用指标有交货及时率、生产负荷率、产品合格率、存货周转率等。

(1) 交货及时率

交货及时率是指企业在一定会计期间内及时交货的订单个数占总订单个数的比例。一般计算公式如下：

$$交货及时率 = \frac{及时交货的订单个数}{总订单个数} \times 100\%$$

(2) 生产负荷率

生产负荷率是指投产项目在一定会计期间内的实际产量与设计生产能力的比值。一般计算公式如下：

$$生产负荷率 = \frac{实际产量}{设计生产能力} \times 100\%$$

(3) 产品合格率

产品合格率是指合格产品数量占总产品产量的比例。一般计算公式如下：

$$产品合格率 = \frac{合格产品数量}{总产品产量} \times 100\%$$

(4) 存货周转率

存货周转率是指企业营业收入与存货平均余额的比值,反映存货在一定会计期间内周转的次数。一般计算公式如下:

$$存货周转率 = \frac{营业收入}{存货平均余额} \times 100\%$$

4. 学习与成长维度指标体系的构建

学习与成长维度确定了对战略最重要的无形资产。企业常用指标有员工流失率、员工保持率、员工生产率、培训计划完成率等。

(1) 员工流失率和员工保持率

员工流失率是指企业在一定会计期间内离职员工占员工平均人数的比例。一般计算公式如下:

$$员工流失率 = \frac{本期离职员工人数}{员工平均人数} \times 100\%$$

$$员工保持率 = 1 - 员工流失率$$

(2) 员工生产率

员工生产率是指员工在一定会计期间内创造的劳动成果与其相应员工数量的比值。该指标可用人均产品生产数量或人均营业收入进行衡量。一般计算公式如下:

$$人均产品生产数量 = \frac{本期产品生产总量}{生产人数}$$

$$人均营业收入 = \frac{本期营业收入}{员工人数}$$

(3) 培训计划完成率

培训计划完成率指培训计划实际执行的总时数占培训计划总时数的比例。一般计算公式如下:

$$培训计划完成率 = \frac{培训计划实际执行的总时数}{培训计划总时数} \times 100\%$$

(二) 建立通用类指标库

企业可根据实际情况建立通用类指标库,不同层级单位和部门结合不同的战略定位和业务特点选择适合的指标体系。

【工作实例 7-4】请结合对平衡计分卡的理解,通过平衡计分卡指标选择及考核体系建立表中维度和指标含义描述,将表 7-4 中指标名称所对应的序号 A～P 填入表 7-3 中。

表 7-3　平衡计分卡指标选择及考核体系建立表

维度	指标含义	指标名称序号	权重
财务维度	收入目标完成情况	E	10%
	净利润目标完成情况	H	10%
	净利润同期增长情况	B	5%
	总资产运营状况	D	10%
	单位收入盈利状况	L	5%
	单位净资产盈利状况	N	10%
客户维度	业务量目标完成情况	P	5%
	业务量同期增长情况	C	5%
	客户对公司业务的认同状况	I	5%
	公司相对整个市场强弱程度	G	5%
内部业务流程维度	准点送达状况	F	5%
	产品变质、遗漏、错发情况	K	5%
	每件产品平均耗用公司的资源	J	5%
学习与成长维度	员工稳定性状况	O	5%
	员工对公司的认同感和归属感	A	5%
	员工技能学习和业务水平提升情况	M	5%

表 7-4　指标名称及序号

指标名称	序号	指标名称	序号
员工满意度	A	客户满意度	I
净利润增长率	B	单位营业成本	J
订单增长率	C	送达准确率	K
总资产周转率	D	净利率	L
收入完成率	E	培训计划完成率	M
送达准时率	F	净资产收益率	N
市场份额	G	员工保持率	O
净利润完成率	H	订单完成率	P

(三)确立平衡计分卡指标权重

平衡计分卡指标的权重分配应以战略目标为导向,反映被评价对象对企业战略目标贡献或支持的程度,以及各指标之间的重要性水平。企业绩效指标权重一般设定为5%~30%,对特别重要的指标可适当提高权重。对特别关键、影响企业整体价值的指标可设立"一票否决"制度,即如果某项绩效指标未完成,无论其他指标是否完成,均视为未完成绩效目标。

(四)确定平衡计分卡绩效目标值

平衡计分卡绩效目标值应根据战略地图的因果关系分别设置。首先确定战略主题的目标值,其次确定主题内的目标值,最后基于平衡计分卡评价指标与战略目标的对应关系,为每个评价指标设定目标值,通常设计3~5年的目标值。平衡计分卡绩效目标值确定后,应规定在内外部环境发生重大变化和自然灾害等不可抗力因素对绩效完成结果产生大影响时,对目标值进行调整的办法和程序。一般情况下,被评价对象或评价主体测评影响程度后向相应的绩效管理工作机构提出调整申请,报薪酬与考核委员会或类似机构审批。

五、平衡计分卡与战略管理

战略管理是企业管理的高级阶段,立足于企业的长远发展,根据外部环境及自身特点围绕战略目标,采取独特的竞争战略,以求取得竞争优势。平衡计分卡则是突破了传统业绩评价系统的局限性,在战略高度上评价企业的经营业绩,把一整套财务与非财务指标同企业的战略联系在一起,是进行战略管理的基础。建立平衡计分卡,明确企业的愿景目标,就能协助管理人员建立一个得到大家广泛认同的愿景和战略,并将这些愿景和战略转化为一系列相互联系的衡量指标,确保企业各个层面了解长期战略,驱使各级部门采取有利于实现愿景和战略的行动,将部门、个人目标与长期战略相联系。

(一)平衡计分卡和战略管理的关系

平衡计分卡和战略管理的关系如图7-2所示。

一方面,战略规划中所制定的目标是平衡计分卡考核的一个基准;另一方面,平衡计分卡和战略管理相结合形成一个有效的战略执行系统,它通过引入图7-2里的四个程序(阐明并诠释愿景与战略、沟通与联系、计划与制定目标值、战略反馈与学习),使得管理者能够把长期行为与短期行为联系在一起。四个程序的具体内容如下:

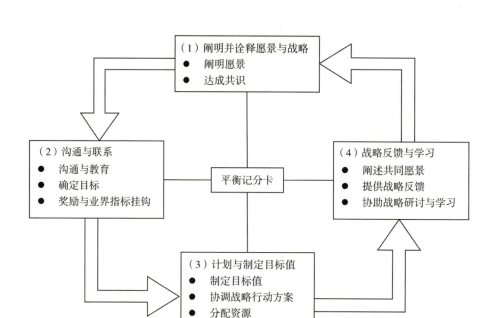

图 7-2　平衡记分卡和战略管理的关系

(1) 阐明并诠释愿景与战略

所谓愿景可以简单理解为企业所要达到的远期目标。有效的愿景可以使其成为企业所有成员的共同理想和目标,从而有助于管理人员就企业的使命和战略达成共识,并使之成为企业取得成功的长期因素。

(2) 沟通与联系

它使得管理人员在企业中对战略进行上下沟通,并将战略与部门及个人目标联系起来。

(3) 计划与制定目标值

它使企业能够实现业务计划和财务计划一体化。

(4) 战略反馈与学习

它使得企业以一个组织的形式获得战略型学习与改进的能力。

(二) 运用平衡计分卡的要求

为了使平衡计分卡和企业战略更好地结合,必须做到以下几点:

(1) 平衡计分卡的四个方面应互为因果,最终实现企业的战略。一个有效的平衡计分卡,绝不仅是业绩衡量指标的结合,而且各个指标之间应该互相联系、互相补充。围绕企业战略所建立的因果关系链应当贯穿于平衡计分卡的四个方面。

(2) 平衡计分卡中不能只有具体的业绩衡量指标,还应包括这些具体衡量指标的驱动因素,否则无法说明怎样行动才能实现这些目标,也不能及时反映战略是否顺利实施。一套出色的平衡计分卡应该把企业的战略结果同驱动因素结合起来。

(3) 平衡计分卡应该最终和财务指标联系起来,因为企业的最终目标是实现良好的经济利润。平衡计分卡必须强调经营成果,这关系企业未来的生存与发展。

六、平衡计分卡与传统业绩评价系统的区别

(1) 从"制定目标—执行目标—计算与分析实际业绩与目标值的差异—采取纠正措施"的目标管理系统来看,传统的业绩考核注重对员工执行过程的控制,平衡计分卡则强调目标制定的环节。使用平衡计分卡评价业绩时,目标制定的前提应当是员工有能力为达成目标而采取必要的行动方案,因此设定业绩评价指标的目的不在于控制员工的行为,而在于使员工能够理解企业的战略使命并为之付出努力。

(2) 传统的业绩评价容易与企业的战略执行脱节。平衡计分卡把企业战略和业绩管理系统联系起来,是企业战略执行的基础架构。

(3) 平衡计分卡在财务、客户、内部流程以及学习与成长四个维度建立企业的战略目标,用来表达企业在生产能力竞争和技术革新竞争环境中所必须达到的、多样的、相互联系的目标。

(4) 平衡计分卡帮助企业及时考评战略执行的情况,根据需要(每月或每季度)适时调整战略、目标和考核指标。

(5) 平衡计分卡能够帮助企业有效地建立跨部门团队合作机制,促进内部管理过程的顺利进行。

【工作实例 7-5】第一步,根据相关资料,并结合平衡计分卡原理,试计算公司层面平衡计分卡得分(表 7-5)。

表 7-5　2024 年公司层面平衡计分卡得分计算表

维度	指标名称	权重	目标值	实际值	得分/%	加权得分/%
财务维度	净利润增长率	5%	19.82%	24.56%	123.89	6.19
	总资产周转率	10%	1.52	1.49	98.20	9.82
	净利润	5%	8 510 045.91 元	8 846 192.72 元	103.95	5.20
	净资产收益率	10%	15.31%	16.28%	106.34	10.63
	收入完成率	10%	100.00%	98.20%	98.20	9.82
	净利润完成率	10%	100.00%	103.95%	103.95	10.40
客户维度	客户满意度	5%	95.00%	90.00%	94.74	4.74
	订单完成率	5%	100.00%	100.31%	100.31	5.02
	订单增长率	5%	29.71%	30.11%	101.34	5.07
	市场份额	5%	1.00%	0.80%	80.00	4.00

续表

维度	指标名称	权重	目标值	实际值	得分/%	加权得分/%
内部业务流程维度	单位营业成本	5%	9.31元	9.07元	102.52	5.13
	送货准时率	5%	98.00%	90.00%	91.84	4.59
	送货准确率	5%	99.00%	98.00%	98.99	4.95
学习与成长维度	培训计划完成率	5%	100.00%	80.00%	80.00	4.00
	员工满意度	5%	95.00%	85.00%	89.47	4.47
	员工保持率	5%	80.00%	70.00%	87.50	4.38
加权综合得分/%						98.40

注：①单位成本得分＝200－实际值/目标值×100，其余指标得分＝实际值/目标值×100；②计算结果四舍五入保留2位小数。

第二步，根据平衡计分卡原理，计算部门层面各项得分数(表7-6)。

表7-6　2024年部门层面平衡计分卡得分计算表

维度	指标名称	权重	营业一部				营业二部			
			目标值	实际值	得分/%	加权得分/%	目标值	实际值	得分/%	加权得分/%
财务维度	收入完成率	20%	10%	96%	96.00	19.20	100%	98%	98.00	19.60
	净利润完成率	20%	10%	10%	100.00	20.00	100%	104%	104.00	20.80
客户维度	客户满意度	10%	95%	85%	89.47	8.95	95%	95%	100.00	10.00
	订单完成率	10%	10%	97.5%	97.50	9.75	100%	99.9%	99.90	9.99
内部业务流程维度	单位营业成本	10%	9.31%	9.25%	100.64	10.06	9.31%	8.94%	103.97	10.40
	发货准确率	10%	98%	88%	89.80	8.98	98.00%	93%	94.90	9.49

续表

维度	指标名称	权重	营业一部				营业二部			
			目标值	实际值	得分/%	加权得分/%	目标值	实际值	得分/%	加权得分/%
学习与成长维度	培训计划完成率	10%	10%	70%	70.00	7.00	100.00%	90%	90.00	9.00
	员工保持率	10%	80%	70%	87.50	8.75	80%	70%	87.50	8.75
加权综合得分/%			92.69				98.03			

第三步，已知绩效得分和绩效工资系数对应表，请根据平衡计分卡原理、绩效管理相关知识和以上计算结果（表 7-7），正确计算部门年终奖系数（表 7-8）。

表 7-7　绩效得分和绩效工资系数对应表

评审分数	绩效工资系数（K）
B≥98	1.3
95≤B＜98	1.2
90≤B＜95	1.1
80≤B＜90	1.0
65≤B＜80	0.8
B＜65	0

表 7-8　营业中心分部门奖金系数计算表

项目	营业一部	营业二部
公司得分	98.40%	
公司系数	1.30	
部门得分	92.69	98.03
部门系数	1.10	1.30
最终奖金系数	1.43	1.69

注：最终奖金系数＝公司系数×部门系数。

拓展阅读　绩效棱柱模型介绍

随着信息技术、网络技术的飞速发展，企业与利益相关方的时空关系彻底改变，供应商、公司、客户等利益相关方之间的依赖程度加大,证监会等监管方对企业的影响同样不可忽视。而传统的绩效评价体系仅仅考虑了股东利益,平衡计分卡也只考虑股东、顾客、员工三大利益相关者的利益。针对这些不足,2000年英国克兰菲尔德大学管理学院的安迪·尼利(Andy Neely)教授和埃森哲咨询公司联合开发了一个基于利益相关者理论的绩效评价体系——绩效棱柱模型。

与平衡计分卡相比,绩效棱柱模型实现了以下理论突破:

第一,绩效棱柱模型从只关系一个或两个利益相关主体的观念中转变过来,逐步关心所有重要的利益相关主体,在从他们那里获取贡献的同时,还关注他们的满意度。该模型创新之处在于既强调了利益相关主体价值的取向,又测量了利益相关主体对组织的贡献。

第二,绩效棱柱模型重新认识了绩效管理的起点。关于绩效计量有一个普遍性认识如下:绩效计量是从战略衍生、推导出来的,也是以战略为起点的。但人们为了从战略中获得这些方法,从根本上误解了这种方法的目的和战略角色。绩效测量方法就是为了帮助人们朝着他们想要达到的方向而设计的。它帮助管理者们明确是否将达到他们确定的目标。然而,战略并不是最终的目的。相反,它只是你所选择的战略——如何达到所期望的目标的路线。执行战略将使公司能更好地将价值传递给其利益相关方:投资者、债权人、客户及中介、雇员、供应商、监管方及社会。因此。绩效计量的起点应是谁是组织的利益相关者以及他们的愿望和要求是什么,即为利益相关者创造价值,而非战略。

第三,绩效棱柱模型的灵活性及能够不断地自我完善。这个框架设计得非常有弹性,这样它既可以适应宽泛的要求,也能适应严格的要求。如果只需要测量营销管理的部分方面,如一个单独的利益相关者或者一个特殊的业务程序,使用绩效棱柱能够设计出一个系统和适当的测量方法(和其他的辅助方法)来解释它们。

岗课赛证融通训练

一、关键绩效指标法分析

1. 业务资源

(1) 业务员考核制度说明

北京××仓储服务有限公司成立于2016年,公司地址位于北京市通州区××路××号,地理位置优越,交通便利,可为客户提供货物仓储、货物装卸、货物分拣、物流咨询、物流配送等服务。

公司对市场一部的业务员绩效单独进行考核,通过构建指标体系对业务员的业绩进行评价,指标包括营业目标完成率、营业额增长率、营业额回款率和新客户开发数,具体说明如表7-9~表7-11。

表 7-9　考核指标评定标准

序号	考核指标	评定标准
1	营业目标完成率	实际销售额/预算销售额×100%；满分 45 分，每低于目标值 1%，扣 0.5 分，不足 1%的按 1%计算
2	营业额增长率	与上年度同期营业额相比；满分 20 分，每低于目标值 1%，扣 0.2 分，不足 1%的按 1%计算
3	营业额回款率	实际回款额/实际销售额×100%；满分 25 分，每低于目标值 1%，扣 0.3 分，不足 1%的按 1%计算
4	新客户开发数	以考核期新客户签约数为准；满分 10 分，每增加 1 家新客户，加 1 分，不倒扣分

表 7-10　考核结果及绩效奖金的发放比例

得分区间	考核等级	绩效发放比例
(90,100]	A 级	100.00%
(80,90]	B 级	80.00%
(60,80]	C 级	60.00%
[0,60]	D 级	30.00%

（2）　表 7-11　市场部员工 2025 年 1 月业绩情况

姓名	实际营业额/元	预计营业额/元	上年同期实际营业额/元	实际回款额/元	新开发客户数
徐智勇	956 303.28	903 200	912 029.98	750 047.36	3
刘心维	912 029.98	920 900	814 628.72	907 448.62	3
苏丽惠	841 192.70	974 000	876 611.34	838 902.02	2
林远瑜	947 448.62	956 300	974 012.60	938 593.96	5

2．任务目标

根据任务资源，完成 2025 年 1 月份市场一部业务员业绩考核表（表 7-12）和 2025 年 1 月份业务员绩效奖金计算表（表 7-13）。

3．业务实施

表 7-12　2025 年 1 月份市场一部业务员业绩考核表

考核指标	营业目标完成率	营业增长率	营业额回收率	新客户开发数	合计
权重	0.45	0.2	0.25	0.1	1

续表

考核指标		营业目标完成率	营业增长率	营业额回收率	新客户开发数	合计
目标值		1	0.15	0.8	—	—
徐智勇	实际值					—
	得分值					
刘心维	实际值					—
	得分值					
苏丽惠	实际值					—
	得分值					
林远瑜	实际值					—
	得分值					

表 7-13　2025 年 1 月份市场一部业务员绩效奖金计算表

姓名	绩效考核评定结果	绩效奖金基数/元	绩效奖金/元
徐智勇		4 848	
刘心维		6 844.5	
苏丽惠		11 887.2	
林远瑜		8 503.95	
合计		—	—

二、经济增加值法的应用

1. 任务资源

（1）××数字科技股份有限公司成立于 2012 年,是基于人工智能、大数据、云计算、互联网、物联网等新一代信息技术的企业数字化转型软件商和服务商,同时又具有丰富的财务管理和业务运营的经验。企业资产和利润情况见表 7-14 和表 7-15。

（2）　　　　　　　　　　表 7-14　资产负债表　　　　　　　　　　单位:元

项目	2022 年 12 月 31 日	2023 年 12 月 31 日	2024 年 12 月 31 日
流动资产:	—	—	—
货币资金	5,670,000.00	7,520,000.00	8,540,000.00
交易性金融资产			

续表

项目	2022年12月31日	2023年12月31日	2024年12月31日
衍生金融资产			
应收票据			
应收账款	132,670,000.00	142,520,000.00	151,735,170.00
应收款项融资			
预付款项			
其他应收款	99,500,000.00	106,890,000.00	111,410,000.00
其中:应收利息			
应收股利			
存货	83,300,000.00	98,000,000.00	102,204,830.00
合同资产			
持有待售资产			
一年内到期的非流动资产			
其他流动资产			
流动资产合计	321,140,000.00	354,930,000.00	373,890,000.00
非流动资产:	—	—	—
债权投资			
其他债权投资			
长期应收款			
长期股权投资	60,125,300.00	62,456,100.00	65,000,000.00
其他权益工具投资			
其他非流动金融资产:	—	—	—
投资性房地产			
固定资产	30,016,000.00	26,732,000.00	23,546,000.00
在建工程			
生产性生物资产			
油气资产			
使用权资产			
无形资产	2,700,000.00	2,400,000.00	2,700,000.00

续表

项目	2022年12月31日	2023年12月31日	2024年12月31日
开发支出			
商誉			
长期待摊费用	5,000,000.00	4,000,000.00	3,000,000.00
递延所得税资产			
其他非流动资产			
非流动资产合计	97,841,300.00	95,588,100.00	94,246,000.00
资产总计	418,981,300.00	450,518,100.00	468,136,000.00
流动负债：	—	—	—
短期借款	53,070,000.00	57,010,000.00	59,420,000.00
交易性金融负债			
衍生金融负债			
应付票据			
应付账款	79,600,000.00	85,510,000.00	89,120,000.00
预收款项			
合同负债			
应付职工薪酬	26,530,000.00	28,500,000.00	29,710,000.00
应交税费	19,900,000.00	21,380,000.00	22,280,000.00
其他应付款	18,509,800.00	25,050,160.00	4,799,000.00
其中：应付利息	3,654,120.00	3,182,850.00	3,652,400.00
应付股利			
持有待售负债			
一年内到期的非流动负债			
其他流动负债			
流动负债合计	197,609,800.00	217,450,160.00	205,329,000.00
非流动负债：	—	—	—
长期借款	40,000,000.00	25,000,000.00	35,000,000.00
应付债券			
其中：优先股			

续表

项目	2022年12月31日	2023年12月31日	2024年12月31日
永续债			
租赁负债			
长期应付款			
长期应付职工薪酬			
预计负债			
递延收益			
递延所得税负债			
其他非流动负债			
非流动负债合计	40,000,000.00	25,000,000.00	35,000,000.00
负债合计	237,609,800.00	242,450,160.00	240,329,000.00
所有者权益:	—	—	—
实收资本	100,000,000.00	100,000,000.00	100,000,000.00
其他权益工具	—	—	—
其中:优先股			
永续债			
资本公积			
减:库存股			
其他综合收益			
专项储备			
盈余公积	8,137,150.00	12,431,170.00	16,151,420.00
未分配利润	73,234,350.00	95,636,770.00	111,655,580.00
所有者权益合计	181,371,500.00	208,067,940.00	227,807,000.00
负债和所有者权益总计	418,981,300.00	450,518,100.00	468,136,000.00

（3） 表 7-15 利润表　　　　　　　　　　　单位:元

项目	2022年	2023年	2024年
一、营业收入	663,350,000.00	712,600,000.00	742,700,000.00
减:营业成本	527,160,000.00	564,580,000.00	567,775,170.00

续表

项目	2022年	2023年	2024年
税金及附加	13,267,000.00	14,252,000.00	14,854,000.00
销售费用	53,160,950.00	56,810,558.00	57,786,189.00
管理费用	18,334,100.00	19,279,300.00	19,813,600.00
研发费用	—	—	—
财务费用	3,050,000.00	2,560,000.00	3,030,000.00
其中:利息费用	3,720,000.00	3,280,000.00	3,780,000.00
利息收入	1,330,000.00	1,430,000.00	1,490,000.00
加:其他收益	—	—	—
投资收益(损失以"—"号填列)	12,025,060.00	12,491,220.00	13,000,000.00
其中:对联营企业和合营企业的投资收益	—	—	—
以摊余成本计量的金融资产终止确认收益	—	—	—
净敞口套期收益(损失以"—"号填列)	—	—	—
公允价值变动收益(损失以"—"号填列)	—	—	—
信用减值损失(损失以"—"号填列)	—	—	—
资产减值损失(损失以"—"号填列)	—	—	—
资产处置收益(损失以"—"号填列)	—	—	—
二、营业利润	60 403,010.00	67,609,362.00	92,441,041.00
加:营业外收入	—	—	—
减:营业外支出	—	—	—
三、利润总额	60,403,010.00	67,609,362.00	92,441,041.00
减:所得税费用	15,100,752.50	16,902,340.50	23,110,260.25
四、净利润	45,302,257.50	50,707,021.50	69,330,780.75

注:无资本化利息支出。

(4)①加权平均资本成本为8%;

②经济增加值=税后净营业利润－调整后资本×平均资本成本率;

③税后净营业利润=净利润+(利息支出+研究开发费用调整项)×(1-25%);

④调整后资本=平均所有者权益+平均负债合计－平均无息流动负债－平均在建工程;

⑤无息流动负债是指企业财务报表中的应付票据、应付账款、预收款项、合同负债、应

交税费、应付利息、应付职工薪酬、应付股利、其他应付款和其他流动负债(不含其他带息流动负债);

⑥在建工程是指企业财务报表中的符合主业规定的"在建工程"。

2. 任务目标

根据任务资源,并结合经济增加值相关知识,完成经济增加值计算(表7-16)。

3. 任务实施

表7-16 ××数字科技股份有限公司经济增加值计算表　　　　　单位:元

指标名称	2024年		2023年	
	期末	期初	期末	期初
净利润				
所得税费用				
利息支出				
研发费用				
税后净营业利润				
短期借款				
应付账款				
应付票据				
预收款项				
合同负债				
应交税费				
应付职工薪酬				
应付股利				
其他应付款				
平均无息流动负债				
在建工程				
所有者权益合计				
负债合计				
调整后资本				

续表

指标名称	2024 年		2023 年	
	期末	期初	期末	期初
加权平均资本成本				
经济增加值				

三、平衡记分卡的应用

1. 任务资源

(1)××物业服务有限公司成立于 2015 年,是独立的第三方物业服务企业。主要从事物业管理、绿化管理、停车场服务、家政服务、住房租赁等业务。

(2)表 7-17 为企业的完成度对照分数表。

表 7-17 完成度对照分数表

区间	分数
完成度≥99%	100
99%>完成度≥90%	90
90%>完成度≥80%	80
80%>完成度≥70%	60
70%>完成度≥60%	50
完成度<60%	0

注:如果目标值出现负数,则①完成情况好于预计情况,完成度按 100%计;②完成情况没有好于预计情况,完成度按 0 计。

(3)表 7-18 为企业的实际资产负债表。

表 7-18 实际资产负债表　　　　　　　　　　　　　　　　　单位:元

项目	2024 年 12 月 31 日	2023 年 12 月 31 日	2022 年 12 月 31 日
流动资产:	—	—	—
货币资金	105,389,034.00	101,012,777.00	103,401,647.00
交易性金融资产	25,000,000.00		
衍生金融资产			
应收票据			
应收账款	9,607,680.00	7,553,592.00	6,055,920.00
应收款项融资			

续表

项目	2024年12月31日	2023年12月31日	2022年12月31日
预付款项	558,600.00	506,600.00	488,700.00
其他应收款	16,800,000.00	13,500,000.00	10,700,000.00
其中:应收利息			
应收股利			
存货	8,000,000.00	6,350,000.00	5,000,000.00
合同资产			
持有待售资产			
一年内到期的非流动资产			
其他流动资产	1,259,800.00	1,187,000.00	960,500.00
流动资产合计	166,615,114.00	130,109,969.00	126,606,767.00
非流动资产:	—	—	—
债权投资			
其他债权投资			
长期应收款			
长期股权投资	277,411,241.78	269,174,000.00	265,160,000.00
其他权益工具投资			
其他非流动金融资产			
投资性房地产			
固定资产	30,780,000.00	33,480,000.00	36,000,000.00
在建工程			
生产性生物资产			
油气资产			
使用权资产			
无形资产			
开发支出			
商誉			
长期待摊费用			
递延所得税资产			

续表

项目	2024年12月31日	2023年12月31日	2022年12月31日
其他非流动资产			
非流动资产合计	308,191,241.78	302,654,000.00	301,160,000.00
资产总计	474,806,355.78	432,763,969.00	427,766,767.00
流动负债:	—	—	—
短期借款			
交易性金融负债			
衍生金融负债			
应付票据			
应付账款	1,425,750.00	1,140,600.00	950,500.00
预收款项		94,419,900.00	75,699,000.00
合同负债	120,096,000.00		
应付职工薪酬	26,095,217.65	20,150,260.20	15,276,708.56
应交税费	5,127,200.00	4,470,530.00	3,668,673.00
其他应付款	721,149.00	554,730.00	504,300.00
其中:应付利息			
应付股利			
持有待售负债			
一年内到期的非流动负债			
其他流动负债			
流动负债合计	153,465,316.65	120,736,020.20	96,099,181.56
非流动负债:	—	—	—
长期借款			
应付债券			
其中:优先股			
永续债			
租赁负债			
长期应付款			
长期应付职工薪酬			

续表

项目	2024年12月31日	2023年12月31日	2022年12月31日
预计负债			
递延收益			
递延所得税负债			
其他非流动负债			
非流动负债合计	—	—	—
负债合计	153,465,316.65	120,736,020.20	96,099,181.56
所有者权益:	—	—	—
实收资本(或股本)	130,000,000.00	130,000,000.00	130,000,000.00
其他权益工具			
其中:优先股			
永续债			
资本公积	50,000,000.00	50,000,000.00	50,000,000.00
减:库存股			
其他综合收益			
专项储备			
盈余公积	27,932,822.20	21,978,411.90	16,870,000.00
未分配利润	113,408,216.93	110,049,536.90	134,797,585.44
所有者权益合计	321,341,039.13	312,027,948.80	331,667,585.44
负债和所有者权益总计	474,806,355.78	432,763,969.00	427,766,767.00

注:当年净利润和留存收益增加额之间的差异系利润分配金额。

(4) 表7-19为企业的实际利润表。

表7-19 实际利润表　　　　　　　　　　单位:元

项目	2024年度	2023年度	2022年度
一、营业收入	624,499,200.00	491,925,600.00	393,634,800.00
减:营业成本	469,620,000.00	366,480,000.00	294,050,000.00
税金及附加	2,858,900.00	2,237,500.00	1,786,600.00
销售费用	18,313,437.00	13,527,950.00	11,572,876.00
管理费用	53,503,963.00	40,583,850.00	29,758,824.00

续表

项目	2024 年度	2023 年度	2022 年度
研发费用	—	—	—
财务费用	200,000.00	173,400.00	158,800.00
其中:利息费用	—	—	—
利息收入	316,000.00	303,000.00	310,200.00
加:其他收益			
投资收益(损失以"—"号填列)			
其中:对联营企业和合营企业的投资收益			
公允价值变动收益(损失以"—"号填列)			
信用减值损失(损失以"—"号填列)			
资产减值损失(损失以"—"号填列)			
资产处置收益			
二、营业利润	80,002,900.00	68,922,900.00	56,307,700.00
加:营业外收入			
减:营业外支出			
三、利润总额	80,002,900.00	68,922,900.00	56,307,700.00
减:所得税费用	20,458,797.00	17,838,781.00	14,634,991.00
四、净利润	59,544,103.00	51,084,119.00	41,672,709.00

(5) 总经理年薪包括固定工资和奖金两部分,如表 7-20 所示。

表 7-20 总经理奖金发放规定

分数范围	考核等级	奖金发放比例
分数≥95	A	100%
90≤分数<95	B+	90%
80≤分数<90	B	70%
65≤分数<80	C	40%
分数<65	D	0

2. 任务目标

(1) 根据上述任务资源,并结合所学平衡记分卡相关知识,完成该公司财务层面指标计算分析;

(2) 假设客户层面指标加权平均得分为 83 分、内部流程层面指标加权平均得分为 84 分、学习与成长层面指标加权平均得分为 92 分,完成总经理绩效评价表(表 7-21、表 7-22)的计算。

3. 任务实施

表 7-21　2024 年××物业服务有限公司总经理绩效财务层面考核表

层面	序号	指标名称	权重	目标值	实际值	完成度/%	单项得分	加权得分
财务层面	1	营业收入增长率	10%	27.32%				
	2	销售净利率	10%	9.68%				
	3	销售毛利率	10%	24.92%				
	4	综合费用率	10%	11.50%				
	5	息税前利润	5%	81 349 819.43 元				
	6	总资产增长率	5%	9.28%				
	7	净利润增长率	10%	18.67%				
	8	权益净利	10%	19.20%				
	9	流动比率	5%	107.36%				
	10	速动比率	5%	101.26%				
	11	资产负债率	10%	32.44%				
	12	总资产周转率	10%	1.38%				

表 7-22　2024 年××物业服务有限公司总经理业绩评价表

总经理姓名	张海	合同期限	5 年	年薪	50 万元(固定发放比例:65%)
层面		权重	目标得分	实际得分	加权得分
财务层面		35%	100		
客户层面		35%	100		
内部流程层面		15%	100		

续表

总经理姓名	张海	合同期限	5年	年薪	50万元(固定发放比例:65%)
学习与成长层面		15%	100		
分数合计/分					
年度收入/元					
固定工资/元					
奖金发放比例/%					
奖金/元					

管理会计报告和管理会计信息系统

知识目标

◆理解管理会计报告的基本概念
◆掌握管理会计报告的内容和编制要求
◆理解管理会计信息系统的基本概念
◆掌握管理会计信息系统的建设和应用程序

能力目标

◆能够正确编制管理会计报告
◆能够应用管理会计信息系统提供的信息

素养目标

◆通过管理会计报告的学习,培养学生的全局观念
◆通过管理会计信息系统的学习,提高学生的数据思维

案例导入:管理会计报告最需获得强化

从某种程度上说,管理会计报告可以说是管理会计各类方法应用的最终结果。通过管理会计报告,企业可以梳理所有的管理会计信息,并通过对这些信息的挖掘和分析,以财务的结果来帮助企业发现业务上存在的问题。

任何企业都可以编制管理会计报告。然而,目前能独立并系统地编制管理会计报告的国内企业却并不太多。在管理会计的四大方法体系中,国内企业对管理会计报告的应用或许是最弱的,这主要是基于两方面原因:一方面,理论界对管理会计报告的关注和研究极少;另一方面,多数企业尚未开始编制管理会计报告,而在编制管理会计报告的企业中,多数报告并未真正起到指导决策的意义,对于管理层而言,他们所看到的信息或许并不是他们所需要的。从战略的角度探讨企业决策支持信息的完美方案，是中国企业打破管理会计应用瓶颈的关键一环。

任务一 管理会计报告编制

一、管理会计报告的概念

安东尼·阿特金森（Anthony B. Atkinson）、罗伯特·卡普兰（Robert S. Kaplan）等美国著名管理（会计）学家在其著作《管理会计》中指出，管理会计是一个为企业管理者创造价值的信息管理系统。这一系统不仅有助于管理者进行决策和解决问题，而且还会通过行为评估和信息传递影响参与者。也就是说，管理会计报告就是根据企业管理者和员工的决策以及对具体问题的需求形成的一种很少向外提供的报告。企业管理会计报告是指企业运用管理会计方法，根据财务和业务的基础信息加工整理形成的并满足企业价值管理和决策支持需要的内部报告。其目的是为企业各层级进行规划决策、控制和评价等管理活动提供有用信息。

除使用者和目的不同以外，管理会计报告与财务会计报告在编制主体、报告形式与内容、报告时间，以及编审流程等方面存在一定的差异。两者的主要区别如表 8-1 所示。

表 8-1 财务会计报告与管理会计报告的主要区别

项目	管理会计报告	财务会计报告
报告主体	企业各部门	企业
形式要件	名称、时间、对象、主体、内容	名称、日期、主体、编号、内容
格式	不统一	统一
内容	根据需要，既有财务信息，又有非财务信息	根据法律，仅有财务信息
时间	无约束，根据企业战略需要决定报告时间与周期	受企业会计准则和政府约束
流程	与企业组织结构相一致	与法律要求相一致
范围	分解的数据，关于部门决策和行为的报告	整体数据，关于整个企业的财务报告

二、管理会计报告的特征

管理会计报告是运用管理会计方法，根据财务和业务的基础信息加工整理形成的，满足企业价值管理需要或非营利组织目标管理需要的对内报告。管理会计报告与一般对外

财务报告相比,有以下四个特征:

第一,管理会计报告没有统一的格式和规范,根据企业(或组织)内部的管理需要来提供。相对于报告形式,更注重报告实质内容。

第二,管理会计报告遵循问题导向,根据企业(或组织)内部需要解决的具体管理问题来组织、编制、审批、报送和使用。

第三,管理会计报告提供的信息不仅仅包括财务信息,也包括非财务信息;不仅仅包括内部信息,也可能包括外部信息;不仅仅包括结果信息,也可以包括过程信息,还包括剖析原因、提出改进意见和建议的信息。

第四,管理会计报告如果涉及会计业绩的报告,如责任中心报告,其主要的报告格式应该是边际贡献格式,不是财务会计准则中规范的对外财务报告格式。管理会计报告对象是一个组织内部对管理会计信息有需求的各个层级、各个环节的管理者。

三、管理会计报告的编制要求

(一)岗位设置要求

企业应建立管理会计报告组织体系,根据需要设置管理会计报告相关岗位,明确岗位职责。企业各部门都应履行提供管理会计报告所需信息的责任。

(二)报告形式要求

企业管理会计报告的形式要件包括报告的名称、报告期间或时间、报告对象、报告内容以及报告人等。

(三)报告对象要求

企业管理会计报告的对象是对管理会计信息有需求的各个层级、各个环节的管理者。

(四)报告期间要求

企业可根据管理的需要和管理会计活动的性质设定报告期间。一般应以日历期间(月度、季度、年度)作为企业管理会计报告期间,也可根据特定需要设定企业管理会计报告期间。

(五)报告内容要求

企业管理会计报告的内容应根据管理需要和报告目标而定,易于理解并具有一定的灵活性。

(六)报告程序要求

企业管理会计报告的编制、审批、报送、使用等应与企业组织架构相适应。

(七)报告过程要求

企业管理会计报告体系应根据管理活动全过程进行设计:在管理活动各环节形成基

于因果关系链的结果报告和原因报告。

四、管理会计报告的分类

企业管理会计报告体系可按照多种标准进行分类,包括但不限于以下几种分类形式。

(一)按照企业管理会计报告使用者所处的管理层级分类

按照企业管理会计报告使用者所处的管理层级可分为战略层管理会计报告、经营层管理会计报告和业务层管理会计报告。有关内容如表8-2所示。

表8-2 按照企业管理会计报告使用者所处的管理层级分类

分类	基本概念	服务对象
战略层管理会计报告	为战略层开展战略规划、决策、控制和评价以及其他方面的管理活动提供相关信息的对内报告	企业的战略层,包括股东大会、董事会和监事会等
经营层管理会计报告	为经营管理层开展与经营管理目标相关的管理活动提供相关信息的对内报告	经营管理层
业务层管理会计报告	为企业开展日常业务或作业活动提供相关信息的对内报告	企业的业务部门、职能部门以及车间、班组等

(二)企业管理会计报告体系的其他分类

1. 按照企业管理会计报告内容可分为综合企业管理会计报告和专项企业管理会计报告。
2. 按照管理会计功能可分为管理规划报告、管理决策报告、管理控制报告和管理评价报告。
3. 按照责任中心可分为投资中心报告、利润中心报告和成本中心报告。
4. 按照报告主体整体性程度可分为整体报告和分部报告。

五、战略层管理会计报告

战略层管理会计报告包括但不限于战略管理报告、综合业绩报告、价值创造报告、经营分析报告、风险分析报告、重大事项报告、例外事项报告等。这些报告可独立提交,也可根据不同需要整合后提交。战略层管理会计报告应精炼、简洁、易于理解,重点呈现主要结果、主要原因并提出具体的建议。战略层管理会计报告的类型和基本内容如表8-3所示。

表8-3 战略层管理会计报告的类型及内容

分类	基本内容
战略管理报告	包括内外部环境分析、战略选择与目标设定、战略执行及其结果,以及战略评价等

续表

分类	基本内容
综合业绩报告	包括关键绩效指标预算及其执行结果、差异分析以及其他重大绩效事项等
价值创造报告	包括价值创造目标、价值驱动的财务因素与非财务因素、内部各业务单元的资源占用与价值贡献,以及提升公司价值的措施等
经营分析报告	包括过去经营决策执行情况回顾、本期经营目标执行的差异及其原因、影响未来经营状况的内外部环境与主要风险分析、下一期的经营目标及管理措施等
风险分析报告	包括企业全面风险管理工作回顾、内外部风险因素分析、主要风险识别与评估、风险管理工作计划等
重大事项报告	针对企业的重大投资项目、重大资本运作、重大融资、重大担保事项、关联交易等事项进行的报告
例外事项报告	针对企业发生的管理层变更、股权变更、安全事故、自然灾害等偶发性事项进行的报告

六、经营层管理会计报告

经营层管理会计报告,主要包括全面预算管理报告、投资分析报告、项目可行性报告、融资分析报告、盈利分析报告、资金管理报告、成本管理报告、业绩评价报告等。经营层管理会计报告应做到内容完整、分析深入。经营层管理会计报告的类型及基本内容如表8-4所示。

表8-4 经营层管理会计报告的类型及内容

分类	基本内容
全面预算管理报告	包括预算目标制定与分解、预算执行差异分析以及预算考评等
投资分析报告	包括投资对象、投资额度、投资结构、投资进度、投资效益、投资风险和投资管理建议等
项目可行性报告	包括项目概况、市场预测、产品方案与生产规模、厂址选择、工艺与组织方案设计、财务评价、项目风险分析,以及项目可行性研究结论与建议等
融资分析报告	一般包括融资需求测算、融资渠道与融资方式分析及选择、融资成本、融资程序、融资风险及其应对措施和融资管理建议等
盈利分析报告	一般包括盈利目标及其实现程度、利润的构成及其变动趋势、影响利润的主要因素及其变化情况,以及提高盈利能力的具体措施等。盈利分析报告可基于企业集团、单个企业,也可基于责任中心、产品、区域、客户等
资金管理报告	包括资金管理目标、主要流动资金项目的管理状况、资金管理存在的问题以及解决措施等。企业集团资金管理报告的内容一般还包括资金管理模式、资金集中方式、资金集中程度、内部资金往来等
成本管理报告	成本预算、实际成本及其差异分析、成本差异形成的原因以及改进措施等

续表

分类	基本内容
业绩评价报告	包括绩效目标、关键绩效指标、实际执行结果、差异分析、考评结果,以及相关建议等

七、业务层管理会计报告

业务层管理会计报告应根据企业内部各部门、车间或班组的核心职能或经营目标进行设计,主要包括研究开发报告、采购业务报告、生产业务报告、配送业务报告、销售业务报告、售后服务业务报告、人力资源报告等。业务层管理会计报告应做到内容具体、数据充分。业务层管理会计报告的类型及基本内容如表8-5所示。

表8-5 业务层管理会计报告的类型及内容

分类	基本内容
研究开发报告	包括研发背景、主要研发内容、技术方案、研发进度、项目预算等
采购业务报告	包括采购业务预算、采购业务执行结果、差异分析及改善建议等。采购业务报告要重点反映采购质量、数量以及时间、价格等方面的内容
生产业务报告	一般包括生产业务预算、生产业务执行结果、差异分析及改善建议等。生产业务报告要重点反映生产成本、生产数量以及产品质量、生产时间等方面的内容
配送业务报告	一般包括配送业务预算、配送业务执行结果、差异分析及改善建议等。配送业务报告要重点反映配送的及时性、准确性以及配送损耗等方面的内容
销售业务报告	一般包括销售业务预算、销售业务执行结果、差异分析及改善建议等。销售业务报告要重点反映销售的数量结构和质量结构等方面的内容
售后服务业务报告	一般包括售后服务业务预算、售后服务业务执行结果、差异分析及改善建议等。售后服务业务报告重点反映售后服务的客户满意度等方面的内容
人力资源报告	一般包括人力资源预算、人力资源执行结果、差异分析及改善建议等。人力资源报告重点反映人力资源使用及考核等方面的内容

八、管理会计报告应用

(一)全面预算管理报告

经营层管理会计报告是为经营管理层开展与经营管理目标相关的管理活动提供相关信息的对内报告。经营层管理会计报告的报告对象是经营管理层。

全面预算管理报告是经营层管理会计报告重要组成部分。全面预算管理报告的内容一般包括预算目标制定与分解、预算执行差异分析以及预算考评等。预算目标的制定与分解在本教材项目三做了详细讲解,本部分以××乳业公司全面预算管理为例,介绍全面预算执行情况分析报告,主要内容为预算执行差异以及预算考评。

【工作实例8-1】××乳业公司2024年积极拓展市场,促进销售,当年实际销售甜牛奶乳饮料 220 万件,发酵型含乳饮料 58 万件。试针对全面预算编制全面预算管理报告。

第一步,业务量预算执行情况计算分析如表 8-6 所示。

表 8-6　业务量预算执行情况表

项目	本年预算/万件	本年实际/万件	差异/万件	预算完成度
甜牛奶乳饮料	225	220	−5	98%
发酵型含乳饮料	60	58	−2	97%

2024 年度,在市场竞争激烈的情况影响下,经过业务部门全体员工的努力,××乳业公司全年累计销售甜牛奶乳饮料 220 万件,完成预算的 98%;发酵型含乳饮料 58 万件,完成预算的 97%。预算执行情况良好。

第二步,营业收入、营业成本预算执行情况计算分析。

从表 8-7 可以看出,××乳业公司全年营业收入为 69 907 500 元,较预算少 1 792 500 元;完成全年预算的 97.50%;经分析系受市场特殊情况影响所致。营业成本为 52 615 838 元,较预算多了 4 783 258 元;毛利率较预算下降 8.55%,产生不利影响。

表 8-7　营业收入、营业成本预算执行情况表

项目	本年预算	本年实际	差异	预算完成度
营业收入	71 700 000/元	69 907 500/元	−1 792 500/元	97.50%
营业成本	47 832 580/元	52 615 838/元	4 783 258/元	110%
毛利率	33.29%	24.74%	−8.55%	74.31%

第三步,成本费用预算执行情况计算分析。

从表 8-8 可以看出,××乳业公司全年发生销售费用 6 022 500 元,比预算多了 547 500 元,预算完成度 110.00%,超支 10.00%;预算执行情况不佳。管理费用 6 600 000 元,超出预算 150 000 元,超支 2.33%。财务费用超出预算 58 000 元,超支 13.12%。

表 8-8　成本费用预算执行情况表

项目	本年预算	本年实际	差异	预算完成度
销售费用	5 475 000/元	6 022 500/元	547 500/元	110%
管理费用	6 450 000/元	6 600 000/元	150 000/元	102.33%
财务费用	442 000/元	500 000/元	58 000/元	113.12%
销售费用占收入的比重	7.64%	8.61%	0.98%	112.82%
成本费用占收入的比重	83.96%	94.04%	10.08%	112%

第四步,利润预算执行情况计算分析。

从表 8-9 可以看出,天润乳业公司全年实现利润 2 986 662 元,仅完成预算的

31.44%。成本费用高而营业收入下降是造成净利润下降的原因。

表 8-9 利润预算执行情况表

项目	本年预算	本年实际	差异	预算完成度
净利润	9 500 420/元	2 986 662/元	−6 513 758/元	31.44%
成本费用	60 199 580/元	64 920 838/元	4 721 258/元	107.84%
成本费用利润率	15.78%	4.60%		29.15%

第五步,现金预算执行情况。现金预算主要说明现金收入、现金支出、资金融通和期末现金余额四个部分的预算执行情况。××乳业公司全年为解决资金筹资缺口预算借入长期借款 3 900 000 元,实际借入 3 900 000 元,未超出预算。

第六步,资产负债表预算执行情况计算分析。

从表 8-10 可以看出,××乳业公司资产总额预算完成率为 105.50%,与预算大体一致;为满足公司发展需要,公司有长期借款项目增加,公司负债超出预算 15.20%。所有者权益完成预算指标的 89.60%,情况良好。

表 8-10 资产负债表预算执行情况表

项目	本年预算/元	本年实际/元	差异/元	预算完成度	备注
资产	26 402 736.8	27 854 887.32	1 452 150.524	105.50%	
负债	7 104 316.8	8 184 172.954	1 079 856.154	115.20%	长期借款增加
所有者权益	19 298 420	17 291 384.32	−2 007 035.68	89.60%	

(二) 成本管理报告

企业常用的成本工具方法有完全成本法、变动成本法、作业成本法、目标成本法、标准成本法等。成本管理报告属于经营层管理会计报告,内容一般包括成本预算、实际成本及其差异分析,成本差异形成的原因以及改进措施等。

成本分析主要实现预算成本与实际成本数据分类比较、因素分析比较,梳理成本和利润的驱动因素,形成评价结论,编制成各种形式的分析、评价报告等。

【工作实例 8-2】××乳业公司 2024 年预计销售甜牛奶乳饮料产品 2 000 000 件,预计单位售价 26 元,单位变动成本 16 元,固定制造费用 4 500 000 元,固定销售费用 600 000 元,固定管理费用 3 500 000 元,固定财务费用 1 100 000 元。××乳业公司 2024 年收入费用及税前利润预算表如表 8-11 所示。结合预算表格和企业经营实际数据,编制××乳业公司 2024 年收入费用及税前利润预算执行情况表(表 8-13)。

表 8-11　××乳业公司 2024 年收入费用及税前利润预算表

项目	预算数据
销售量/件	2 000 000
单价/元	26
销售收入/元	52 000 000
变动成本/元	32 000 000
固定制造费用/元	4 500 000
固定销售费用/元	600 000
固定管理费用/元	3 500 000
固定财务费用/元	1 100 000
税前利润/元	10 300 000

××乳业公司 2024 年收入费用及税前利润统计表，如表 8-12 所示。

表 8-12　××乳业公司 2024 年收入费用及税前利润统计表

项目	实际执行统计数据
销售量/件	2 050 000
单价/元	26
销售收入/元	53 300 000
变动成本/元	32 800 000
固定制造费用/元	4 600 000
固定销售费用/元	600 000
固定管理费用/元	3 700 000
固定财务费用/元	1 100 000
税前利润/元	10 500 000

差异分析评价：由表 8-13 可知，××乳业公司 2024 年甜牛奶乳饮料产品税前利润实际执行情况超过预算 20 万元，为有利差异，说明预算执行情况良好。从差异分析中可以看出，在单价和单位变动成本不变的情况下，200 000 元税前利润差异＝1 300 000（收入差异）－800 000（变动成本差异）－100 000（固定制造费用差异）－200 000（固定财务费用差异）。

表 8-13 ××乳业公司 2024 年收入费用及税前利润预算执行情况

项目	预算数据	实际数据	差异(实际－预算)	性质
销售量/件	2 000 000	2 050 000	50 000	有利差异
单价/元	26	26	0	
销售收入/元	52 000 000	53 300 000	1 300 000	有利差异
变动成本/元	32 000 000	32 800 000	800 000	不利差异
固定制造费用/元	4 500 000	4 600 000	100 000	不利差异
固定销售费用/元	600 000	600 000	0	
固定管理费用/元	3 500 000	3 700 000	200 000	不利差异
固定财务费用/元	1 100 000	1 100 000	0	
税前利润/元	10 300 000	10 500 000	200 000	有利差异

该公司可采取以下改进措施：

(1) 进行技术改造和工艺升级,做好价值工程分析,及时追踪原材料市场价格变化信息,科学合理采购储存原材料,降低单位产品变动成本。

(2) 精简管理机构和部门,加强数字化建设和信息化建设,提高管理效率,降低管理费用支出。

(3) 科学预算销售费用,统计分析投入产出比,控制销售费用支出金额。

(4) 加强产品销售和应收账款管理,提高资产周转率,减少资金占用,降低财务费用支出。

拓展阅读 海尔集团共赢增值表助推管理会计报告框架变革,驱动组织生态共赢

在战略转型的背景下,海尔基于人单合一管理模式创新推出"共赢增值表"。这是在传统三个财务报表的基础上,为物联网时代量身定制的一张管理会计报表,融合了财务指标与非财务指标。与海尔的现行战略、组织架构和商业模式的一致性相呼应。

共赢增值表包含六大要素,即用户资源、资源方、生态平台价值总量、收入、成本和边际收益。其目的是以用户为中心,动态监测、评估和驱动价值创造的整个过程,准确地衡量生态平台的价值增值,并展示价值增值如何在用户、链群、资源方和海尔等利益攸关方所构成的生态平台之间进行分配共享,构建以用户为中心的生态系统。

共赢增值表的形成逻辑是从企业价值驱动因素(用户、资源)延伸到创值效果(平台价值、收入、成本、边际收益),通过不断和用户交互,将用户的个性化需求转化成每一个人的目标。

海尔的共赢增值表彰显了管理会计报告框架的创新升级,引领了企业物联网生态转型创新实践。共赢增值表并非是对传统报表的替代,而是对在传统报表上缺失、对经营管理有重要提示作用的项目的补充。该模式在设计逻辑上体现了三点创新:一是在理论方

面,区别于传统管理会计报告模式,采用物联网时代管理会计报告的新范式,推进了管理会计报告理论框架的升级;二是在应用方面,业财深度融合,通过以用户为中心,从用户需求出发,构建不同场景,通过体验迭代吸引终身用户,重视业务全过程,而非只关注财务结果;三是在目标驱动方面,把从股东价值最大化到各利益攸关方的合作共赢,为每个资源方赋能;强调发挥不同主体价值创造潜能,通过促进生态系统下资源优化配置,以增值为前提的利益攸关方合作机制激发、凝聚利益攸关方创造价值的潜能与合力。

共赢增值表不仅适用于海尔,对其他企业也具有普适性,是物联网时代下企业可以推广的管理会计工具。

任务二 管理会计信息系统认知与应用

一、管理会计信息系统的概念

管理会计信息系统是指以财务和业务信息为基础,借助计算机、网络通信等现代信息技术手段,对管理会计信息进行收集、整理、加工、分析和报告等操作处理,为企业有效开展管理会计活动提供全面、及时、准确的信息支持的各功能模块的有机集合。

二、建设和应用管理会计信息系统应遵循的原则

企业建设和应用管理会计信息系统,一般应遵循以下原则。

(一)系统集成原则

管理会计信息系统各功能模块应集成在企业整体信息系统中,与财务和业务信息系统紧密结合,实现信息的集中统一管理,以及财务和业务信息到管理会计信息的自动生成。

(二)数据共享原则

企业建设管理会计信息系统应实现系统间的无缝对接,通过统一的规则和标准,实现数据的一次采集、全程共享,避免产生信息孤岛。

(三)规则可配原则

管理会计信息系统各功能模块应提供规则配置功能,实现其他信息系统与管理会计信息系统相关内容的映射和自定义配置。

(四)灵活扩展原则

管理会计信息系统应具备灵活扩展性,通过及时补充有关参数或功能模块,对环境、业务、产品、组织和流程等的变化及时响应,满足企业内部管理需要。

（五）安全可靠原则

应充分保障管理会计信息系统的设备、网络、应用及数据安全，严格控制授权，做好数据灾备建设，具备良好的抵御外部攻击能力，保证系统的正常运行并确保信息的安全、保密、完整。

三、管理会计信息系统建设和应用程序

管理会计信息系统的建设和应用程序既包括系统的规划和建设过程，也包括系统的应用过程，即输入、处理和输出过程。

（一）管理会计信息系统规划和建设

管理会计信息系统规划和建设过程一般包括系统规划、系统实施和系统维护等环节。

1. 系统规划环节

在管理会计信息系统的规划环节，企业应将管理会计信息系统规划纳入企业信息系统建设的整体规划中，遵循整体规划和分步实施的原则，根据企业的战略目标和管理会计应用目标，形成清晰的管理会计应用需求，因地制宜地逐步推进。

2. 系统实施环节

在管理会计信息系统实施环节，企业应制订详尽的实施计划，清晰划分实施的主要阶段，明确有关活动和详细任务的时间进度。实施阶段一般包括项目准备、系统设计、系统实现、测试和上线等过程。

（1）在项目准备阶段，企业应完成系统建设前的基础工作，一般包括确定实施目标、实施组织范围和业务范围，调研信息系统需求，进行可行性分析，制订项目计划，明确资源安排和项目管理标准，开展项目动员及初始培训等。

（2）在系统设计阶段，企业应对组织现有的信息系统应用情况、管理会计工作现状和信息系统需求进行调查，梳理管理会计应用模块和应用流程，据此设计管理会计信息系统的实施方案。

（3）在系统实现阶段，企业应完成管理会计信息系统的数据标准化建设、系统配置、功能和接口开发及单元测试等工作。

（4）在测试和上线阶段，企业应实现管理会计信息系统的整体测试、权限设置、系统部署、数据导入、最终用户培训和上线切换过程。必要时，企业还应根据实际情况进行预上线演练。

3. 系统维护环节

企业应做好管理会计信息系统的运维和支持，实现日常运行维护支持及上线后持续培训和系统优化。

（二）管理会计信息系统的应用程序

管理会计信息系统的应用程序一般包括输入、处理和输出三个环节。

1. 输入环节

输入环节是指管理会计信息系统采集或输入数据的过程。管理会计信息系统需提供已定义清楚数据规则的数据接口，以自动采集财务和业务数据。同时系统还应支持本系统其他数据的手工录入，以利于相关业务调整和补充信息的需要。

2. 处理环节

处理环节是指借助管理会计工具模型进行数据加工处理的过程。管理会计信息系统可以充分利用数据挖掘、在线分析处理等商业智能技术，借助相关工具对数据进行综合查询、分析统计，挖掘出有助于企业管理活动的信息。

3. 输出环节

输出环节是指提供丰富的人机交互工具、集成通用的办公软件等成熟工具，自动生成或导出数据报告的过程。数据报告的展示形式应注重易读性和可视性。

最终的系统输出结果不仅可以采用独立报表或报告的形式展示给用户，也可以输出或嵌入其他信息系统中，为各级管理部门提供管理所需的相关的、及时的信息。

四、管理会计信息系统的模块

管理会计信息系统的模块包括成本管理、预算管理、绩效管理、投资管理、管理会计报告以及其他功能模块。管理会计信息系统的框架如图 8-1 所示。

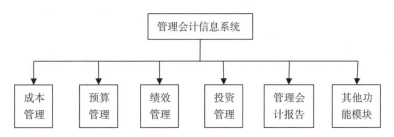

图 8-1　管理会计信息系统框架图

（一）成本管理模块

成本管理模块应实现成本管理的各项主要功能，包括对成本要素、成本中心、成本对象等参数的设置，以及成本核算方法的配置，从财务会计核算模块、业务处理模块以及人力资源模块等抽取所需数据，进行精细化成本核算，生成分产品、分批次（订单）、分环节、分区域等多维度的成本信息，以及基于成本信息进行成本分析，实现成本的有效控制，为全面成本管理的事前计划、事中控制、事后分析提供有效的支持。

成本管理模块应提供多种成本分摊方法，如基于指标分摊、基于作业分摊等利用预定义的规则，按要素、期间、作业等进行分摊。

（二）预算管理模块

预算管理模块应实现的主要功能包括预算目标制订和计划制订、预算编制、预算执行控制、预算调整、预算分析和评价等全过程的信息化管理。预算管理模块应能给企业提供根据业务需要编制多期间、多情景、多版本、多维度的预算计划的功能,以满足预算编制的要求。

(三) 绩效管理模块

绩效管理模块主要实现业绩评价和激励管理过程中各要素的管理功能,一般包括业绩计划和激励计划的制订、业绩计划和激励计划的执行控制、业绩评价与激励实施管理等,为企业的绩效管理提供支持。

绩效管理模块应提供企业各项关键绩效指标的定义和配置功能,并可从其他模块中自动获取各业务单元或责任中心相应的实际绩效数据,进行计算处理,形成绩效执行情况报告及差异分析报告。

(四) 投资管理模块

投资管理模块主要实现对企业投资项目进行计划和控制的系统支持过程,一般包括投资计划的制订和对每个投资项目的及时管控等。

投资管理模块应与成本管理模块、预算管理模块、绩效管理模块和管理会计报告模块等进行有效集成和数据交换。企业可以根据实际情况,将项目管理功能集成到投资管理模块中,可以实施单独的项目管理模块来实现项目的过程管控。

项目管理模块主要指对投资项目的系统化管理过程,一般包括项目设置、项目计划与预算、项目执行、项目结算与关闭、项目报告以及项目后审计等功能。

(五) 管理会计报告模块

管理会计报告模块应实现基于信息系统中财务数据、业务数据自动生成管理会计报告,支持企业有效开展各项管理会计活动。管理会计报告应具备以下功能:

(1) 管理会计报告模块应为用户生成报告提供足够丰富、高效、及时的数据源,必要时应建立数据仓库和数据集市,形成统一规范的数据集,并在此基础上,借助数据挖掘等商务智能工具方法,自动生成多维度报表。

(2) 管理会计报告模块应为企业战略层、经营层和业务层提供丰富的通用报告模板。

(3) 管理会计报告模块应为企业提供灵活的自定义报告功能。企业可以借助报表工具自定义管理会计报表的报告主体、期间(定期或不定期)、结构、数据源、计算公式以及报表展现形式等。系统可以根据企业自定义报表的模板自动获取数据进行计算加工,并以预先定义的展现形式输出。

(4) 管理会计报告模块应提供用户追溯数据源的功能。用户可以在系统中对报告的最终结果数据进行追溯,可以层层追溯其数据来源和计算方法。

(5) 管理会计报告模块以独立的模块形式存在于信息系统中,从其他管理会计模块中获取数据生成报告,也可内嵌到其他管理会计模块中,作为其他管理会计模块重要的输出环节。

(6) 管理会计报告模块应与财务报告系统相关联,既能有效生成企业整体报告,也能生成分部报告,并实现整体报告和分部报告的联查。

拓展阅读　管理会计信息系统必须紧扣当前数字化、智能化的技术转型

面对当前数字技术对会计工作的深远影响，财政部于 2024 年 7 月 26 日发布了《财政部关于进一步加强管理会计应用的指导意见（征求意见稿）》，提出以构建国家统一的会计数据标准体系为基础，以加强单位管理会计相关数据治理和推动现代信息技术应用为支撑，进一步提升单位财务共享服务中心和业财信息一体化建设水平，为加强管理会计应用提供技术支持。一是明确研究制定会计数据标准、管理会计相关数据治理标准和财务共享服务中心标准。二是明确要求各单位加强建设内部业务流程和财务流程标准，建立健全数据治理体系，推动现代信息技术应用，提出单位建设财务共享服务中心与业财信息一体化的具体方向。

岗课赛证融通训练

管理会计报告分析

1. 业务资源

××医疗有限公司成立于 2012 年 8 月。公司自成立以来，积极响应国家人工智能战略部署，集研发、销售和技术服务为一体，致力于智慧医疗建设运营和服务，公司以软件和智能血糖血压计为软硬连接器，整合医、患、药、险，并通过慢病互联网医院提供高血压慢病管理服务和大数据解决方案。公司经营和财务状况如表 8-14、表 8-15 所示。

表 8-14　实际利润表　　　　　　　　　　　　　　　　　单位：元

项　目	2023 年	2024 年
一、营业收入	711 087 373.76	1 082 872 817.41
减：营业成本	422 789 392.09	643 130 446.41
税金及附加	7 646 110.85	12 506 270.82
销售费用	77 771 505.51	87 450 612.17
管理费用	42 613 580.51	49 814 969.04
研发费用	33 060 393.89	61 339 798.60
财务费用	1 322 500.00	481 500.00
其中：利息费用	2 489 096.00	2 176 856.00
利息收入	1 970 436.97	2 043 208.03
加：其他收益	67 966 067.09	84 170 640.95
投资收益	24 065 097.99	20 138 947.60

续表

项目	2023 年	2024 年
其中:对联营企业和合营企业的投资收益		
以摊余成本计量的金融资产终止确认收益		
净敞口套期收益		
公允价值变动收益		9 675 849.69
信用减值损失		
资产减值损失		−29 863 153.77
资产处置收益		
二、营业利润	188 051 902.22	342 134 658.61
加:营业外收入		53 421.06
减:营业外支出	585 993.35	56 081.06
三、利润总额	187 519 329.93	342 078 577.55
减:所得税费用	10 789 352.92	17 422 954.70
四、净利润	176 729 977.01	324 655 622.85

注:公司无资本化利息。

（3） 表 8-15 实际资产负债表 单位:元

项目	2023 年 12 月 31 日	2024 年 12 月 31 日
流动资产:	—	—
货币资金	98 521 848.60	102 160 401.35
交易性金融资产		
衍生金融资产		
应收票据	662 200.00	625 825.62
应收账款	169 148 878.58	211 886 671.09
应收款项融资		
预付款项	3 101 881.63	4 018 994.57
其他应收款	20 298 406.03	21 819 893.79
其中:应收利息		
应收股利		
存货	23 853 330.27	25 017 230.65

续表

项目	2023年12月31日	2024年12月31日
合同资产		
持有待售资产		
一年内到期的非流动资产	797 485.29	
其他流动资产	3 176 623.37	6 750 084.81
流动资产合计	319 560 653.77	372 279 101.88
非流动资产：	—	—
债权投资		
其他债权投资		
长期应收款		
长期股权投资	92 932 977.39	98 675 629.21
其他权益工具投资		
其他非流动金融资产		
投资性房地产	12 835 799.58	12 571 091.11
固定资产	59 195 767.78	61 399 420.99
在建工程	79 276.88	
生产性生物资产		
油气资产		
使用权资产		
无形资产	26 570 399.61	54 550 985.96
开发支出	35 425 256.87	21 274 797.45
商誉		
长期待摊费用	348 191.31	548 190.28
递延所得税资产		
其他非流动资产		
非流动资产合计	227 387 669.42	249 020 115.00
资产总计	546 948 323.19	621 299 216.88
流动负债：	—	—
短期借款	21 591 000.00	24 039 000.00

续表

项目	2023年12月31日	2024年12月31日
交易性金融负债		
衍生金融负债		
应付票据	320 625.14	131 428.57
应付账款	27 822 089.36	23 120 063.86
预收款项	29 275 658.56	
合同负债		21 214 677.52
应付职工薪酬	9 569 592.01	10 058 966.34
应交税费	14 074 344.46	11 060 979.44
其他应付款	20 777 234.52	12 005 926.22
其中:应付利息		
应付股利		
持有待售负债		
一年内到期的非流动负债		
其他流动负债		
流动负债合计	123 430 544.05	101 631 041.95
非流动负债:	—	—
长期借款	9 522 700.00	3 171 700.00
应付债券		
其中:优先股		
永续债		
租赁负债		
长期应付款		
长期应付职工薪酬		
预计负债		
递延收益		
递延所得税负债		
其他非流动负债		
非流动负债合计	9 522 700.00	3 171 700.00

续表

项目	2023年12月31日	2024年12月31日
负债合计	132 953 244.05	104 802 741.95
所有者权益：	—	—
实收资本	155 695 342.86	175 210 550.86
其他权益工具		
其中:优先股		
永续债		
资本公积	90 081 800.58	127 569 437.43
减:库存股		
其他综合收益		
专项储备		
盈余公积	16 214 493.89	22 544 704.65
未分配利润	152 003 441.81	191 171 781.99
所有者权益合计	413 995 079.14	516 496 474.93
负债和所有者权益总计	546 948 323.19	621 299 216.88

2. 任务目标

根据任务资源，完成××医疗2024年综合业绩完成情况报告，以完整小数位引入计算，业务量结果四舍五入保留整数作答，单位为‰项目四舍五入保留‰前两位小数填制答案，其余结果四舍五入保留两位小数填制答案。指标预算值均以预算数为基础进行计算。

3. 业务实施

希望医疗2024年综合业绩如表8-16所示。

表8-16　××医疗2024年综合业绩报告

| 序号 | 项目 | 预算执行对比 | | | |
		全年预算	实际完成	差异	差异率/%
1	业务量	—	—		
2	无创血糖血压仪/台	213 950.00	244 335.00		
3	智能电子血压计/台	196 400.00	266 298.00		
4	家庭服务/套	62 130.00	93 324.00		

续表

序号	项 目	预算执行对比			
		全年预算	实际完成	差异	差异率/%
5	医疗机构服务/套	2 689.00	4 103.00		
6	药企服务/套	2 350.00	3 115.00		
7	营业收入/元	1 043 109 727.55			
8	毛利/元	423 595 031.14			
9	净利润/元	312 734 313.65			
10	毛利率/%	40.61%			
11	净利率/%	29.98%			
12	总资产/元	600 408 084.45			
13	总负债/元	102 364 360.91			
14	净资产/元	498 043 723.54			
15	资产负债率/%	17.05%			
16	总资产收益率/%	55.74%			
17	净资产收益率/%	70.05%			

附录　资金时间价值系数表

附表一　复利终值系数表

附表二　复利现值系数表

附表三　年金终值系数表

附表四　年金现值系数表

参考文献

[1] 周阅,丁增稳.管理会计实务[M].北京:高等教育出版社,2023.

[2] 赵威.数字化管理会计[M].上海:立信会计出版社,2023.

[3] 单松,胡越君,高琳.管理会计岗位综合实训[M].上海:立信会计出版社,2024.

[4] 单松,刘小海,陆培中.管理会计实务[M].北京:高等教育出版社,2023.

[5] 中国注册会计师协会.财务成本管理[M].北京:中国财政经济出版社,2022.

[6] 杨静.管理会计实务[M].北京:人民邮电出版社,2022.

[7] 吴大军.管理会计[M].大连:东北财经大学出版社,2023.

[8] 万凯,卢芳敏.管理会计基础与实务[M].北京:人民邮电出版社,2023.

[9] 孙茂竹,张玉周.管理会计[M].微课版.北京:人民邮电出版社,2023.

[10] 孟焰,刘俊勇.成本管理会计[M].北京:高等教育出版社,2022.

[11] 财政部.关于进一步加强管理会计应用的指导意见(征求意见稿)[R].北京:2024.

[12] 财政部.22项管理会计应用指引[R].北京:2017.